알고 보면 재미있는

우리 민속의 유래 2

[온고지신으로 인성 기르기]

알고 보면 재미있는
우리 민속의 유래2

1판 1쇄 인쇄 2016년 10월 20일
1판 1쇄 발행 2016년 10월 28일

지은이 박호순
펴낸이 안광욱
펴낸곳 도서출판 비엠케이

편집 송배근 **디자인** 아르떼203 김민주, 양민겸
일러스트 권건하
제작 (주)꽃피는청춘
출판 등록 2006년 5월 29일(제313-2006-000117호)
주소 서울시 마포구 성미산로10길 12 화이트빌 101
전화 02) 323-4894 **팩스** 070) 4157-4893
이메일 arteahn@naver.com

값은 표지에 있습니다.
ISBN 979-11-955415-3-9 43380

일원화 공급처 (주)북새통
주소 서울시 마포구 방울내로7길 45
전화 02) 338-0117 **팩스** 02) 338-7161
이메일 bookmania@booksetong.com

「이 도서의 국립중앙도서관 출판시도서목록(CIP)은 서지정보유통지원시스템 홈페이지(http://seoji.nl.go.kr)와
국가자료공동목록시스템(http://www.nl.go.kr/kolisnet)에서 이용하실 수 있습니다.(CIP제어번호: CIP2016025050)」

[온고지신으로 인성기르기]

알고 보면 재미있는

우리 민속의 유래 2

민속연구가 박호순 지음

도서출판 Bmk

　알고 보면 재미있는《우리 민속의 유래》제1권을 출판한 지 2년 반 만에 두 번째《우리 민속의 유래》를 내게 되었다. 2년 전 제1권을 출판하였을 때, 영광스럽고 감사하게도《우리 민속의 유래》가 2014년 3월 한국출판문화산업진흥원으로부터 '청소년 권장도서'로 추천을 받았고, 그해 12월에는 문화체육관광부로부터 '2014세종도서 교양부문' 우수도서에 선정되기도 하였다. 이렇게 분에 넘치는 큰 복을 받게 된 것은 모두가 독자 여러분들의 깊은 관심과 세심한 배려의 덕분이라 사료되어 깊이 머리 숙여 감사를 드린다.

　두 번째《우리 민속의 유래》를 집필하면서 제1권을 쓸 때와 마찬가지로 우리 민족의 대표적 정서인 한(恨)의 정서와 예(禮)를 숭상하던 우리 선조들의 생활 모습을 근간(根幹)으로 하여 가장 합리적이고 타당하게 우리 민속의 유래를 밝히고자 노력하였다.

　우리 주변에는 아직도 민속에 관한 이야기들이 많이 산재(散在)해 있다. 필자는 서 말의 구슬 중 일부분이라도 꿰어야겠다는 심정으로 두 번째《우리 민속의 유래》를 정리하였다. 이 글이 부족한 점도 있겠지만, 점점 삭막해져 가는 현대 사회에서 우리 국민의 정서는 물론 일선 교육 현장에서 자라나는 청소년들이 곱고 바른 인성을 기르는 데 조금이나마 보탬이 되기를 바라며, 더불어 우리 민속 연구에 작은 밑거름이 되었으면 하는 마음이다.

이 글이 또 한 번 정리될 수 있도록 음우(陰佑)를 아끼지 않으신 모든 분들께 깊은 감사를 드린다.

저자 박호순 씀

제Ⅱ장 일반 풍속(一般風俗)

제Ⅲ장 십간(十干) 십이지(十二支)

새해 아침에는 이 흰떡으로 떡국을 끓여 차례(茶禮)를 지낸 후, 온 가족이 둘러 앉아 떡국을 먹는다. 이날 떡국을 먹으면 남녀노소 가릴 것 없이 모두 나이 한 살을 더 먹기 때문에 이 떡을 가리켜 첨세병(添歲餠: 나이를 더하는 떡)이라 하였다.

세시 풍속

歲時風俗

1. 설날 아침 떡국을 먹으면 재물財物이 들어온다

섣달 단대목(單-: 명절 같은 큰 일이 바싹 다가온 때)이 되면 설을 쇠기 위해 집집마다 흰떡[白餅(백병): 가래떡]을 한다. 멥쌀을 씻어 건져 소쿠리에 담고 물을 뺀 후 방앗간에 가지고 가면, 방앗간에서는 멥쌀을 빻아 가루로 만들고 그 가루를 시루에 찐다. 그런 다음 기계에 넣어 길게 뽑아 물에 담갔다가 알맞은 길이로 자르면 가래떡이 된다. 어렸을 적에 김이 모락모락 나는 가래떡을 반쯤 뚝 잘라 흑설탕에 찍어 먹으면 세상에 부러울 것이 없었다. 운(運)이 좋아 조청(造淸: 묽게 곤 엿)이나 꿀에라도 찍어 먹을 때는 이보다 더 맛있는 떡은 없는 것 같았다.

옛날 방앗간이 없던 시절에는 집에서 직접 떡을 만들어 먹었다. 먼저 멥쌀가루를 내어 찐 다음, 떡판 위에 올려놓고 떡메로 수없이 치고는 한 덩어리씩 떼어 손으로 비비며 가래떡을 만들었다. 이런 과정을 거쳐 만들어진 가래떡을 2~3일간 놔두면 말랑말랑하던 가래떡이 꾸덕꾸덕 굳는다. 이렇게 굳은 가래떡을 도마 위에 올려놓고 한석봉 어머니가 그랬던 것처럼 엽전(葉錢: 놋쇠로 만든 옛날 돈) 모양으로 떡을 썰어 놓으면 떡국을 끓일 수 있는 흰떡이 되는 것이다.

새해 아침에는 이 흰떡으로 떡국을 끓여 차례(茶禮)를 지낸 후, 온 가족이 둘러 앉아 떡국을 먹는다. 이날 떡국을 먹으면 남녀노소 가릴 것 없이 모두 나이 한 살을 더 먹기 때문에 이 떡을 가리켜 첨세병(添歲餠: 나이를 더하는 떡)이라 하였다.

예로부터 가래떡의 흰색은 근엄(謹嚴)하고 청결(淸潔)함을 뜻하는데, 새해 첫날은 천지 만물(天地萬物)이 새로 시작되는 날이므로 엄숙하고 깨끗해야 한다는 의미로 흰떡을 끓여 먹었던 데서 그 유래가 시작되었다고 한다. 흰색에는 지난 한 해의 좋지 않았던 일들을 깨끗이 씻어버리고, 새해에는 보람되고 좋은 일들이 많기를 바라는 뜻도 담겨 있다.

가래떡 썰기

또한 가래떡을 길게 뽑는 것은 우리 가족의 무병장수(無病長壽)와 우리 집안에 재물이 죽죽 늘어나기를 바라는 것이며, 떡을 엽전 모양으로 자르는 것은 돈이 썬 떡의 수만큼 많이 들어와 재물(財物)이 풍족해지기를 기원하는 것이라고 한다. 그러므로 설날 아침에 떡국을 먹으면 나이 한 살을 더 먹기도 하겠지만, 엽전(돈) 모양의 떡국을 먹기 때문에 재물이 들어온다는 풍속이 생겨난 것이라 하겠다.

한편 언제부터인지는 모르겠으나 오랜 세월이 흐르면서 떡국을 끓이기 위해 가래떡을 썰 때, 동그란 엽전 모양이 아니라 길쭉하게 둥근 타원형으로 어슷하게 써는 풍속이 정착되었다. 이렇게 어슷하게 떡을 썰어 떡국을 끓이면 적은 양으로도 많아 보이기 때문에 설날에 찾아오는 여러 사람을 한꺼번에 대접하기에 적절하여 이러한 풍속이 생겼다고 한다. 이러한 유래를 지닌 떡국은 잔치 음식의 의미도 내포하여 한 번에 다량으로 끓여서 많은 사람들에게 제공할 수 있는 편리한 먹거리이기도 하였고, 또한 쌀이 부족할 당시 적은 양으로도 여러 사람이 나누어 먹을 수 있는 음식이 되기도 하였다.

지역에 따라서는 떡국과 함께 만두를 빚어 먹기도 하는데, 이는 척박한 땅에 쌀농사보다 밀농사를 많이 짓던 이북 지방 사람들의 영향이라는 말이 있다. 중국에서도 이와 닮은 풍속이 있는데 친척(親戚)과 친지(親知) 같은 반가운 사람들이 찾아오면 꼭 만두를 만들어 대접한다고 한다. 한편 누에를 많이 치는 농가에서는 작은 조롱박 모양의 조롱이떡국을 끓여 먹었다. 조롱이떡이 누에고치를 닮아 조롱이떡국을 먹으면 누에 농사가 잘된다고 여겼기 때문인데 이 역시 재물을 들이는 일이라고 믿었던 것이다.

떡국의 맛을 내는 데는 뭐니 뭐니 해도 국물 맛이 좋아야 한다. 국물로는 소고기의 양지머리를 푹 고아 낸 국물과 꿩고기를 고아 만든 국물이 최고로 꼽힌다. 그러나 꿩을 잡는 것은 쉬운 일이 아니었으므로 꿩이 없을 때는 집에서 기르던 닭을 잡아 국물을 우려내어 떡국을 끓여 먹곤 하였다. 이렇게 꿩 대신에 닭을 사용하는 일이 많아지다 보니 "꿩 대신 닭"이란 속담이 여기서 생겨났다는 것이다. 그리고 지역과 가풍에 따라서는 사골(四骨: 소의 네 다리뼈)을 푹 고아 만든 국물로 떡국을 끓이기도 하는데, 사골 국물로 끓인 떡국도 구수한 것이 일미(一味)에 속한다.

고명으로는 달걀로 만든 지단[鷄蛋(계단): 알고명]을 얹거나 삶아 건진 소고기를 결에 따라 잘게 찢어서 얹기도 하였다. 또 생김(生-)을 구워 잘게 부순 김 가루를 얹어 먹기도 하는데, 대개는 이 세 가지를 모두 얹어 먹는다. 그중에 김 가루 고명은 달걀이나 소고기로 만든 고명이 다 떨어지고 없을 때 유일하게 얹어 먹을 수 있는 고명이기도 하다.

떡국과 더불어 설날의 시절 음식(時節飮食)으로 떡볶이를 빼놓을 수가 없다. 요즘에는 가래떡에 양념으로 고추장을 넣고 어묵을 혼합하여 붉고 맵게 만든 떡볶이가 대세를 이루지만, 우리의 풍속으로 전해오는 전통적인 떡볶이는 이와는 사뭇 달랐다. 가래떡을 입에 넣기에 알맞은 크기로 토막을 내고 한두 번 쪼갠 다음 골고루 섞일 만큼 잘게 다진 소고기와

가래떡

시금치·당근·표고버섯 등의 야채, 그리고 간장과 참기름을 주원료로 만든 양념을 섞어 볶아 내는 요리였다. 이렇게 만들어진 전통적인 떡볶이는 요즘에 만들어 먹는 고추장 떡볶이와는 그 맛이 비교가 안 될 만큼 진미(眞味)에 속하는 음식이었다. 이와 같은 우리의 전통적인 떡볶이가 맵고 짜고 자극적인 근래의 고추장 떡볶이에 밀려 잊히는 것이 참으로 안타깝다.

근래에는 가래떡이 컬러(color: 색채) 시대를 맞았다. 치자 열매를 우려낸 물을 넣고 버무려 뽑은 노란 빛깔의 가래떡, 복분자즙을 넣은 붉은색의 가래떡, 그리고 각 지역의 특산물을 넣어 만든 여러 가지 색의 가래떡이 만들어지고 있다. 그런가 하면 처음부터 멥쌀에 흑미(黑米)를 섞어 만든 검은 가래떡이 등장하기도 하였다.

아마도 1세기가 지난 뒤, 어느 민속에 관심이 있는 사람이 떡국에 대해 기록을 하게 된다면, "그 옛날에는 흰떡으로만 떡국을 끓여 먹었다. 그런데 100여 년 전부터는 떡국도 건강식으로 만들어 먹기 위해 복분자즙 등 각 지방의 특산물을 넣기 시작했다. 영양은 물론 예쁘고 고운 색채를 띤 다양한 빛깔의 가래떡이 만들어지기 시작한 것이다. 치자 열매로 노랗게 물들인 황금 빛깔의 떡국을 만들어 먹는 풍속이 등장한 것도 이때부터인데, 이는 황금 빛깔의 떡국을 먹으면 큰 부자가 될 수 있다고 믿었기 때문이다."라고 쓸 날이 올지도 모르겠다.

2. 정초(正初)에 닭 그림과 범 그림을 그려 귀신을 쫓는다

　정월 초하룻날이 되면 일반 백성들 사이에는 바람벽에다 닭 그림과 호랑이 그림을 그려 붙이는 풍속이 있었다. 이렇게 하면 귀신이 닭 그림이나 호랑이 그림을 보고 물러간다는 것이다.

　옛날부터 닭은 울음소리로 여명(黎明)을 알려 빛을 예고하는 예시적(豫示的) 존재로서 '태양의 새[天鳥(천조)]'라 일컬었다. 또 음귀(陰鬼)를 비롯한 악귀(惡鬼)를 쫓아내는 축귀(逐鬼)의 능력을 가진 존재로도 인식되어 왔다.

　우리 조상들은 예로부터 닭을 신성성을 가진 신성조(神聖鳥)라 믿었다. 그것은 《삼국사기(三國史記)》와 《삼국유사(三國遺事)》의 기록으로도 확인할 수 있다. '신라의 시조(始祖) 혁거세왕(赫居世王)이 처음 계림(鷄林)에서 태어난 것과 왕비인 알영(閼英) 부인이 계룡(鷄龍)의 왼쪽 옆구리에서 태어난 것, 그리고 처음에 나라 이름을 계림국(鷄林國)이라고 한 것' 등을 보면 닭의 신성성을 엿볼 수 있다. 일설(一說)에는 '석탈해왕(昔脫解王)이 시림[始林: 탈해왕 9년 신기한 닭의 영향으로 계림(鷄林)으로 고침]의 숲 속에서 김알지(金閼智: 경주 김씨의 시조)가 들어 있는 금궤(金櫃)를 발견했을 때, 그 위치를 알려 준 것이 바로 흰 닭이었다.'고 하여 그 신성성을 더하고 있다.

닭(조선 민화)

닭이 축귀(逐鬼)의 능력을 가진 것으로 인식하는 풍속은 우리나라뿐만 아니라 중국에도 전해 내려온다. 중국 사람들은 흰 닭은 액(厄)을 몰아내고, 붉은 닭은 화재(火災)를 미연에 방지해 준다고 믿었다. 특히, 기르던 닭이 죽으면 집안에 불상사(不祥事)가 일어날 징조라고 하였다.

중국 후한(後漢) 시대 동훈(董勛)이 쓴 《문례(問禮)》에, "살펴보건대, 초하룻날 풍속에 귀신을 쫓기 위해 닭을 그린다."라고 하였으며, 우리나라 민속을 기록한 《동국세시기(東國歲時記)》보다 1,200여 년 전에 중국 양(梁)나라 종름(宗懍)이 쓴 《형초세시기(荊楚歲時記)》에는, "정월 초하루에 닭이 울면 일어나고, 닭 그림을 그려 창호에 붙이면 온갖 귀신이 두려워한다."고 하였다. 이를 보면 이미 중국에서도 닭의 그림을 그려 새벽인 양(陽)을 부르는 동시에, 어둠을 몰아내어 음(陰)을 쫓는 축귀(逐鬼)의 풍속이 있었던 것으로 여겨진다.

또한 우리 풍속에는 호랑이도 귀신을 쫓아내는 동물로 전해 오고 있다. 중국에서는 용(龍)을, 인도에서는 코끼리를, 이집트에서는 사자를 신성한 동물로 섬기고 있으나, 우리나라에서는 두 말할 나위 없이 호랑이가 그 섬김의 대상이었다. 예로부터 호랑이는 신령(神靈)스러운 동물로, 산신(山神), 산신의 사자(使者), 나라를 지키는 수호신(守護神), 국조(國祖)와 영웅을 돕는 조력자(助力者), 인과응보(因果應報)의 실천자(實踐者), 길상적(吉祥的) 의미의 대상, 악귀(惡鬼)를 물리치는 영물(靈物)로 묘사되기도 한다. 그리고 절대적 권위와 힘의 상징으로서의 용맹성, 명예, 권력, 장군 등을 나타내기도 하는데 그 의미는 이미 범상(凡常)함을 넘어 숭배(崇拜)의 대상이 된 지 오래다.

인과응보의 보은(報恩)으로는 《삼국유사》에 전하는 이야기로, 신라 원성왕(元聖王) 때 경주에 있었던 호원사[虎願寺: 탑돌이를 하던 화랑 김현(金現)과 호랑이 처녀가 눈이 맞아 정분을 맺은 후, 김현이 정을 통한 처녀가 호랑이임을 알았음에도 부부의 인연은 하늘이 준 운명이라고 하자 이에 감동한 호랑이 처녀가 자신을 죽여 김현으로 하여금 높은 벼슬에 오르게 하였고, 김현은 죽은 호랑이 처녀가 좋은 업보를 얻어 극락왕생하도록 이 절을 지었다고 함]에 전하는 화랑 김현과 호랑이 처녀와의 전설이 있다. 또한 호랑이의 예시적 행동으로는 후백제 시조(始祖) 견훤의 이야기가 전해 오고 있다. 견훤이 처음 태어나 강보에 싸여 있을 때, 그 부친 아자개(阿慈介)는 들에서 농사일을 하고 모친은 밥을 가지러 집에 가면서 아기를 숲에 뉘어 놓았더니, 잠시 후 호랑이가 와서 견훤에게 젖을 먹여 주고는 사라졌다고 한다. 그 후로 견훤은 큰 뜻을 품고

늠름하게 장성(長成)하여 후백제를 세웠다는 이야기가 있다.

호랑이가 장군을 의미하는 것으로는 《삼국사기》 신라 문무왕(文武王) 편에 이르기를, "13년 여름 6월에 호랑이가 궁궐 뜰에 들어왔기에 이를 잡아 죽였더니, 그해 가을 7월 1일에 신라의 명장 김유신(金庾信)이 세상을 떠났다."고 하며, 호랑이가 왕을 뜻하는 것으로는 《삼국사기》 고구려 태조대왕(太祖大王) 편에 이르기를,

90년 가을 9월에 환도성(丸都城: 고구려가 평양으로 천도하기 이전의 도성으로, 압록강 중류에 위치하였음)에 지진이 일어났다. 대왕이 꿈을 꾸었는데 웬 표범 한 마리가 호랑이의 꼬리를 물어 끊었다. 잠에서 깬 대왕이 이를 괴히 여겨 물으니 점술가가 아뢰기를, "호랑이는 백수(百獸)의 왕이고, 표범은 호랑이와 같은 종류이기는 하나 작고 약함으로 아마도 왕의 친족 중에 대왕의 대(代)를 끊으려는 자가 있는 듯하옵니다." 하였다. 왕이 걱정하자 대신(大臣) 고복장(高福章)이 다시 아뢰기를, "대왕께서는 나라를 집안처럼 염려하시고 백성을 자식처럼 아끼고 베풀며 따뜻하게 여기시는데 작은 변고가 있다한들 무슨 걱정거리가 되겠나이까?" 하여, 꿈에 대한 근심이 사라졌다.

고 하였다.

이와 같이 우리 조상들은 호랑이를 신령스러운 영물로 인식하여 정월 초하룻날 호랑이 그림을 그려 붙이게 되었던 것이다. 이는 특히, 다른 나라에서는 찾아보기 어려울 만큼 우리나라에서는 성(盛)하게 행하였던 풍속으로 보인다.

정초에 호랑이 그림을 그리는 또 다른 이유로는 정월이 인월(寅月: 호랑이달)이기 때문이다. 우리 풍속에는 십이지(十二支)의 열두

단원 김홍도의 '송하맹호도'

동물을 열두 달과 관련을 지었는데, 동지(冬至)를 1년의 시작으로 보고 동지가 든 11월을 쥐달[子月(자월)], 12월을 소달[丑月(축월)], 1월을 호랑이달[寅月(인월)], 2월을 토끼달[卯月(묘월)], 3월을 용달[辰月(진월)], 4월을 뱀달[巳月(사월)], 5월을 말달[午月(오월)], 6월을 양달[未月(미월)], 7월을 원숭이달[申月(신월)], 8월을 닭달[酉月(유월)], 9월을 개달[戌月(술월)], 마지막으로 10월을 돼지달[亥月(해월)]이라 하였다. 따라서 정월이 1월이므로 인월(寅月)이라 하여 호랑이 그림을 그렸던 것이다.

한편, 중국에서도 납일(臘日: 한 해 농사와 그 밖의 일에 대한 고마움을 신에게 제사 지내는 날)과 제석(除夕: 섣달 그믐날 밤)에는 호랑이 그림을 그려 문에 붙이는 풍속이 있었다고 전한다.

3. 설날 새벽에 조리笊籬를 사면 복福이 들어온다

복조리

　조리는 쌀을 이는 데 쓰이는 기구로, 가늘게 쪼갠 댓가지나 싸리로 걸어 조그만 삼태기 모양으로 만든 물건이다. 이 조리를 정월 초하룻날 새벽에 사면 복이 들어온다 하여 복조리(福笊籬)라 한다. 조리로 쌀을 일어 모으는 것처럼 그 해의 재앙(災殃)은 걸러 내고 복(福)을 일어 모아 부자(富者)가 된다는 것이다.

　섣달그믐 자정(子正)이 지나면 어둠이 채 가시기도 전에 복조리를 사라는 소리가 담 너머로 들려온다. 조리 장수들이 조리를 한 짐씩 둘러메고는 동네 골목길을 돌아다니면서 "복조리 사려! 복조리." 하고 외친다. 그러면 집집마다 서둘러 나와 1년 동안 쓸 만큼의 조리를 샀다. 식구 수대로 복조리를 사는 집도 있었지만, 보통은 복조리 두 개가 한 묶음으로 된 '복조리 한 쌍'을 사서 대청마루에 걸어 놓았다. 복조리는 동이 트기 전에 사야 복이 들어오는 효험(效驗)이 있다고 한다. 그것도 기왕 살 바에는 남들보다 먼저 사야 좋은 법이다. 아낙들은 새벽까지 잠을 자지 않고 기다렸다가

"복조리 사려!" 소리를 듣기가 무섭게 쏜살같이 뛰어나가 제일 먼저 사려고 한 것도 이런 이유 때문이다.

이렇게 사들인 복조리가 여럿이면 안방과 대청마루와 부엌에 나누어 걸어 두었다. 방에는 방문을 열고 들어섰을 때 가장 잘 보이는 벽에 걸고, 마루에는 뒤주가 있는 벽 위에 걸었다. 부엌에는 물동이가 놓인 벽 위에 걸기도 하고, 복갈퀴와 함께 부엌문 앞에 걸어 두기도 하였다.

복조리를 식구 수대로 산 집에서는 먼저 자고 있는 가족들의 머리맡에 놓아두었다가 식구들이 잠에서 깨면 방 벽이나 부엌 벽에 걸고, 한 쌍만 구입한 가정에서는 人(사람 인)자 모양으로 서로 엇걸어 묶은 다음 방 벽에 걸었다. 그리고 예쁘게 보이도록 색실로 묶어 모양을 내기도 하고, 더 많은 복이 들어오라고 조리 안에 성냥·초·돈·곡식·엿·타래실 등을 넣기도 하였다. 성냥과 초는 불이 일어나는 것처럼 재물이 확 불어나기를 바라는 것이고, 돈은 그 자체가 재물이므로 곧이곧대로 부자를 염원하는 것이며, 곡식과 엿은 곡식 농사의 풍년을 기원하는 것이니 이것도 재물이 불어나기를 기원하는 것과 다를 바가 없고, 타래실은 무병장수(無病長壽)를 뜻하는 것이다.

또한 복조리를 방문 위쪽에 걸어 벽사진경(辟邪進慶: 요사스러운 귀신을 물리치고 경사스러운 일을 맞이함)하는 풍속도 있다. 대나무를 가로세로로 엮은 조리에는 수많은 틈새가 있는데, 이것을 눈[目(목)]이 많은 것으로 여겼다. 그래서 조리의 수많은 눈이 사방을 경계하여 액(厄)은 미연에 방지하고 복(福)을 받아들여 무사 안녕(無事安寧: 아무 탈 없이 편안함)을 바란다는 것이다. 아마도 이것은 야광 귀신을 쫓기 위해 눈(구멍)이 무수히 많은 체를 대청마루 벽이나 기둥에 걸어 놓는 풍속을 닮았다고도 할 수 있겠다.

복조리를 팔고 사는 풍속은 농경 생활(農耕生活)이 정착(定着)되고 농경문화(農耕文化)가 발전하면서 생겨난 것으로 보인다. 초기에는 마을의 청년들이 두레 형식으로 만들어 팔다가 나중에는 이를 전문으로 만들어 파는 장사꾼이 등장하게 되었다고 한다.

전문 장사꾼이 등장하면서 복조리를 판매하는 방법도 교묘해졌다. 예전에는 정월 초하룻날 새벽에 복조리를 사라고 외치며 돌아다니는 조리 장수에게 직접 조리를 구입하였으나, 나중에는 조리 장수들이 복조리를 사라고 외치지 않고 이른 새벽에 집집마다 담장 너머로 한 쌍의 조리를 던져 놓고는 며칠이 지난 뒤에 방문하여 복조리 값을 받아가는 것이다. 이렇게 해도 조리 장수는 절대로 손해를 보는 일이 없다. 옛날부터 정초에 복조리 장수가 마을에 방문하는 것을 길조(吉兆)로 여겨 왔으며, 또한 복조리 값은 깎지도 못하고 무를 수도 없는 것이라 여겼기 때문이다. 만일 복조리 값을 깎으면 금년에 들어올 복을 깎는 것이 되고, 복조리를 사지 않겠다고 무르면 복을 차버리는 것과 같다. 그러니 어느 누가 복조리 값을 깎거나 무를 수 있겠는가? 도리 없이 장사꾼이 부르는 대로 값을 치러야만 했던 것이다.

한편 조리질에 대하여 전해 오는 이야기가 있는데, 조리질의 방향이 대문 쪽을 향하면 복이 대문으로 빠져 나간다 하여 대문 쪽으로 조리질 하는 것을 꺼리고 집 안쪽을 향해 조리질을 하였다 한다. 아마도 조리가 복을 불러들이는 기구이므로 이러한 풍속이 생긴 듯하다.

다음은 복조리 풍속에 대하여,《해동죽지(海東竹枝)》[조선 말기의 문인이었던 최영년(崔永年)의 시집으로, 역사·풍속·지리·명승(名勝)·고적(古蹟) 등에 대하여 읊은 시 500여 편이 수록됨]에 들어있는 한시(漢詩)를 소개한다.

福笊籬買 福笊籬(복조리매 복조리),

　복조리를 사시오 복조리를,

爭買家家 不愛錢(쟁매가가 불애전).

　집집마다 아낌없이 다투어 사는구나.

此聲不必 尋常聽(차성불필 심상청),

　이 소리를 필히 예사롭게 들어서는 아니 된다,

今夕明朝 各一年(금석명조 각일년).

　오늘 저녁 지나고 내일 아침 오면 저마다 한 해가 시작되느니.

우리나라에서 복을 불러들이기 위해 복조리를 사서 집 안에 걸어 두거나, 야광 귀신을 쫓는다 하여 대청마루나 기둥에 체를 걸어 두는 풍속이 있는 것처럼, 유럽에서는 현관에 큼지막한 말편자(말굽에 징을 박아 붙이는 쇠)를 걸어 두는 풍속이 있다. 그들은 미신을 믿거나 믿지 않거나 크게 관여하지 않고, 이렇게 하면 모두가 복을 받는다고 하여 현관에 말편자를 걸어 둔단다.

4. 설날 저녁에 머리카락을 태우면 전염병이 물러간다

　인체의 구조에서 머리카락은 제2의 피부라고 한다. 머리카락은 우리 몸에서 가장 중요한 머리를 보호하고 보온하는 기능이 있으며 나아가 미용(美容)의 기능도 가지고 있다. 이러한 머리카락은 사람마다 그 수가 다르겠지만 대략 12만 개 정도로 하루에 0.3mm 내외로 자라고 그 수명은 5년 정도이며, 건강한 사람은 하루에 약 50~100가닥이 빠지고 다시 자란다고 한다. 그런데 이렇게 빠지는 머리카락은 지금은 그날그날 쓸어버리지만, 옛날 풍속에는 남녀노소 모두가 긴 머리를 빗을 때마다 빠지는 머리카락을 버리지 않고 1년 동안 빗접(빗이나 빗솔 등을 넣어 두는 조금 큰 그릇)에 모아 두었다가[머리카락을 빗접에 직접 담는 것이 아니라 납지(蠟紙: 밀랍 또는 파라핀 따위를 먹인 종이로 물에 잘 젖지 않고 질김)로 만든 주머니나 봉투에 넣은 다음 그 주머니나 봉투를 빗접에 보관하는 것임] 설날 저녁 해질 무렵이 되면 문밖에서 그것을 태운다. 이렇게 하면 염병(染病: 장티푸스 또는 전염병)을 물리치는 효험(效驗)이

여러 모양의 '빗접'

있다는 것이다.

전하는 이야기로, 중국의 손사막(孫思邈: 당나라의 학자이며 명의로 음양과 의술에 통달하였다고 함)이 저술한 《천금방(千金方)》에 이르기를, "정월 인일[寅日: 지지(地支)에 인(寅)이 들어 있는 날]에 백발(白髮)을 태우면 길(吉)하다."고 하였는데, 우리의 풍속도 이것을 닮은 것이라고 한다. 그러나 그보다는 우리 민족이 예(禮)를 숭상하는 '동방예의지국(東方禮義之國)'으로 불릴 만큼 효(孝)를 근본으로 하는 유교 사상(儒敎思想)이 이미 생활화되어, 태어날 때 부모로부터 물려받은 머리털을 함부로 할 수 없으므로 1년 중 하루를 택해 소발(燒髮: 머리카락을 태우는 일)하는 관습이 있었던 것이 아닌가 한다.

이를 뒷받침하는 이야기는 《효경(孝經)》과 《시경(詩經)》에서 찾아볼 수 있지만, 《효경》[유교 경전의 하나. 공자(孔子)가 제자인 증자(曾子)에게 효도에 대하여 문답 형식으로 일러 준 말을 기록한 책으로, 효가 덕(德)의 근본임을 밝힘]에 있는 내용을 소개한다.

공자가 기거할 때 제자인 증자가 모시고 있었다.
공자가 말씀하셨다.

"선왕께서는 지극한 덕과 중요한 가르침이 있어 이로써 천하를 순응하게 하며 백성을 화목하게 하였고 위와 아래는 서로 원망함이 없었느니라. 너는 이것을 아느냐?"

하시니, 자리에서 물러서며,

"제가 영리하지 못하온데 어찌 이를 충족하게 알겠습니까?"

하자, 공자가 말씀하셨다.

"무릇 효는 덕의 근본이 되느니라. 따라서 가르침은 이로 말미암아 생겨나는 것이다. 다시 앉거라. 내 너에게 일러 주마.

身體髮膚는 受之父母이니(신체발부 수지부모),

　　내 몸과 머리털과 피부는 부모로부터 받은 것이니,

不敢毀傷이 孝之始也라(불감훼상 효지시야).

　　감히 헐어 상하게 하지 않는 것이 효의 시작이니라.

立身行道하고 揚名於後世하여(입신행도 양명어후세),

　　자신의 몸을 세워 도를 행하고 그 이름을 후세에 드날리어,

以顯父母가 孝之終也니라(이현부모 효지종야).

　　이로써 부모를 드러내어 드리는 것이 효의 마침이니라.

夫孝란 始於事親하여 中於事君하며 終於立身이니라(부효 시어사친 중어사군 종어입신).

　　무릇 효라는 것은 어버이를 섬김에서 시작하고 다음으로 임금을 섬기며 마침으로는 제 몸을 세우는 것이니라.

고 하였다.

이와 같이 효에 대한 이야기는 공자님 말씀에서 시작되었지만, 그 실행은 중국보다 유교를 목숨처럼 숭상했던 조선 시대의 역사 속에서 우리 민족이 더 적극적으로 실천했다고 해도 과언이 아닐 것이다.

그 예로, 고종 32년(1895) 나라에서는 백성들에게 음력(陰曆) 대신 양력(陽曆)을 사용하도록 하는 동시에, '위생에 이롭고 일하기 편리하다.'는 이유로 단발령(斷髮令)을 내렸다. 고종 임금은 솔선수범하여 머리를 깎았으며, 대신(大臣) 유길준(兪吉濬)은 고시(告示: 나라에서 백성들에게 글로 알림)를 내렸고, 관리들은 집집마다 방문하여 강제로 백성들의 머리를 자르고 깎게 하였다. 이때 유림(儒林: 유학을 공부하는 사람들)의 거두(巨頭: 조직에서 중요한 자리에 있어 실권이 있으며 영향력이 큰 사람)이며 의병장이었던 면암(勉庵) 최익현(崔益鉉)의 상투를 자르려 하자,

"내 머리(목)는 자를 수 있어도 내 머리털은 자를 수 없다."

고 큰소리로 외치며, 부모로부터 물려받은 머리털을 목숨보다도 더 귀하게 여겼던 것이다.

이처럼 소중하게 여기는 머리카락을 설날 저녁에 태웠던 우리의 풍속이 중국에서 백발(白髮)을 태우면 길(吉)하다는 습속을 닮았다고도 한다. 그렇지만 효(孝)를 근본으로 하는 유교 사상이 생활화된 우리 민족으로서는 부모로부터 물려받은 신체의 일부인 머리털을 함부로 내버릴 수도 없고 그렇다고 계속 모아 둘 수도 없었기에, 1년 중 하루를 택하여 조심스럽게 소발한 것으로 보인다.

그러면 왜 설날 저녁에 머리카락을 태웠을까?

일반적인 생각으로는 새해가 되기 전에 머리카락을 태우고 새로

대문 앞에서 머리카락을 태우는 모습

운 한 해를 맞이하는 것이 순리(順理)에 맞는 것 같은데, 소발하는 날을 섣달그믐으로 하지 않고 설날 저녁으로 정한 것은 무슨 까닭일까? 그건 아마도 아침 차례(茶禮)를 통하여 조상님께 지난 한 해 동안 보살펴 주신 은덕(恩德)에 감사를 드린 다음, 차례가 끝나면 지방(紙榜: 종이로 만든 신주)을 소각(燒却)하듯이 지난해의 마무리로 모아 두었던 머리카락을 태우는 풍속이 만들어진 것이 아닌가 한다. 그러나 일부 지역(충청도·전라북도)에서는 섣달그믐 저녁을 택하여 머리카락을 태우기도 하였다 한다.

또 하나, 왜 머리카락을 문밖에서 태우고, 이렇게 하면 전염병이 물러간다고 하였을까?

머리카락은 단백질이 주성분으로 구성되어 있기 때문에 탈 때에 역겹고 아주 고약한 냄새가 난다. 온 집안 식구가 1년 동안 모은 긴 머리카락을 집 안에서 태운다면 그 고약한 냄새가 집 안에 가득 찰 것이므로 집 밖에서 태워야 하고, 우리 집에서 멀면 멀수록 이웃집에 가깝기 때문에 역겨운 냄새가 이웃으로 풍겨 이웃집에 피해를 끼치게 된다. 따라서 우리 집 안에서는 밖으로 나가야 하고, 밖에서는 멀리 갈 수 없으므로 문밖에서 태우게 된 것이다.

그리고 머리카락을 태우면 정말로 전염병이 물러갔을까? 머리카락을 문밖에서 태운다 하더라도 역겨운 냄새가 나는 것은 어쩔 수 없는 일이었을 것이다. 가족들로 하여금 이를 참고 견디게 하려면 이보다 더 강한 인상(이미지)을 심어 주어야 하므로 호랑이보다도 더 무섭다는 전염병(호랑이는 한 명을 잡아가지만 전염병은 많은 사람을 죽게 하기 때문)이 물러간다고 하였던 것으로 보인다.

또한 우리 풍속 중에는 문밖에서 불을 피우는 것으로도 전염병을 물리친다고 하였는데, 옛날에는 집 밖에서 흉(凶)한 것이나 부정(不淨)한 것을 보았을 때는 대문 앞에 불을 피워 놓고 그 불을 쬐어 악귀(惡鬼)를 털어 버린 후에 집 안으로 들어오는 풍속도 있었다.

5. 정월의 여러 가지 민속놀이

민속놀이는 민간(民間)에 전하여 내려오면서 그 지방의 생활과 풍속을 반영한 놀이다. 그런데 우리나라는 넓지 않은 지역적 특성으로 인하여 그 놀이 방법은 조금씩 다르면서도 국민 모두가 함께 향유(享有)할 수 있는 놀이가 대부분이다.

놀이에는 크게 보아 강강술래와 놋다리밟기처럼 노래와 춤이 혼합된 가무(歌舞)놀이가 있고, 씨름이나 줄다리기와 같이 승패(勝敗)를 가리는 경기(競技)놀이가 있으며, 팽이치기나 제기차기처럼 아이들이 중심을 이루어 즐기는 아동(兒童)놀이가 있다. 이외에도 수많은 민속놀이가 전해지고 있지만, 이 많은 민속놀이 중 아이들이 가족과 함께 즐기거나 아이들끼리 즐겨 하는 놀이 몇 가지를 소개한다.

(1) 윷놀이와 윷점

설날이 되면 고향을 떠났던 가족과 친척, 그리고 친지(親知)들이 모여들고, 이들이 어울려 왁자지껄하게 놀 때 어른과 아이들이 함께 즐기는 놀이로는 윷놀이보다 더한 것이 없다. 모인 이들이 편을 나누어 윷가락을 던질 때마다 소리치고 박수치며 웃음소리가 끊이지 않는 윷놀이는 조상 대대로 전해 오는 우리 고유(固有)의 민속놀이로 설날의 정취를 한껏 풍기는 놀이다.

근래의 윷은 좀 큰 편이지만, 옛날의 윷은 7~8푼(1푼은 약 3mm) 정도의 굵기로 붉은 싸리나무나 박달나무를 길이 3~4치(1치는 약 3cm) 정도로 잘라 두 토막을 각각 반으로 쪼개어 네 개를 만든 것으로, 이를 장작윷 또는 가락윷이라고 한다. 이보다 작은 윷도 있었다. 크기가 밤톨만 하다고 밤윷이라 하는데, 길이가 6푼 정도이고 굵기가 4푼 정도인 윷이다. 농사철이면 들에서는 가끔 새참(일을 하다가 잠시 쉬는 시간, 또는 그때 먹는 음식) 때에 콩알이나 팥알 두 개를 반으로 쪼개어 윷놀이를 하기도 하였는데, 이 윷은 콩으로 만들면 콩윷이라 하고 팥으로 만들면 팥윷이라고 하였다.

한자어로는 윷놀이를 사희(柶戲)라고 한다. 나무 쪽 네 개를 던지며 논다는 뜻이다. 윷가락 네 개를 던졌을 때, 세 개가 엎어지고 한 개가 잦혀진 것을 도(돼지)라 하여 한 걸음 가고, 두 개가 엎어지고 나머지 두 개가 잦혀진 것을 개(개)라 하여 두 걸음 가며, 한 개가 엎어지고 세 개가 잦혀진 것을 걸(양)이라 하여 세 걸음을 가고, 네 개가 모두 잦혀진 것을 윷(소)이라 하여 네 걸음을 갈 수 있음과 동시에 한 번 더 던질 기회를 얻으며, 네 개가 모두 엎어진 것을 모(말)라 하여 다섯 걸음을 갈 수 있음과 동시에 역시 한 번 더 던질 기회를 얻는다.

윷놀이는 네 마리의 윷말이 윷판(말판·윷밭·말밭)에서 승부(勝負)를 겨루는데, 윷판은 29개의 동그라미 점으로 그린 것이다. 중앙의 한 점은 추성(樞星)이라 하여 북두칠성의 첫 번째 별을 뜻하고, 나머지 스물여덟 점은 적도(赤道)를 중심으로 28구역으로 나누어 놓은 별자리를 뜻하는 것이라고 한다.

윷말이 도(입구)에서 시작하여 참먹이(출구)로 나오는 길은 4방향이 있는데, 이는 태양의 궤도(軌道)를 본뜬 것으로, 가장 빠른 '모-걸-걸'의 길은 낮의 길이가 가장 짧은 동지(冬至)를 의미하고, '모-걸-걸-모'와 '모-모-걸-걸'의 길은 낮의 길이와 밤의 길이가 같은 춘분(春分)과 추분(秋分)을 뜻하며, '모-모-모-모'로 한 바퀴 도는 길은 낮의 길이가 가장 긴 하지(夏至)를 의미한다는 것이다.

윷놀이는 윷가락을 재주껏 잘 던져서 모나 윷이 많이 나오는 것도 중요하지만, 윷판에서 윷말을 잘 쓰는 것도 승부를 겨루는 데 많은 영향을 끼친다.

그러면 윷놀이에는 왜 동물의 이름이 쓰이게 되었을까?

그것은 많은 가축이 지금도 큰 재산이 되지만, 먼 옛날 유목 생활(遊牧生活)에서부터 농경 사회(農耕社會)에 이르기까지 가축은 목숨과도 같은 매우 소중한 재산이었고, 인간과 가장 친밀한 관계를 맺으며 살아왔던 짐승이기 때문이라고 한다. 그 옛날 돼지(도)는 뱀의 천적(天敵)으로서 집 안으로 침입하는 뱀으로부터의 위험을 막아 주고 더하여 고기를 제공하며, 개(개)는 주인을 도와 양몰이도 하면서 집을 지켜 주고, 양(걸: 일부 문헌에는 걸을 코끼리라고 하지만 우리의 생활 양식과 정서적으로 볼

가락윷

때 양이 마땅하다고 봄)은 젖과 고기와 털가죽을 주며, 소(윷)는 농사
일을 돕고 수레를 끌며 우유와 고기와 가죽을 제공하고, 말(모)은
빠른 교통수단에 사용되며 소처럼 밭갈이도 하고 수레도 끌며 고
기와 가죽을 제공하는 가축이었다. 따라서 윷놀이는 이렇게 유용
한 가축들이 건강하고 많이 번식하여 그 수가 늘어나기를 염원하
는 뜻에서 동물 이름을 넣어 만들어진 놀이라고 한다.

이러한 윷놀이는 왜 정초에 많이 하였을까?

옛날 사람들은 새해를 맞아 윷으로 한 해의 길흉화복(吉凶禍福)
을 점치는 풍속이 있었기 때문이다. 이렇게 윷으로 점치는 윷점에
는 크게 두 가지가 전하고 있다.

그 하나는 정월 대보름에 이루어지는 줄다리기 풍속처럼 편을
갈라 윷놀이를 하고 승패의 결과에 따라 길흉의 운수(運數)를 점
치는 것으로, 이긴 편이 그해에 풍년이 든다는 것이다. 편을 가르
는 방법으로는, 한 지역에서 윗마을과 아랫마을로 나누기도 하고,

남녀별로 편을 가르기도 하며, 짚이나 끈을 긴 것과 짧은 것을 준비하고 골라잡게 하여 긴 편과 짧은 편을 나누기도 하고, 윷가락을 각각 하나씩 던져 엎어짐과 잦혀짐으로 편을 가르는 등 편을 나누는 방법은 모인 사람들의 특성에 따라 매우 다양하다. 편을 가른 후 윷놀이가 시작되면 이기고 지는 결과에 따라 그해 농사의 풍흉(豊凶)이 달려 있다고 여겼으므로, 서로 이기기 위해 편끼리 단합하여 최선을 다한다.

또 하나는 각자 개인의 한 해 운수를 점치는 것으로, 섣달그믐이나 정초에 윷가락 네 개를 세 번 던져 얻은 괘(掛)로 새해의 길흉화복을 점치는 것이다. 그 방법은 윷을 세 번 던져서 짝지어 얻은 점괘(占卦: 윷과 모는 동일한 것으로 봄)를 가지고, 주역(周易)의 팔괘(八卦)를 여덟 번 겹쳐 얻은 64괘에 견주어 점을 치는 것이다.

그 점괘와 점사(占辭: 점괘가 뜻하는 말)는 모두 64괘이나 몇 개만 예를 든다.

- 도도도-乾(건): 어린아이가 자애로운 어머니를 만날 운수
- 도도개-履(리): 쥐가 곳간에 드나들 수
- 도도걸-同人(동인): 사람이 밤에 등촉을 밝힐 수
- 도도모-无妄(무망): 파리나 모기가 봄을 만날 수
- 도개도-姤(구): 큰물이 거슬러 오를 수
- 도개개-訟(송): 죄는 지었지만 공(功)을 세울 수
- 도개걸-遯(둔): 나방 무리가 등불에 부딪칠 수
- 도개모-否(비·부): 금이나 쇠붙이가 불을 만날 수

위와 같이 전해 오는 윷점의 점사 중에는 그 풀이 내용이 주역의 64괘에 대한 의미와 다르게 전하는 것도 있다고 한다. 그러나 모두가 요사(謠辭: 전해 오는 무성한 이야기)일 뿐이니, 그저 재미로 보는 것이 좋겠다.

지금부터 약 삼천여 년 전에는 지구상에 뱀이 많았던 시기였다고 한다. 그로 인하여 사람들이 뱀에 물리는 경우가 많았고 또한 죽기도 하였다. 그래서 사람들은 뱀의 위험으로부터 안전한 생활을 하기 위해, 뱀의 천적(天敵: 먹이 사슬에서, 잡아먹히는 동물에 대하여 잡아먹는 동물)인 돼지를 집 안에 길러 뱀의 침입을 막았다는 것이다. 이 때문에 만들어진 한자(漢字)가 바로 家(집 가)자다. '宀(갓머리-집)+豕(돼지 시-돼지)=家(집 가)'로, 집 안에는 뱀의 천적인 돼지가 있어야 사람이 안전하게 살 수 있는 집이라는 것이다.

이러한 흔적이 우리나라 제주도에 남아 있음을 볼 수 있다. 제주도의 돌담 밑에는 지금도 여기저기 늘어진 돌담만큼이나 많은 뱀들이 살고 있다. 제주도 사람들은 이 많은 뱀을 막기 위해 대문 옆에 돼지우리를 만들기도 하고 돼지가 집 안을 돌아다니도록 하였는데, 이렇게 함으로써 실제적으로 뱀의 침입을 막기도 하였다. 한편으로는 돼지를 통하여 뱀의 퇴치를 상징하는 의미를 내포하고 있는 것으로도 볼 수 있겠다.

⑵ 쿵덕 쿵덕 널뛰기

초판희(超板戲)·도판희(跳板戲)·판무(板舞) 등으로 불리는 널뛰기는 정초(正初)에 젊은 부녀자들이 즐겨 노는 우리의 풍속으로, 설날을 전후하여 가장 많이 하며 단오나 팔월 한가위 때도 즐기는 민속놀이다.

널뛰기의 널(널빤지)은 그 크기가 일정하지는 않다. 길이는 대개 7자(약 210cm) 정도이고 너비는 1자 8치(약 54cm) 정도인데, 근래에 펼쳐지는 민속놀이 경연대회에서는 10자(약 3m) 이상 되는 널을 사용하기도 한다.

널에 대하여 일부에서는 관(棺) 뚜껑을 만들다가 흠집이 난 것을 주워 놀게 된 것이 처음이라는 말이 있다. 이것은 아마도 '널'이라는 어휘가 관이나 곽(槨: 관을 담는 궤)을 통틀어 일컬을 때 쓰이는 말이기도 하고, 사관(史官)이 사초(史草: 역사적 사실을 기록한 초고)를 넣어 두는 궤(크기가 거의 관과 같음)를 의미하기도 하며, 크기 또한 널뛰기의 널과 비슷하므로 이와 같은 말이 전하는 듯하다. 그러나 그보다는 집 안의 세간이나 그 밖의 여러 가지 물건을 넣어 두는 광(곳간)에 까치발을 설치하여 얹어 놓은 선반을 잠시 내려다가 널뛰기를 한 것이 그 시작이었을 것으로 보이며, 후에 널뛰기 놀이가 성(盛)하게 이루어지므로 널뛰기를 위한 널을 새로 만들어 놀이에 사용하였을 것으로 추측이 된다. 만일에 관 뚜껑으로 널뛰기를 하였다면 얼마나 께름칙하였겠는가? 무서워서 밤에 잠도 오지 않았을 것이다.

널뛰기는 널의 한가운데에 짚단(짚베개)이나 가마니를 둘둘 말아서 6치 내외의 높이로 괸 다음, 양쪽에 한 사람씩 올라서서 널이 수평이 되도록 널의 길이를 조정한다. 그런 다음 체구가 좋은 편에 속하는 한 사람이 널 중앙에 앉는다. 이렇게 하지 않으면 널뛰기를 하는 중에 널이 옆으로 움직여 널뛰는 사람이 널에서 떨어져 다칠 수도 있기 때문이다. 이와 같은 준비가 끝나면 대개는 두 사람 중 나이가 어리거나 몸무게가 덜 나가는 사람이 먼저 구르기(널 바닥에 발을 힘 있게 내리 디디는 몸짓)를 시작한다. 널뛰기에서 가장 중요한 것은 한쪽에서 굴러 상대편이 뛰어올랐다가 내려오면서 다시 상대편을 굴러 줄 때, 먼저 굴렀던 사람은 다리를 구부리고 뛰어오를 준비를 하고 있다가 상대편이 굴러 주는 순간 구부렸던 다리를 힘차게 펴면서 뛰어 올라야 한다. 만일 상대편이 굴러 주기도 전에 미리 뛰어 오르면 상대편이 구른 널이 발바닥을 쳐서 다리를 다칠 수도 있고, 상대편이 굴러 주었는데도 즉시 뛰어 오르지 못하면 널이 옆으로 밀리며 넘어지게 되기 때문이다. 그래서 옛날에는 널뛰는 사람이 넘어지지 않도록 빨랫줄처럼 줄을 매어 놓고 이를 붙잡고 뛰게 하였다.

널뛰기가 구경을 할 때는 쉬운 것 같지만, 힘껏 뛰어오르면 어른 키만큼이나 높이 오르므로 제대로 뛰기 위해서는 리듬을 잘 타야만 하고, 민첩성과 순발력이 있어야 하며, 유연성과 다리에 근력이 있어야 제대로 뛰어오를 수 있는 전신 운동이다. 그래서 전해 오는 속설(俗說)에, "처녀 시절에 널뛰기를 하지 않으면 시집을 가서 아기를 낳지 못한다."거나, "정월에 널뛰기를 하면 일 년 동안 가시에 찔리지 않는다."고 하였는데, 널뛰기가 집 안에만 거처하는 여인들에게 건강을 위해서는 매우 좋은 놀이이므로 이를 권장하는 뜻에서 만들어진 말일 것이다.

널뛰기는 그 놀이 방법이 언제나 승부를 겨루게 된다. 승부는 서로 힘껏 구르다가 상대편이 지치거나 잘못하여 널에서 발이 떨

기산 김준근의 '널뛰기'

어지면 나머지 한쪽이 이기는 것이다. 이 놀이는 개인 간에 겨루
는 방법도 있지만 여러 사람일 경우에는 두 편으로 나누어 하기도
한다.

　이러한 널뛰기는 언제부터 즐겼던 놀이였을까?

　육당(六堂) 최남선(崔南善)의 《조선상식문답(朝鮮常識問答)》[국
호(國號)·지리(地理)·물산(物産)·풍속(風俗)·세시(歲時)·역사(歷
史)·신앙(信仰)·유학(儒學)·제교(諸敎)·어문(語文) 등에 대한 내
용을 문답 형식으로 신문에 연재하였던 글을 모아 엮은 책]에, "널
뛰기는 후세에 만들어진 놀이가 아니고, 우리나라 여성들의 고쇄
기(錮鎖期: 집 안에만 가두어 놓았던 시기) 이전으로 여성들이 기마(騎
馬)와 격구(擊毬: 말을 타고 다니면서 막대기로 공을 치는 무예) 등을 자
유로이 하던 때의 민속임을 살피기 어렵지 않다."고 한 것으로 보
아, 아마도 널뛰기는 고려 시대나 그 이전부터 전해 온 것으로 보
인다.

한편 널뛰기를 하게 된 동기에 대하여 전해 오는 이야기가 있다.

옛날에는 대궐의 담장이 매우 높았기 때문에 대궐 안을 들여다보기가 무척 어려웠다. 대궐 안의 의금부 옥(獄)에 잡혀 있는 죄인의 아내가 남편의 얼굴을 보기 위해 다른 죄인의 아내를 꾀어, 감옥이 가까이 있는 담장 옆에서 그리운 남편의 얼굴을 보기 위해 널뛰기를 하였다는 것이다. 또 집 안에만 갇혀 있는 부녀자들이 그동안 궁금했던 담장 밖의 세상을 살펴보기도 하고, 외간 남자들의 모습을 엿보기 위해 널뛰기를 하였다고도 한다. 그러나 이러한 이야기는 모두가 후대에 만들어진 이야깃거리로 보인다.

단옷날에 한복을 입고 그네를 뛰는 여인들의 모습도 아름답지만, 그 못지않게 정초에 설빔으로 울긋불긋 곱게 차려입고 치맛자락과 댕기를 나부끼며 널뛰는 여인들의 모습 또한 너무나 아름다워 많은 이들이 시를 읊어 칭송하였다. 그중《해동죽지》에 전하는 것으로, 최영년이 널뛰는 여인들의 아름다움을 표현한 한시를 소개한다.

春日聲聲 跳復跳(춘일성성 도복도),
　봄날에 쿵덕 쿵덕 뛰고 또 뛰고,
紅粧少婦 不知勞(홍장소부 부지로).
　붉게 단장한 젊은 아낙이 힘든 줄 모른다.
羅裙恰似 雙飛翼(나군흡사 쌍비익),
　마치 비단 치마가 쌍을 이루어 하늘을 나는 듯,
一燕低時 一燕高(일연저시 일연고).
　한 마리 제비가 내려올 즈음 또 한 마리 제비가 오르는구나.

(3) 최초의 장난감 팽이

겨울철이 되면 사내아이들은 곡식을 타작하기 위해 판판하게 골라 놓았던 동네의 넓은 마당이나 냇가의 얼음판 위에서 찬바람에 코를 훌쩍이며 까만 손등이 트는 줄도 모르고 팽이를 치며 신명나게 논다. 그리고 방 안에서 놀 때는 가끔 여자 아이들도 함께 한다.

팽이에 대하여 일부에서는 도토리와 같은 둥근 열매나 고리 달린 단추처럼 작은 물건을 돌리며 놀던 것이 팽이의 시작이었을 것이라고 한다. 그렇지만 역사적으로 보아 중국에서 시작된 것이 우리나라를 거쳐 일본에까지 전해진 것으로 추측이 된다.

중국이 팽이의 효시(嚆矢)라고 하는데, 중국 산서성 하현[夏縣: 중화 민족의 발상지 중 하나로, 중국 최고(最古)의 하(夏) 왕조 때 만들어졌다는 도시] 지방에서 출토된 신석기 시대의 유물 중에 돌로 만들어진 팽이가 있었다고 한다. 신석기 시대가 고대 문명(古代文明)에 의해 종료된 것으로 본다면, 적어도 4~5천 년 전에 이미 중국에 팽이가 있었다고 예측할 수 있는 것이다.

또한 중국에서는 팽이[陀螺(타라): 비탈진 소라 모양]를 중국 최초의 장난감이라 한다. 투어루어[陀羅(타라): 비탈진 것이 도는 모양]라고도 하며, 원뿔을 뒤집어 놓은 형태라고 하였다.

이러한 중국의 팽이가 우리나라에는 언제, 어떻게 전해졌는지에 대한 기록은 보이지 않으나, A.D 720년(신라 성덕왕 19년)에 일본인들이 만들었다는 옛날 일본 나라[奈良(나량)] 시대의 역사서인 《일본서기(日本書紀)》[일본에 존재하는 가장 오래된 정사(正史)로 40년 동안 만들었다고 함]에 팽이는 우리나라에서 일본으로 전래되었다는 기록이 있다고 한다. 이것을 보면 신라 성덕왕 이전 삼국 시대에 이미 팽이치기를 놀이로 삼았던 것으로 보이며, 우리나라는 당시 중국의 통일 왕조였던 당(唐)나라에서 유입된 것으로 추측이 된다.

일본에서는 팽이를 훈독(訓讀: 한자의 뜻을 새겨 읽음)으로 코마[高麗(고려)] 또는 고마라고 하였는데, 이것은 팽이가 고려(高麗)에서 전해졌다고 하여 코마(고마)라고 한다는 것이다. 이를 두고 일부에서는 팽이가 왕건(王建)이 세운 고려(高麗)에서 일본으로 전해졌다고 하지만, 이것은 연대에 차이가 나므로 잘못된 설명이다. 왜냐하면 팽이가 우리나라에서 일본으로 전해졌다는 기록이 A.D 720년에 만들어진 《일본서기》에 있는데 비해, 왕건이 세운 고려는 그 연대가 A.D 918~1392년으로 200년이나 차이가 나기 때문이다. 오히려 주몽(朱蒙)이 세운 고구려(高句麗)의 연대가 B.C 37년~A.D 668년이므로 《일본서기》의 제작 시기와 비슷하며, 당나라와 국경을 맞대고 있어 많은 왕래가 있었던 고구려에서 받아들여 직접 일본으로 전하기도 하고, 또는 신라를 거쳐 전래된 것으로 인식하는 것이 타당하다고 본다. 또한 일본에서는 고구려나 고려를 모두 고려(高麗)라고 칭하고 있어, 고려라고 하면 고구려를 뜻하기도 하고 고려를 의미하기도 한다. 그리고 일본에서 팽이의 명칭을 '고마'와 비슷하게 '고미도구리(古未都玖利)' 또는 '구(狗)'라고도 하다가, 근래에는 '도쿠라쿠[獨樂(독락): 홀로 즐겁게 도는 물건]'라는 명칭을 사용하고 있다고 한다.

우리나라에서는 팽이를 17~18세기에는 '핑이'라고 하였는데, 이것은 팽이가 도는 모습을 보고 이름을 지어 붙인 의태어(擬態語)로 보인다. 천천히 돌 때는 '빙빙 돈다'라고 하다가 빠르게 돌 때는 '핑핑 돈다'로 표현되어 '핑이'가 되었다고 보는 것이다. 언어 표현이 발달한 근래에 들어오면서 어감이 예민해져 큰 물체가 돌 때는 어감이 큰 '빙빙 돈다' 또는 '핑핑 돈다'라고 하는 반면, 팽이처럼 작은 물체가 돌 때는 '빙빙'의 작은 말인 '뱅뱅' 또는 '핑핑'의 작은 말인 '팽팽'을 사용하여 '빠르게 팽팽 도는 물건'의 뜻으로 '팽이'가 된 것으로 추측된다.

팽이의 명칭이 지방마다 다른데 그렇다고 선을 긋듯이 구분되는 것은 아니며, 일부 명칭은 서로 혼용하는 경우도 있다. 주로 평안도 지방에서는 세루·세리라 하고, 함경도에서는 방애·봉애, 경상도에서는 핑딩이·핑댕이, 전라도에서는 뺑돌이, 제주도에서는 도래기라고 하며, 서울을 제외한 경기·충청·강원·경상·전라도에 공통적으로 쓰이는 명칭으로는 뺑이가 있다.

팽이의 종류는 그 모양과 돌리는 방법에 따라 다양하지만 몇 가지만 예를 든다.

우선 가장 대표적인 팽이는 말팽이로 윗부분은 평평하고 옆면은 원추형(圓錐形: 원뿔꼴)을 거꾸로 세운 모양이며, 끝은 뾰족하게 깎고 거기에 못이나 작은 쇠구슬을 박아 잘 돌게 만든 것이다. 장구팽이(활뺑돌이)는 팽이의 윗부분과 반대쪽 끝을 똑같이 뾰족하게 깎아서 위아래가 없이 아무 쪽으로나 돌릴 수 있게 만든 팽이다. 그리고 줄팽이는 두 종류가 있다. 하나는 말팽이보다 조금 키가 큰 팽이의 허리에 홈이 나도록 둘러 깎아 팽이가 돌 때 옆

팽이채와 팽이

면에 줄이 보이도록 만든 팽이고, 또 하나는 말팽이보다 키는 작고 굵기는 더 굵으며 위아래 수직으로 쇠못을 박고 거기에 노끈을 감았다가 팽이를 던지듯 재빠르게 끈을 잡아당겨 돌리는 팽이가 있다. 이외에 몸통이 원추형이면서 6면으로 각 면마다 1부터 6까지의 숫자를 표기한 모팽이(숫자팽이)도 있고, 도토리보다 조금 큰 상수리(상수리나무의 열매)를 팽이처럼 돌리고 놀았다 하여 상수리팽이도 있다.

팽이치기의 놀이 방법은 여러 가지가 있지만, 몇 가지만 소개한다.

먼저 오래 돌리기 시합이 있다. 가장 많이 하는 놀이로, 2~3명이 자신의 팽이를 돌리고 있다가 심판을 맡은 아이가 "하나, 둘, 셋!" 하면, '셋'에 팽이채로 자신의 팽이를 힘껏 쳐 준 후에, 누구의 팽이가 가장 오래도록 도는가를 가리는 놀이다.

다음은 팽이치기 싸움이다. 이 놀이는 대개 둘이 해야 마땅한데,

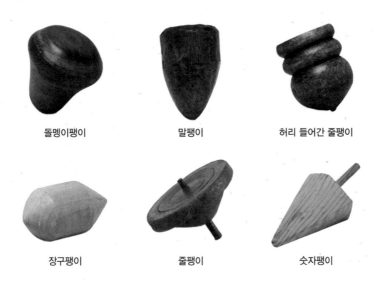

돌멩이팽이   말팽이   허리 들어간 줄팽이

장구팽이   줄팽이   숫자팽이

자신의 팽이를 팽이채로 열심히 쳐 주다가 심판의 신호에 따라 팽이를 서로 부딪치게 한 후, 상대편의 팽이가 쓰러지면 쓰러지지 않은 쪽이 이기는 것이다. 그런데 부딪치고도 쓰러지지 않으면 다시한 번 부딪치게 하여 쓰러질 때까지 하기도 하고, 부딪치고도 쓰러지지 않을 경우 부딪친 후 더 오래도록 도는 팽이가 이겼다고 하는경우도 있다.

그 다음은 빨리 돌아오기 시합이다. 이 놀이는 출발선에서 동시에 팽이를 치면서 출발하여 일정한 거리에 정해 놓은 목표물을 돌아 먼저 결승선에 도착하는 것을 겨루는 놀이다.

필자는 어렸을 때 팽이치기 싸움을 잘하는 편이었다. 나는 팽이치기 싸움에서 이길 수 있는 조건 하나를 가지고 있었고, 또한 비법도 알고 있었다. 나에게는 소나무로 만든 팽이보다 한 배 반 정도 크고 묵직한 박달나무 팽이가 있었다. 소나무로 만든 친구들의팽이가 박달나무로 만든 내 팽이에 부딪치면 여지없이 나가떨어지곤 하였다. 비법으로는 팽이를 치기 전에 팽이채에 매여 있는 무명천의 끝부분을 물에 적신 후 치는 방법이다. 끝부분이 물에 젖은 팽이채로 팽이를 치면 도는 속도가 빨라 윙윙 소리가 날 정도이며, 회전력이 크기 때문에 팽이치기 싸움에서 웬만해서는 지지 않는다. 나는 어렸을 적에 겨울 방학이 되면, 크고 묵직한 박

기산 김준근의 '팽이치기'

달나무 팽이를 가지고 나와 물에 적신 팽이채로 팽이를 쳤고, 팽이치기 싸움에서 이길 때마다 어깨에 힘을 주고 으스대며 날이 저무는 줄도 몰랐었다.

(4) 축국(蹴鞠)놀이를 닮은 제기차기

팽이치기가 저학년들의 놀이라면 제기차기는 고학년들의 놀이에 속한다.

제기는 옛날 화폐로 사용하였던 엽전(葉錢)이나 이와 비슷하게 생긴 가운데에 구멍이 뚫린 쇠붙이를 한지(韓紙)나 습자지(習字紙) 또는 얇은 천으로 싸서 술이 7~8cm 정도가 되도록 만든다. 이때 술의 길이가 짧으면 제기가 빨리 내려오므로 쉴 새 없이 제기를 차올려야 하고, 술이 길면 천천히 내려오므로 제기를 차는 간격이 길어져 흥미를 잃게 된다.

제기차기는 옛날에도 많이 하였지만 근래에는 학교마다 민속놀이 시간에 많은 아이들이 즐겨하는 놀이로, 그 놀이 방법에는 여러 가지가 있다.

1) 외발 차기: 한 발로만 차되, 한 발은 땅을 딛고 차올리는 발은 땅을 디뎠다 뗐다 하면서 발 안쪽으로 찬다.
2) 발들고 차기: 한 발로만 차되, 한 발은 땅을 딛고 차올리는 발은 땅을 딛지 않고 공중에서만 차올렸다 내렸다 하면서 찬다.
3) 양발 차기: 양쪽 발로 번갈아 가며 차되, 발의 안쪽으로만 차든지 아니면 한 발은 안쪽으로 차고 다른 발은 바깥쪽으로 찬다.

4) 귀 위까지 차기: 제기를 찰 때마다 매번 귀 위까지 올라오게
   찬다.
5) 입으로 물기: 차올린 제기를 입으로 받아 문다.
6) 머리에 얹기: 차올린 제기를 머리에 얹는다(등에 얹기도 있다).
7) 멀리 차기: 서로 미리 정한 수까지 제기를 찬 후, 제기를 발등
   으로 멀리 찬다.

 제기는 위와 같은 방법으로 차면서도 흥미를 더하는 시합이
있다. 우선 두 명 또는 여러 명이 두 편으로 나누어 겨루는데, 미리
정한 수까지 먼저 차는 편이 이기는 것이다. 이 방법이 흥미가 없
으면 10회가 넘을 때마다 입으로 물기 또는 귀 위까지 올려 차기
등의 규칙을 더하는 경우도 있다.
 다음으로는 여러 명이 각각 겨루는 동네제기가 있다. 동네제기
는 여러 명이 둥글게 마주 보
고 선 다음, 먼저 제기를 가
진 사람이 "동"이라고 외치
면서 제기를 차올리면 그 제
기의 낙하지점에 가장 가까
운 사람이 그 제기를 받아 차
올리며 "네"라 외치고, 그 다
음 사람이 "제"라고 외치면
서 차올리면 그 다음 사람이
"기"라고 외치며 제기를 차
올리는 놀이다. 이렇게 번갈

기산 김준근의 '제기차기'

아 차올리다가 자신이 서 있는 위치에서 가장 가까운 곳에 제기가 떨어지는데도 차올리지 않거나, 차더라도 헛발질을 하거나, 다른 사람이 도저히 받아 차올릴 수 없을 정도로 엉뚱한 곳으로 차올렸을 경우에 술래가 되는 것이다.

경기 중에는 모두가 흥미롭게 제기차기를 하였지만, 놀이 결과에 따른 승자와 패자에 대한 대우(待遇)는 비교가 안 될 정도로 격차가 심하다. 추석날 아침 길쌈 겨루기에서 진 편이 이긴 편에게 술과 음식을 내어 사례(謝禮)를 하고 회소곡을 부르듯이, 패자는 매우 자존심이 상하는 벌칙을 받아야 한다. 벌칙으로는 진 사람(편)이 이긴 사람(편)에게 '종드리기'라는 것을 해야 한다. 종드리기는 서너 걸음 사이를 두고 진 사람이 이긴 사람에게 제기를 던져 주면, 이긴 사람은 진 사람이 받지 못하도록 멀리 힘껏 차낸다. 이렇게 계속하다가 이긴 사람이 차낸 제기를 진 사람이 받거나 이긴 사람이 헛발질을 하여 제기가 땅에 떨어졌을 때 종드리기가 끝나는 것이다. 그런데 이긴 사람으로 하여금 헛발질을 하게 하려고 진 사람이 아무렇게나 던져 주면, 이긴 사람은 진 사람이 제대로 잘 던질 때까지 차지 않는다. 그러면 진 사람은 이긴 사람이 제대로 찰 때까지 계속 종드리기를 해야 한다.

한 사람에게 종드리기를 하는 것은 아무것도 아니다. 진 사람의 기력을 다 빼고도 사정사정해야 끝을 낼까 말까 하는 종드리기가 있다. 동네제기에서 술래가 된 사람이다. 종드리기는 한 사람에게만 드리는 것도 어려운 판에 네댓 사람에게 돌아가며 종드리기를 하는 것은 정말로 견디기 어려운 벌칙이다. 그런데 이런 와중에도 서로 사이가 좋은 친구끼리면 술래가 쉽게 받도록 차 주지만, 전에 자신이 술래가 되었을 때 지금의 술래가 고생을 많이 시켰을 경우라면 그때의 상한 자존심과 고생한 것을 되갚기 위해 쉴 새 없이 요리조리 차내기도 한다. 이렇게 하다가 술래가 너무 힘들고 자존심이 상해 머리끝까지 화가 났을 때, 종드리기를 끝낼 수 있는 방법이 없는 것은 아니다. 술래가 울어버리면 종드리기가 끝난다. 우리 민족은 어른이나 어린아이나 정(情)이 많기 때문에 술래가 화를 참지 못하고 질질 울면 종드리기를 받지 못한 사람도 술래를 가엾게 여겨 종받기를 포기한다. 이런 일만 보아도 우리는 참으로 정이 많은 민족이다.

그러면 이러한 제기는 어떤 유래를 가지고 있을까?

전하는 바에 의하면, 제기차기는 옛날 중국에서 군사들의 무술을 연마시키기 위해 고안된 놀이로, 이것이 제기차기의 효시(嚆矢)라고 한다. 고대(古代) 중국 전설상의 복희씨(伏羲氏: 백성에게 고기 잡는 법을 가르친 황제), 신농씨(神農氏: 백성에게 경작을 가르친 황제)와 함께 삼황(三皇)의 한 사람인 황제(皇帝)가 군사들의 무술을 연마시키려고 만들었다는 축국(蹴鞠: 둥글게 만든 가죽주머니 속에 짐승의 털을 넣고 꿩 깃을 꽂아 만든 공을 발로 차는 놀이)에서 유래되었다는 것이다.

우리나라에도 삼국 시대에 축국이 있었다고 한다. 중국의 문헌을 통하여 고구려와 백제에 축국이 있었다는 이야기가 전하며, 특히, 《삼국유사(三國遺事)》의 '태종 춘추공' 편에, "김유신(金庾信)이 김춘추(金春秋: 훗날 태종 무열왕이 됨)와 함께 축국[蹴鞠, 신라 사람들은 이를 농주희(弄珠戲: 둥근 공을 가지고 즐기는 놀이)라고도 하였음]을 하다가 일부러 김춘추의 옷고름을 밟아 떨어뜨리고는 자신

축국놀이하는 모습

의 누이동생인 문희(文姬)로 하여금 김춘추의 옷고름을 꿰매도록
한 것이 인연이 되어 김춘추와 문희의 혼인이 이루어졌으며, 훗날
문희는 왕후가 되었다.”는 이야기가 전하는 것을 보아도 이미 신라
에 축국이 있었음을 알 수 있겠다.

축국의 방법으로는 여러 사람이 편을 나누어 공을 굴려 차면서
미리 파 놓은 구멍에 공을 넣거나 골문을 설치하여 공을 넣는 것
이 있고, 또 하나는 두 명 또는 여러 사람이 마주 서서 공을 위로 차
올리면서 땅에 떨어뜨리지 않게 하는 놀이가 있었다고 한다. 지금
의 제기차기에 영향을 끼친 것은 아마도 후자의 축국놀이였을 것
이다. 처음에는 둥근 가죽주머니 속에 짐승의 털을 넣고 날짐승의
깃털을 꽂아 만든 공[毬(구)]을 차올리는 놀이를 하였다. 그러다
가 놀이 인구가 늘어나고 놀이 방법도 다양해지면서 돼지의 방광
을 차올리기도 하고, 모래주머니(처음에는 작은 헝겊주머니에 모래를

넣어 만들었으나, 근래에는 콩과 같은 곡식을 넣어 만든다. 콩을 넣었다고 하여 일부에서는 콩주머니라 하기도 하지만, 국어사전에는 모두 모래주머 니라고 등재되어 있음)나 뿌리가 튼실하고 짧으며 잎이 알맞게 자란 풀 등 우리 주변에서 쉽게 구할 수 있는 물건을 차올리며 놀던 것 이 요즈음의 종이제기·털실제기·천제기·비닐제기 등으로 변천 한 것으로 보인다.

'제기'의 표기에 대하여 살펴보면, 훈민정음이 창제되면서 우리 말로 기록할 당시에는 '뎌기'라 하였고, 구개음화 현상이 나타나면 서 '져기'가 되었다. '져기'는 '적(옛말 '작다'의 어간)+이(옛말의 사람이 나 사물을 지칭할 때 쓰이는 의존 명사) = 적이→져기'로 변한 것으로 보이며, '져기'가 '제기'로 된 것은 '져비'가 '제비'로 된 것처럼, 음절 속에서 음운도치 현상(ㅣ+ㅓ=ㅕ→ㅓ+ㅣ=ㅔ)이 이루어진 것이다.

(5) 액(厄)을 담는 투호놀이

근래의 투호(投壺)놀이는 실내나 잔디밭에서 입구의 지름이 15~18cm, 높이가 60cm 정도인 항아리에 80cm 정도 되는 청·홍 색의 막대기 화살을 일정한 거리에서 던져 많이 넣는 사람이 이기 는 놀이다. 명절이나 속절(俗節)에 부녀자들이 즐기기도 하고, 유 치원과 초등학교의 민속놀이 시간에 많은 어린이들이 즐기는 놀 이이기도 하다.

전하는 이야기에 따르면, 투호놀이는 당(唐)나라에서 전해졌다 고 한다. 우리나라에서는 삼국 시대의 고구려·백제에서 많이 행하 였고, 조선 시대에는 임금도 경회루에서 직접 투호놀이를 즐겼으 며, 궁중의 연회(宴會)나 대신(大臣)들의 기로연(耆老宴: 60세 이상

노인들을 공경하여 베푸는 잔치) 때 여흥(餘興)으로 즐기기도 하였다. 궁중에서 왕족이나 귀족들이 투호놀이를 할 때는 임금이 직접 상을 하사하고 무희들로 하여금 흥을 돋우었다고 한다.

그러나 투호놀이의 기원을 거슬러 올라가면, 투호놀이는 활쏘기와 같이 덕(德)을 함양하고 마음을 다스리는 데 활용되었던 놀이라는 것이다. 그래서 투호놀이를 할 때에는 그 격식(格式)에 따른 예의범절(禮儀凡節)이 《예기(禮記)》[중국 전한(前漢)의 대성(戴聖)이 정리 편찬한 것으로, 유교 경전의 오경(五經) 중 하나임. 예(禮)에 관한 해설과 이론을 서술하였으며, 소대례(小戴禮)라고도 함]에 수록될 정도로 엄격하여 일반 백성들은 투호놀이를 할 엄두도 내지 못했다고 한다.

지금 우리가 알고 있는 투호놀이의 내용과 옛날 중국의 투호놀이 방식을 비교해 보고자 《예기》에 기록되어 있는 내용을 소개해 본다.

주인이 손님과 더불어 즐겁게 술을 마시고 난 후, 손님을 더 즐겁게 해 주기 위해 항아리에 화살을 던져 넣는 투호놀이를 하자고 권한다. 주인과 손님은 뜰에서 술잔을 몇 번씩 주고받은 다음, 신을 벗고 대청으로 올라가 자리를 잡는다. 먼저 주인이 화살을 받아 들면, 보조하는 사람은 투호놀이의 점수를 계산하는 산(算: 작은 막대기)을 담은 그릇을 들고, 또 다른 사람으로 하여금 항아리를 잡게 한다. 그리고 주인이 손님에게 청하며 말하기를,

"저에게 굽은 화살과 입이 비뚤어진 항아리가 하나 있습니다. 보잘것없지만 이것으로 손님을 즐겁게 해 드리고자 합니다."

기산 김준근의 '투호놀이'

라고 한다(여기서 굽은 화살과 입이 비뚤어진 항아리는 실제로 구부
러지거나 비뚤어진 것이 아니라 주인이 자신을 낮추어 겸손하게 한 말
이다).

그러면 손님이 주인에게 답하기를,

"공(公)께서 이미 진미(珍味)의 술과 음식을 저에게 베푸셨습
니다. 그런데 더하여 투호놀이로 즐겁게 해 주신다 하니, 몸 둘
바를 몰라 사양하겠습니다."

라고 한다. 그러면 주인이 재차 말하기를,

"굽은 화살과 입이 비뚤어진 항아리라 굳이 사양할 만한 것이
못 됩니다."

하고 다시 청하면, 손님이 다시 답하기를,

"저는 이미 융숭한 접대를 받았는데도 또 더하여 투호놀이의
즐거움을 말씀하시니 분에 넘쳐 사양하겠습니다."

라고 한다. 그러면 주인은 재삼 청하기를,

"굽은 화살과 입이 비뚤어진 항아리이니 손님께서 사양할 만한 것이 못 된다 사료되어 다시 한 번 청하겠습니다."

라고 하면, 그제야 손님이 답하기를,

"제가 재차 사양했지만, 공께서 이를 허락지 않으시니 감히 삼가 공의 명(命)을 따르겠습니다."

라고 하는데, 이렇게 두세 번 사양의 예를 갖추고 나서야 투호놀이를 하겠다고 승낙을 한다.

이제 주인에게 투호놀이를 하겠다고 승낙한 손님이 서쪽 계단 위에서 북쪽을 향하여 허리를 굽혀 두 번 절하고 난 뒤 화살을 받고자 하면, 주인은 손님으로부터 인사를 받는 것이 오히려 죄송하다는 표정을 짓고 인사의 예(禮)를 사양한다고 하면서 손님을 향하여 허리를 굽혀 절하며 화살을 보내는 예를 보인다. 그러면 손님도 역시 주인으로부터 인사를 받는 것이 황송할 뿐이라는 뜻으로 손사래를 치며 인사의 예를 사양한다고 말한다. 이렇게 하여 투호놀이가 시작되기 이전의 격식의 예가 끝난다.

위의 내용은 투호놀이를 하기 이전에 주인과 손님이 서로 예를 갖추는 격식이다. 이처럼 투호놀이는 주인이 손님에게 잔치를 베푼 후에 함께 재예(才藝: 재능과 기예)를 즐기는 놀이의 일종으로, 옛날에는 천자(天子: 황제)와 제후(諸侯)들도 즐겼던 놀이라고 한다. 당시의 화살은 나무로 만들되 껍질을 벗기지 않았으며, 깃털과 활촉도 없었다고 한다. 또한 화살의 길이는 장소에 따라 다르지만, 대체로 실내에서는 그 길이가 60cm 정도, 대청에서는 80cm 정도, 그리고 뜰에서는 1m 정도의 것을 사용하였으며, 한 사람당

혜원 신윤복의 '임하투호'

12개(1년 12개월을 의미한다고 봄)의 화살이 주어지고, 화살 1개마다 10점의 점수로 승부를 가렸다고 한다.

이러한 투호놀이는 중국 한(漢)나라 이전부터 행하였던 것으로 추측되며, 진(晉)나라와 제(齊)나라의 제후들이 연회를 베풀면서 투호놀이를 즐겼다고 한다. 그리고 당나라 때는 《예기》에 기록된 것처럼 손님을 접대하는 수단이면서 왕실이나 귀족들이 즐기는 놀이였던 것으로 보인다.

우리나라에서는 삼국 시대에 당나라와 교류(交流)가 잦았던 고구려와 백제에서 투호놀이가 성하였던 것으로 전한다. 고구려에서는 연회를 즐긴 후에 젊은이들은 축국(蹴鞠)을 하였고, 장년이나 노년층에서는 투호놀이를 즐겼다 하며, 백제에서도 바둑두기·주사위놀이·쌍륙(雙六)놀이 등과 함께 투호놀이를 즐겼다고 한다.

또한 이 투호놀이가 고려 시대에는 왕실에서 예법(禮法)을 익히는 수단으로 활용되었으며, 조선 시대에는 인의(仁義)를 근본으로 하고 도덕적 실천을 주창하는 유교적 이념을 전수(傳授)하고자 하는 방편으로 활용되었고, 왕실과 귀족층은 물론 사대부(士大夫)들이 즐기는 놀이로 이어지면서 부녀자들의 놀이로 변천되었다는 것이다.

지금도 투호놀이가 예전의 예법을 따랐던 흔적이 초등학교 지도서에 조금은 남아 있다. 그 하나는 항아리를 향하여 화살을 던질 때, 많이 넣기 위해 앞쪽으로 허리를 굽히거나 팔을 길게 죽 뻗는 자세는 투호놀이의 예법에 어긋난다고 하여 양쪽 어깨가 균형을 이루도록 반듯하게 서서 던지게 하였다. 또 하나는 화살을 직선으로 던져 항아리 속에 넣은 것이 아니라 곡선으로 던져 항아리 위에서 곧게 떨어져 항아리 입구로 들어가도록 하는 것인데, 이것들이 바로 투호놀이를 하는 바른 자세의 예법인 것이다. 왜냐하면 투호놀이는 어디까지나 손님을 접대하는 놀이이므로, 이기고 지는 승패의 결과보다 놀이 과정을 통하여 손님을 즐겁게 하기 위한 것이 목적이기 때문이다.

한편 조선 시대에 그려진 투호놀이의 민속화(民俗畵)가 전해 오는데, 항아리(투호병)를 가운데 두고 나이 든 선비들이 둘러서서 화살을 던지는 모습이다. 이것은 동편과 서편으로 일직선상에 서서 던지도록 되어 있는《예기》의 내용과는 다르게 그려졌다. 또 일부 문헌에는 주인과 손님 모두 남쪽을 향하여 선다고 기록되어 있는 것도 있으나, 이 또한 주인과 손님 모두 북쪽을 향하여 선다는《예기》의 내용과 상반(相反)되는 것이다. 그러면 어느 것이 옳다고 보는가?《예기》의 내용이 옳을 것이다. 왜냐하면 남쪽을 향한다는 남면(南面)은 임금이 향하는 방향이다. 따라서 신하와 백성은 북쪽을 향하여 북면(北面)을 해야 한다. 또한 투호놀이는 그 근본이 항아리에 액(厄: 재앙)을 담아 버린다는 데서 그 놀이가 시작된 것이기 때문에 액을 버리는 방향은 사람이 죽어서 간다는 북쪽(북망산)이 되어야 한다. 그러므로 투호 항아리를 북쪽에 두어야 하며, 던지는 사람도 동편과 서편의 일직선상에서 북쪽을 향하여 선 다음, 화살을 던지는 것이 이치에 맞을 것이다.

하지만 중국에서 전해 온 투호놀이는 긴 세월이 흐르면서 번거로운 격식은 떼어 버리고 우리 민족의 정서에 어울리도록 많은 변화를 가져왔다. 어른들은 투호놀이를 하면서, 이기면 헌배(獻杯: 시합에서 이긴 사람에게 상으로 주는 술잔)를 마셨고, 지면 벌배(罰杯: 시합에서 진 사람에게 벌이라고 주는 술잔)를 마시며 놀이를 즐겼다. 그러면서도 근래에 와서는 유치원이나 초등학교 어린아이들에게 흥미를 돋우는 간편한 민속놀이로 정착되어 가고 있다. 이제는 귀가 달린 청동 투호병이 아니라 일곱 가지 무지개 색을 두른 아름다운 질그릇 항아리도 좋고, 화살이 꼭 열두 개가 아니라 어린아이들 손에 쥘 만큼의 서너 개라도 좋다. 옛날에는 화살이 깃털과 활촉이 없었다지만, 어린아이들의 안전을 위해 고무로 된 촉과 플라스틱 깃을 꽂고, 푸른색과 붉은색을 입힌 청살과 홍살이면 더욱 좋다. 손님이 오지 않더라도 가족끼리 즐기면 되고, 집 뜰이 아니더라도 고궁을 찾아 투호놀이를 즐기면서 그 유래와 기본 정서는 잊지 않는 것이 바람직하겠다.

6. 입춘에는 춘첩자^{春帖子}와 춘련^{春聯}을 써 붙인다

입춘은 24절기 중 첫 번째의 절기로, 태양의 황경(黃經: 춘분점에서 황도를 따라 동쪽으로 돌아서 잰 각도)이 315도에 이르는 때다. 이날이 되면 사람들은 재앙(災殃)은 물리치고 복(福)을 불러들이려는 염원을 글로 써서 벽이나 대문, 상인방, 들보, 기둥, 천장 등에 붙이는데, 이러한 글귀를 입춘축(立春祝)·춘축(春祝)·입춘방(立春榜)·춘방(春榜)·춘첩자(春帖子)·춘련(春聯)·단첩(單帖) 등으로 부른다. 그렇게 하면서도 이것들을 통틀어 부를 때는 입춘서(立春書)라고 하다가 근래에는 입춘첩(立春帖)이라는 말도 함께 사용하게 되었는데, 위의 명칭들이 의미는 같지만 그 쓰임과 대상에 따라 구분되는 경향이 있다.

우선 써 붙이고자 하는 글의 형태에 따라 두 줄의 글귀가 서로 대(對)를 이루어 대련(對聯)이 될 경우에는 춘련이라 하고, 글귀가 한 줄일 경우에는 단첩이라고 한다. 또한 대궐에서 제술관(製述官: 대궐에서 의식이 있을 때, 의식과 관련이 있는 글을 지어 바치는 신하)이

연잎 또는 연꽃 무늬가 있는 종이에 입춘을 하례(賀禮)하는 시를 지어 대궐 안에 붙이는 것을 춘첩자라 하고, 재상집과 양반집 그리고 일반 가정과 상점 등의 대문이나 기둥에 붙이는 것은 춘련이라 한다. 그 외의 명칭은 크게 구분하지 않고 춘련과 함께 쓰이는 것이 일반적이다.

또한 양반집이나 일반 가정에서는 춘련뿐만이 아니라, 복숭아 그림에 신도(神荼)와 울루(鬱壘)의 형상을 그려 넣고, 신도와 울루라는 글씨 넉자도 써서 문호(門戶)에 붙였다. 이렇게 함으로써 흉측한 잡귀들이 감히 집안에 들지 못하고 물러난다는 것이다.

옛날부터 사람들은 복숭아나무를 비롯하여 신도와 울루는 잡귀를 쫓아내는 힘이 있다고 믿어 왔다. 중국 전설에 따르면, 옛날 신도와 울루는 백귀(百鬼)를 지배하는 형제 귀신으로 바다 가운데 솟아 있는 도삭산(度朔山)에 살고 있었다. 그 산에는 어마어마하게 큰 복숭아나무가 서 있었는데, 그 나무 밑에서 잡귀들이 드나드는 문을 지키는 수문신(守門神)이라고 한다. 이 이야기는 중국 후한(後漢)의 문인이며 명필이기도 한 채옹(蔡邕)의 《독단(獨斷)》에 있는 글로, 내용은 다음과 같다.

바다 한가운데에 도삭산이 솟아 있고, 그 산에는 매우 큰 복숭아나무 한 그루가 있었다. 그 나무는 삼천리 근방까지 가지를 뻗었는데, 이 많은 나뭇가지 중 낮게 구부러진 곳의 동북쪽으로 잡귀들이 드나드는 문이 있고, 이곳에서 온갖 잡귀들이 드나들며 문의 양쪽에 버티고 서 있는 신도와 울루의 검열을 받았다. 신도와 울루는 검열을 하면서 남에게 해코지를 하고 돌아온 잡귀가

있으면 갈대로 엮은 줄로 묶어다가 호랑이 굴에 던져 호랑이의
먹이가 되게 하였다. 이런 연유로 신도와 울루의 형상을 그려 붙
이게 되었다.

는 이야기다. 이러한 이야기가 전하여 사람들은 잡귀들이 복숭아
나무와 신도·울루 형제 귀신을 보면 무서워 달아난다고 믿었던
것이다.

복숭아나무에 관련된 풍속으로, 옛날 중국 사람들은 도탕(桃湯)
이라 하여 복숭아나무의 잎·가지·줄기를 끓여 마셨는데, 복숭아
나무가 능히 귀신을 쫓는다고 여겨 도탕을 마시고 벽사(辟邪: 요사
스러운 귀신을 물리침)를 하였다고 전한다. 우리나라 풍속에도 제사
상이나 차례상에 복숭아를 진설(陳設)하지 않는다. 이유는 제삿날
조상신이 강림(降臨)을 해야 하는데, 귀신을 쫓는 복숭아가 있으면
복숭아가 무서워 조상신이 강림할 수 없기 때문이란다.

입춘에는 귀신을 쫓는 벽사문만
써 붙이는 것이 아니라, 복을 염원
하는 글도 많이 써서 바람벽, 대문,
기둥, 문설주, 상인방 등에 붙인다.
주로 장수(長壽)·효도(孝道)·재물
(財物)·건강(健康)·다복(多福)·화
목(和睦)·풍요(豊饒)·국가 안녕(國
家安寧) 등 모두가 이루고자 하는
염원이 담긴 글이다. 이와 같은 내
용이 담긴 글로 몇 가지 예를 들어

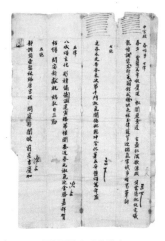

중궁전(中宮殿) 춘첩자

본다.

- 立春大吉 建陽多慶(입춘대길 건양[1]다경)

  입춘이 되어 대길하고 시절마다 경사가 많아라

- 壽如山 富如海(수여산 부여해)

  수명은 높은 산처럼 길고 재물은 넓은 바다만큼 많아라

- 去千災 來百福(거천재 내백복)

  재앙이란 재앙은 모두 물러가고 복이란 복은 모두 들어오너라

- 父母千年壽 子孫萬代榮(부모천년수 자손만대영)

  부모님은 긴 수명 누리시고 자손은 만대에 번영하여라

- 國有風雲慶 家無桂玉愁(국유풍운경 가무계옥[2]수)

  나라에는 좋은 기운의 경사가 있고 가정에는 땔나무와 쌀 걱정
  없어라

- 掃地黃金出 開門萬福來(소지황금출 개문만복래)

  마당을 쓸면 황금이 나오고 대문을 열면 온갖 복이 들어온다

또한 상인방(윗중방)에는 다음과 같은 단첩[단구(單句)로 된 첩
자(帖子)]을 붙이기도 한다.

- 春到門前增富貴(춘도문전증부귀)

  봄이 문 앞에 다다르니 부귀가 넘친다

---

1 건양(建陽)은 조선 제26대 고종(高宗) 임금 때 처음 사용한 연호(年號)로 지금까지도 쓰이고 있으며,
   연호가 해[年(년)]와 관계가 있으므로 시절로 해석하였다.

2 계옥(桂玉)이란, '땔나무는 계수나무보다 더 귀하고, 쌀은 옥보다 더 귀하다.'는 뜻으로, 살림살이
   에 땔나무와 쌀의 귀중함을 이르는 말이다.

- 春光先到吉人家(춘광선도길인가)

  봄빛은 상서로운 집안에 먼저 다다른다
- 一振高名滿帝都(일진고명만제도)

  한번 이름을 높이 떨쳐 그 이름 장안에 가득하여라

 이와 같이 입춘에 입춘첩을 써 붙이는 풍속은 중국에서 시작된
것으로 보인다. 중국 사람들은 6세기 이전부터 입춘이 되면 비단
으로 제비를 만들어 머리에 꽂고, 의춘[宜春: 풍우(風雨)가 알맞
은 봄이라는 뜻]이란 두 글자를 써서 문에 붙이곤 하였는데, 이처
럼 입춘에 봄을 반기는 의미에서 '의춘'이라고 쓴 종이를 문에 붙
였던 풍속을 입춘첩(당시에는 '의춘첩'이라 하였음)의 시작으로 보는
것이다. 그러다가 14세기경 중국 명(明)나라를 세운 주원장(朱元
璋)이 섣달그믐 하루 전날에, 공경대부(公卿大夫)를 비롯한 신하들

입춘에 대문에 붙이는 '춘련'

과 일반 백성들에게 명(命)하여 집집마다 대문에 한 해의 무사태평(無事泰平)과 풍농(豊農)을 기원하는 뜻이 담긴 춘련(春聯)을 써 붙이도록 하였는데, 이때부터 '춘련'이란 명칭을 사용하게 되었다고 한다.

우리나라에서는 고려 시대에 입춘이 되면 임금이 신하들에게 춘첩자를 내려주었다고 하며, 조선 시대에 들어와서는 궁궐이나 양반층뿐만 아니라 일반 가정에서도 입춘첩을 써 붙였다고 한다. 우리 속담에, "입춘첩을 써 붙이면 굿 한 번 하는 것보다 낫다."고 하였다. 박수·무당을 들여 굿을 한 번 하는 것보다 늘 생각하고 간절히 바라던 일을 글로 표현하여 대문이나 상인방에 붙이고, 1년 내내 문을 드나들 때마다 음미하며 염원하는 것이 훨씬 낫다는 것이다. 참으로 맞는 말이다. 한 번의 치성보다 일 년 내내 드리는 정성이 더 낫지 않겠는가?

우리 조상들은 입춘에 내리는 비는 세상 만물(萬物)을 소생시키는 비라고 하여 반겼다. 또한 입춘에 내린 비를 받아 부부가 나누어 마시면 아들을 낳는다 하여 입춘에 내리는 비를 꽤나 소중히 여겼다고 한다.

7. 동인승銅人勝을 머리꾸미개라고 할 수 있을까?

정월 초이렛날을 인날[人日(인일)]이라고 한다. 초하룻날부터 초엿샛날까지 6일 동안은 짐승이나 가축에 대하여 점(占)을 치고, 이렛날이 되면 사람에 대해 점쳤다는 데서 생긴 말이라 한다. 정월 초하룻날은 닭날, 초이틀은 개날, 초사흘은 양날, 초나흘은 돼지날, 초닷새는 소날, 초엿새는 말날, 그리고 초이레는 사람의 날이라 하여, 그날 날씨의 맑고 흐림에 따라 그해 농사가 풍년일지 흉년일지를 점쳤다는 것이다.

중국의 풍속에는 정월 7일에 인승(人勝: 머리꾸미개)을 만들어 사람들과 나누며 즐겼다는데, 이것이 우리나라에 전하여 삼국 시대에는 정월 한 달을 모두 사람의 날로 정하고 조정(朝廷)과 지방 수령들이 사람을 받드는 행사를 거행하였다. 조선 시대에는 이날을 사람을 위하는 날이라 하여 임금이 신하들에게 머리꾸미개라고 하는 동인승(銅人勝)을 나누어 주고, 조정에서는 과거(科擧) 시험을 실시하여 우수한 인재를 등용하였다고 한다.

부녀자들이 쑥을 묶어 머리에 꽂은 모습

　중국에서는 머리꾸미개를 인승(人勝), 화승(華勝, 花勝)이라고 하
지만, 원래 화승은 옛날 여인들이 머리를 아름답게 꾸미기 위해 오
색의 비단을 마름질하여 머리에 꽂도록 만든 장식품이다. 인승(人
勝)은 도가(道家)의 주문을 적은 색종이 또는 비단으로, 이것을 병
풍에 붙이거나 또는 여인들의 비녀에 감아 걸거나 머리에 꽂았기
때문에 인승도 머리꾸미개라고 하는 것이다. 이에 대하여《형초세
시기(荊楚歲時記)》에는 다음과 같은 이야기가 전한다.

　수(隋)나라 사람 유진(劉臻)의 아내 진씨(陳氏)가 쓴《진견의
(進見儀)》에 이르기를, "정월 7일에는 인승을 만들어 사람들에게
드린다."고 하였다. 인승은 마름질한 비단이나 금박 또는 오색
종이에 글씨를 새겨 병풍 위에 붙이기도 하고, 여인들의 머리를

예쁘게 장식하는 것이다. 이렇게 하는 관습은 신년을 맞아 모두가 마음과 몸을 새롭게 하려는 데서 만들어진 풍속이다.

화승은 진(晉)나라 때에 시작된 것으로 본다. 진나라의 재상 가충(賈充)의 아내 이부인(李夫人)이 여훈(女訓)을 기록하여 편찬한 《전계(典戒)》에 따르면, "화승은 《서도(瑞圖)》에 나타난 금승(金勝: 금으로 만든 머리꾸미개)의 모양을 닮았으며, 또한 정월 7일에 서왕모[西王母: 중국 신화에 나오는 신녀(神女)로서, 사람의 얼굴에 호랑이 이빨, 표범의 꼬리에 머리를 풀어헤쳤으며, 불사약(不死藥)인 선도(仙桃)를 지녔다고 함]가 승화전(承華殿)에서 무제(武帝)를 만날 때 머리꾸미개를 하였는데, 바로 이것을 본뜬 것이다."

고 하였다. 윗글처럼 중국에서는 여인들이 머리를 장식하기 위해 꽂는 머리꾸미개를 인승(人勝) 또는 화승(華勝, 花勝)이라고는 하였지만, 동인승(銅人勝)이라는 말은 언급되지 않았다. 그러나 우리나라의 일부 문헌에는, "동인승은 머리꾸미개로 구리로 만든 작고 둥근 거울 같은 것으로, 신선(神仙)을 새겨 넣은 자루가 달려 있다."고 하여 동인승을 머리꾸미개인 것처럼 설명하고 있다.

한편 다른 문헌에는, "인일(人日)에 공조(工曹: 조정에서 공업에 관한 일을 맡아 하던 관부)에서 화승(花勝)을 만들어 윗분께 바치고, 또 한편으로는 구리로 둥근 원형을 부어 뽑고 손잡이에 사람의 모습을 새겼는데, 이것을 동인승(銅人勝)이라 하며 각 궁전에 진상(進上)한다."고 하였다. 또 다른 문헌에는, "인일(人日)이 되면 조정에서는 임금이 여러 신하에게 동인승(銅人勝)을 나누어 주었는데, 그것은 작고 둥근 거울로 자루에 신선이 새겨져 있다."고 하였다.

위의 글을 살펴볼 때, 구리거울인 동인승이 머리꾸미개인 인승과 그 명칭이 비슷하여 동인승에 대한 설명을 하면서 머리꾸미개란 말을 덧붙인 것이 아닌가 한다. 왜냐하면 중국에서 말하는 인승과 화승은 여인들이 비단이나 금박으로 만들어 병풍에 붙이거나 머리에 꽂는 것이라고 설명하였고, 우리나라의 동인승은 조정에서 구리를 부어 만들고, 이것을 임금이 신하들에게 하사하는 작은 구리거울이라고 설명하였기 때문이다. 다시 말하면 중국의 인승이나 화승은 머리꾸미개로 여인들이 머리에 꽂는 장식품이지만, 우리나라의 구리거울인 동인승은 임금이 신하에게 하사하는 것으로, 간단한 노리개를 나누어 주는 정도의 의미가 아니라 동(銅: 구리)이 지닌 깊은 뜻을 전하는 것으로 보아야 할 것이다.

중국 당(唐)나라 학자들의 말에 의하면, 동(銅)은 그 성질이 부드러운 까닭에 다른 물질과 합하여 또 다른 하나가 되고, 다시 온 세상을 어울러 하나로 다스린다는 것이다. 또한 동은 여러 물질 중에서도 천지 만물을 생성하는 정기(精氣)가 있으며, 비바람이 몰아치거나 모진 추위와 무더위에도 그 본성이 변하지 않아 오롯한 선비 정신이 깃든 물질이므로, 이로써 도량형기(度量衡器: 길이·부피·무게를 재는 기구, 곧 자와 되와 저울)를 만들어 백성을 다스리는 데 활용했다는 것이다.

이를 본다면, 우리나라에서 인일(人日)을 맞아 임금이 여러 신하에게 동인승(銅人勝: 구리거울)을 하사한 것은, 바로 동(銅)이 가지고

동인승

있는 특성처럼 오롯한 선비 정신으로 나랏일을 시행함에 있어, 자로 재듯이, 되로 헤아리듯이, 저울로 달듯이, 더하거나 덜함이 없이 올곧은 정치를 하라는 뜻이 담겨 있다고 보아야 할 것이다. 따라서 우리나라의 구리거울인 동인승은 중국에서 말하는 머리꾸미개인 인승과 그 말이 비슷하다고 하여 '머리꾸미개인 동인승'이라고 설명한 것은 그 의미가 잘못 전해진 것으로 보인다. 오히려 '구리거울인 동인승'이라고 해야 옳을 것이다.

필자는 우리 민속의 유래에 대한 자료를 찾는 과정에서 이곳저곳을 답사하던 중, 온양 민속박물관에서 동인승에 대한 설명처럼 작고 둥근 구리거울에 손잡이가 달려 있고, 그 손잡이에는 신선이 그려져 있는 구리거울이 크기에 따라 여러 개가 진열되어 있는 것을 보았던 기억이 있다. 구리거울이 여러 단계의 크기로 만들어졌던 이유는 그 크기에 따라 신하들의 계급이 달랐기 때문이라고 한다.

8. 전쟁에 버금가는 돌싸움[石戰(석전)]

　요즈음 아이들은 컴퓨터 화면 속에서 게임을 통해 전쟁놀이를 하지만, 옛날에는 전쟁놀이로 편싸움(便-)을 많이 하였다. 필자도 초등학교(당시 국민학교) 5~6학년 시절에는 동네 아이들과 편싸움을 어지간히도 했던 기억이 있다. 우리들은 타 동네 아이들과 편싸움을 하는 것보다 우리 동네 아이들끼리 편을 갈라 하였으므로 돌을 던지며 하는 돌싸움은 하지 않았고, 주로 나무로 만든 칼로 하는 칼싸움을 많이 하였다.

　칼을 만들 때는 오리목(쫄대)을 알맞은 길이(120cm 정도)로 자른 다음, 칼날의 끝부분은 45도의 각도로 톱질하여 뾰족하게 만든다. 판지(板紙: 보드지)로는 칼자루를 쥔 손이 가려질 정도의 크기로 둥글게 오려 칼코등이의 자리에 끼우면 칼싸움 중에 손을 보호할 수가 있다. 칼자루는 나무가시에 찔리지 않고 편하게 꼭 쥘 수 있도록 헝겊으로 몇 번 감으면 동네 아이들이 부러워하는 나무칼이 되는 것이다. 그리고 방패는 과일을 담는 나무궤짝의 옆면이면 충분했다. 궤짝을 지탱하는 정사각형이기 때문에 튼튼하기도 하거니와 손잡이를 할 수 있는 도톰한 나무 하나를 못으로 박아 붙이면 훌륭한 방패가 되었기 때문이다.

우리들은 학교가 끝나면 나무칼과 방패를 들고 동네 골목에 모였다. 그리고 잠시 후면 골목대장이 나타나고, 우리들은 대장의 명령에 따라 편을 가르고 칼싸움을 했다. 우리들의 골목대장은 성(姓)은 기억에 없고 그저 '수남이 형'이라고 불렀던 것 같다. 수남이 형은 중학생이었는데 같은 학년보다 나이가 더 많다고 하여 같은 학년들도 우리 대장에게는 꼼짝을 못하였다. 그때는 어린 마음에 기가 센 우리 대장이 참 멋져 보였다. 하교 후에 시작된 칼싸움은 해가 저물어서야 끝나곤 하였는데, 우리들의 칼싸움은 요즈음의 펜싱 경기처럼 내 칼이 상대방의 몸에 닿으면 이기는 놀이이므로, 크게 다치거나 아프다고 울면서 집에 가는 일은 거의 없었다.

위와 같은 편싸움놀이는 광복 후 1960년대의 놀이다. 그러나 우리나라의 역사를 거슬러 삼국 시대에 이르면, 그때는 돌과 몽둥이를 들고 편싸움을 하는 바람에 크게 다치기도 하고 심지어 목숨을 잃는 경우까지 있었다는 것이다. 그러면 이러한 돌싸움[石戰(석전)]놀이를 하게 된 근원은 어디에 있을까? 아마도 수렵 시대에는 먹을 것을 얻기(짐승을 잡는 일) 위해 돌을 사용하게 되었고, 농경 시대에 와서는 먹는 것(농사를 지어 추수해 놓은 것)을 그 누구에게도 빼앗기지 않고 지키기 위해 돌을 무기(武器)로 사용하게 되었을 것이다. 그러던 것이 농경의례(農耕儀禮: 하늘에 풍년을 기원하는 의식)가 시작되면서 농점(農占: 돌싸움에서 이겨야 농사가 풍년이 든다는 점)이 생겨나 돌싸움이 격렬해졌고, 나아가 씨족 사회나 부족 사회 간의 싸움은 물론 국가가 형성된 후에는 국가 간의 전쟁에서 돌이

무기화되었다는 점에서 그 원인을 살펴야 할 것 같다.

우선 농점(農占) 때문에 일어나는 돌싸움에 대하여 전해 오는 이야기다.

서울의 삼문(三門: 일부 문헌에는 삼문을 흥인문(동대문)·돈의문(서대문)·숭례문(남대문)이라고 하였으나, 만리재를 사이에 두고 아현 사람들과 삼문 밖 사람들이 대치한 것으로 볼 때, 흥인문은 반대 편 끝에 위치하므로 관련이 없어 보이고, 오히려 돈의문과 숭례문 그리고 그 사이에 있었던 서소문을 포함시키는 것이 옳을 듯하다.) 밖에 거주하는 사람들과 아현(阿峴: 옛 지명으로는 '애오개'라 하였으며, 처음에는 '아이고개〉애고개'의 뜻인 '兒峴(아현)'으로 썼다고 함) 일대에 거주하는 사람들이 각각 떼를 지어 편싸움을 하였는데, 만리재[萬里峴(만리현)]를 사이에 두고 돌을 던지기도 하고 몽둥이를 들고 달려들기도 하며 지칠 줄 모르고 싸웠다고 한다. 이들이 서로 이기기 위해 악착같이 싸웠던 이유는, "삼문 밖에 거주하는 사람들이 이기면 경기도가 풍년이 들고, 아현 일대에 사는 사람들이 이기면 다른 지방이 풍년이 든다."는 속설(俗說) 때문이었다는 것이다. 그래서 아현 사람들을 이기게 하려고 이웃동네인 마포(麻浦)와 용산(龍山)에 거주하는 불량기 있는 청년들이 합세(合勢)하여 아현 편을 들었다고 한다.

돌싸움이 한창 거세지면 양편에서 지르는 함성이 하늘을 흔들고 땅을 울리며, 날아오는 돌에 이마가 깨지고 팔이 부러지기도 하는데, 돌싸움 중에 상처를 입었다고 누구를 원망하거나 후회하는 일이 없으므로 돌싸움은 쉽게 끝나지 않았다. 끝까지 버티며 싸우다가 상처를 많이 입고 힘에 겨워 한 쪽이 물러나면 그때서야 돌싸움이 끝나는 것이다. 이 돌싸움은 많은 사람들이 다치는 위험한 놀이

라 하여 나라에서는 이
를 금지하도록 명(命)하
였지만, 우리 조상들에
게는 이미 관습화되고
나아가 한 해 농사의 풍
흉(豊凶)을 가리는 일이
달려 있었으므로 끈질
기게 이어왔던 것이다.

돌싸움(석전)

다음은 돌이 무기화되는 과정에서 일어난 돌싸움에 대해 전하는
이야기다.

우리나라의 돌싸움[石戰(석전)]놀이에 대한 이야기가《신당서
(新唐書)》[중국 송(宋)나라 인종(仁宗) 때 문인이었던 구양수(歐陽
脩)·송기(松祁) 등이 편찬한 당(唐)나라의 정사(正史)]의 '고려전
(高麗傳: 고구려전을 뜻함)'에 기록되어 있다고 하지만, 그보다 앞
서 당나라 초기의 충신(忠臣)이었던 위징(魏徵)이 편찬한《수서(隋
書)》의 '고구려전(高句麗傳)'에,

　　고구려 사람들은 매년 정초에 패수[浿水: 대동강(大同江)] 가
　에 모여 놀이를 하는데, 이때 임금은 수레를 타고 위엄 있게 의
　용(儀容)을 갖추고 서서 놀이를 구경한다. 놀이가 끝날 즈음 임
　금이 의복을 벗어 물에 던지면, 놀이를 하던 사람들은 좌우로 나
　뉘어 두 편을 만들고는 서로 마주하여 물을 흩뿌리며 돌을 던지
　고 우렁차게 함성을 지르며 나아갔다 물러나기를 두세 번 하고
　편싸움을 끝낸다.

고 하였다. 이것이 우리나라 편싸움(돌싸움)놀이에 대한 기록의 처음이라고 한다. 이러한 편싸움은 이미 삼국 시대에도 행하였던 풍속으로, 고려 시대와 조선 시대에는 더욱 성행하였으며, 광복 이후까지도 그 흔적이 남아 있었다.

우선 고구려의 명장 을지문덕(乙支文德)이 중국 수(隋)나라 양제(煬帝)가 이끌고 쳐들어온 대군을 살수(薩水: 청천강)에서 크게 물리쳐 승리하였을 때, 고구려군의 석전(石戰)은 적을 물리치는데 화살만큼이나 큰 위력을 나타냈다고 한다. 이렇게 되기까지는 임금이 석전(돌싸움)에 대한 관심이 컸기 때문이며, 임금이 관전(觀戰)하는 석전은 곧 군사 훈련의 한 부분을 차지하게 되었던 것이다. 또한 이것이 민간에서는 상무 정신(尙武精神: 무예를 숭상하는 정신)을 앙양하는 세시 풍속으로 자리를 잡게 되었다. 한편 고려시대에 와서도 임금이 석전놀이 구경을 즐겨 하였는데, 한 신하가임금께 아뢰기를,

"석전놀이는 왕께서 볼 만한 것이 못 되옵니다."

고 하면서 이를 만류(挽留)하였더니, 임금은 내시[小竪(소수): 소수의 원래 뜻은 더벅머리의 어린 하인이지만, 여기서는 임금의 시중을 드는 하인이므로 내시로 봄]로 하여금 만류한 신하에게 매질까지 하게 하여 내쫓았으며, 금일에도 석전놀이를 구경하고 다음날에도 구경할 정도로 열광적으로 즐겼다는 기록이 있어 석전놀이에 대한 임금의 관심이 매우 높았던 것으로 보인다. 또한 이를 증명이라도 하듯이 이 시대에는 군대의 별무반(別武班) 안에 돌팔매질을 잘하는 석투반(石投班) 또는 석투군(石投軍)을 두었다는 기록도 전한다.

돌무더기

조선 시대에 와서는 태조(太祖) 이성계(李成桂)도 석전 구경을 매우 즐겨 하였는데, 태상왕(太上王: 왕의 자리를 물려주고 생존하고 있는 전 왕)이 된 후 병중에도 석전군(石戰軍)의 편싸움을 직접 관전할 정도였으며, 왕위(王位)에 있을 당시에는 이미 동작이 날렵한 병사로 구성된 석전군이 편성되어 있었다. 또한 세종(世宗) 때에는 석전군이 폐지된 것을 염려한 나머지 석전자발대(石戰自發隊)를 모집하여 석전군을 다시 부활시켰으며, 이들로 하여금 야인(野人: 만주족)의 침입을 막아내기도 하였고, 중종(中宗) 5년(1510) 삼포왜란(三浦倭亂) 때에는 안동(安東)과 김해(金海)에서 모집한 석전군으로 난동을 부리는 왜인(倭人)들을 제압하여 쓰시마로 내쫓기도 하였다 한다. 특히, 선조(宣祖) 26년(1593)에는 전라도 순찰사 권율(權慄) 장군이 행주산성(幸州山城)에서 왜적과 대치하였을 때, 부녀자들이 위험을 무릅쓰고 행주치마에 돌을 담아 병사들에게 날라다 준 것이 활과 함께 돌로써 왜적을 물리치는 데 크게 공헌(貢獻)했다는 것은 우리 모두가 널리 알고 있는 이야기다.

하지만 석전놀이는 위와 같은 순기능(順機能: 바람직한 기능)이 있는 반면, 많은 사람들이 다치고 심지어 죽음에 이르는 경우도 있어 석전군을 장려했던 세종 임금도 의금부(義禁府)에 명(命)하여 석전놀이를 금지토록 하였지만, 이미 우리 민족 사이에서는 상무정신과 더불어 풍년을 기원하는 세시 풍속으로 굳어져 면면히 이어왔던 것이다. 지금도 마을 어귀나 고갯마루에 있는 서낭당[성황당(城隍堂)]에 쌓여 있는 돌무더기는 그 옛날에 병기로 사용하기 위해 돌을 모아 놓았던 흔적이라 해도 크게 어긋남이 없어 보인다.

다음은 옛날 석전놀이가 얼마나 성행하였는지를 알 수 있는 것으로,《해동죽지》에 기록된 최영년의 한시를 소개한다.

月昏塵暗 四邊呼(월혼진암 사변호)
　먼지 자욱한 어두운 달밤에 사방에서 함성이 울리고,
白棒上當 胆力麤(백봉상당 단력추)
　흰 방망이 맞부딪치며 거칠게 단력(체력)을 겨룬다.
聖代昇平 無戰伐(성대승평 무전벌)
　나라가 태평성대여서 전쟁도 없는데,
便將廝殺 作歡娛(편장시살 작환오)
　편을 가르고 서로 죽일 듯이 하지만 그저 즐거운 놀이일 뿐이로다.

9. 향랑각시와 《규중칠우쟁론기》

우리 풍속에, 정월 초하룻날은 새해를 맞이하고, 2월 초하룻날은
집집마다 대청소를 한다. 이렇게 하는 것은 가족 모두가 올 한 해
를 무사태평(無事泰平)하게 잘 보내고 농사도 풍년이기를 염원하
는 뜻에서이다. 남정네들은 지난 가을에 추수를 끝내고 곳간에 넣
어 두었던 씨앗주머니를 꺼내어 종자(種子)를 선별하고, 헛간에 있
던 쟁기며 써레와 같은 농기구도 손질을 한다. 부녀자들은 겨우내
쌓인 먼지를 털어내고 더러워진 집 안 곳곳을 깨끗이 쓸고 닦는다.
그리고는 '향랑각시 속거천리(香娘閣氏 速去千里: 향랑각시야, 속히
천리 밖으로 물러가거라.)'라고 여덟 글자를 쓴 부적(符籍) 여러 개를
만든 다음, 큰방 문 위의 서까래와 방벽과 마루 벽에도 붙인다. 이
렇게 하는 것은 노래기라는 벌레가 집 안에 들지 않기를 바라는 일
종의 주술(呪術)인데, '향랑각시'라는 말이 노래기를 예쁘게 불러
주는 것처럼 보이지만, 사실은 노래기가 싫어서 그것을 달래어 쫓
아내려는 의도가 담겨 있는 것이다.

노래기는 아주 고약한 냄새가 나는 벌레로 마륙(馬陸)·마현(馬

蚿) 또는 망나니라고도 하는데, 몸은 원통형으로 길며, 필자가 어렸을 적에 집 안에서 본 기억으로는 작은 것은 3cm 정도, 큰 것은 5cm 정도 되는 것 같았다. 노래기는 종류에 따라 크기나 색깔이 다양하지만, 발이 지네만큼이나 많아 백족충(百足蟲)이라고도 하며, 건드리면 둥글게

노래기

말리고, 몸의 옆구리에서 고약한 냄새가 나기 때문에 사람들이 아주 싫어하는 벌레다. 노래기는 그 특성이 햇볕을 싫어하고 주로 습기가 많은 곳에 모여들며, 낙엽 밑과 특히 초가지붕에 많이 살았다.

우리나라는 1970년경 지붕 개량 사업이 활발하게 시행되기 이전에는 시골은 물론이거니와 도시 근교에도 거의 모두가 초가지붕이었기 때문에, 비가 오는 날이면 방과 마루, 그리고 벽마다 노래기가 몰려들어 오죽하면 사람들이 망나니라고 부를 만큼 일상생활을 하는 데 큰 골칫거리였다. 따라서 우리 조상들은 잡아도 나타나고 또 잡아도 나타나는 노래기를 좋은 말로 달래어 멀리 쫓아 버리고자 하는 염원으로, 노래기에게 '향랑각시(香娘閣氏: 향기 있는 아가씨)'라고 반어적(反語的)으로 의인화(擬人化)하여 이름을 짓고, '향랑각시 속거천리(香娘閣氏 速去千里)'라는 부적을 써서 집 안 이곳저곳에 붙였던 것이다.

이처럼 '각시(閣氏)'로 의인화한 이야기가 우리 문학에도 전하는데, 바로 《규중칠우쟁론기(閨中七友爭論記)》다. 이는 조선 후기의 작품으로 추측되며 작자 미상의 한글 수필이다. 규중(閨中: 부녀자가 거처하는 방) 부인들의 손에서 떨어지지 않는 침선(針線: 바느질)

일곱 가지(자, 가위, 바늘, 실, 골무, 인두, 다리미)를 의인화하여 인간 사회를 풍자하였는데, 그 내용은 대략(大略) 다음과 같다.

공부하는 선비는 종이[紙(지)], 붓[筆(필)], 먹[墨(묵)], 벼루[硯(연)]로 문방사우(文房四友)를 삼았나니, 규중 부인은 침선을 돕는 척부인(尺夫人: 자), 교두각시(交頭閣氏: 가위), 세요각시(細腰閣氏: 바늘), 청홍각시(靑紅閣氏: 실), 감투할미(골무), 인화낭자(引火娘子: 인두), 울낭자(熨娘子: 다리미)로 칠우(七友)를 삼았느니라.

하루는 규중 부인이 일곱 벗으로 바느질을 하다가 깜빡 잠이 들었더니, 척부인이 긴 허리를 뽐내며 이르기를,

"여러 벗들은 들으시오. 나는 가늘고 굵은 명주·모시와 갖은 빛깔의 비단을 모두 내어 펼쳐 놓고 남녀 의복을 재단(裁斷: 마름질)할 때, 장단 광협(長短廣狹: 길고 짧고 넓고 좁음)이며 수품 제도(手品制度: 솜씨와 규격)를 내 아니면 어찌 이룰 수 있으리오? 그러므로 작의지공(作衣之功: 의복을 짓는 공)은 내가 으뜸이오."

하니, 교두각시 두 다리로 내달아 말하기를,

"척부인아, 그대가 아무리 마름질을 잘 했다 한들 내가 베지 아니하면 어찌 재단이 제대로 되겠느냐? 내 공과 내 덕이니 네 공만 자랑하지 마라."

하니, 세요각시 가는 허리 구붓이 하고 날랜 부리로 돌려 말하기를,

"두 벗의 말은 옳지 않다. 진주가 열 그릇이라도 꿰어야 구슬이라 할 것이니, 아무리 재단에 능소능대(能小能大: 모든 일에

두루 능함)하나 내 아니면 어찌 의복을 지을 수 있으리오? 촘촘
하고 곱게 누빈 솔기로 긴 옷을 지을 수 있는 것은 나의 날래
고 빠름이 아니면 누가 잘게 뜨며 굵게 박을 수 있으리오? 척
부인이 재고 교두각시가 벤다 하나, 내 아니면 공이 없으련만
두 벗은 무슨 공이 있다 자랑하느뇨?"

하니, 청홍각시 얼굴이 붉으락푸르락 노(怒)하여 말하기를,

"세요야, 네 공이 내 공이니 자랑 마라. 네가 아무리 착한 체하
나 한 솔 반 솔인들 내 아니면 네 어찌 성공하리오?"

하니, 감투할미 웃음 지으며 이르기를,

"각시님네, 웬만하면 자랑 마오. 이 늙은이는 수말(首末: 처음과
끝)의 적기(適期)에 아가씨들 손 부리를 아프지 않게 바느질을
도와주니, 옛말에 '닭 볏이 될지언정 쇠꼬리는 되지 말라'고 하
였으니, 청홍은 세요의 뒤를 따르면서 무슨 말을 그리하오? 참
으로 얼굴이 아깝구나. 나는 늘 세요의 귀에 찔리었으되, 낯가
죽이 두꺼워 견딜 만하여 아무 말도 아니하노라."

하니, 인화낭자 말하기를,

"그대들은 다투지 마라. 나도 잠깐 공을 말하리라. 촘촘하게
누빈 솔이 누구로 하여 젓가락 같이 곧으며, 홈질한 솔이 내 아
니면 어찌 풀로 붙인 듯 반듯하리오? 바느질 솜씨가 용속(庸
俗: 평범하고 속됨)하여 들락날락 바르지 못한 것도 내 손바닥
이 한번 문지르면 잘못된 흔적이 감추어져 세요의 공이 나로
하여금 광채가 나니라."

하니, 울낭자 크나큰 입을 벌리고 너털웃음 치며 말하기를,

"인화야, 너와 나는 소임이 같다. 그러하나 인화는 침선뿐이

라. 나는 천만 가지 아니 참여하는 곳이 없고, 가증스러운 여자들이 하루에 할 일도 열흘이나 구기어 구깃구깃한 것을 나의 광둔(廣臀: 넓은 엉덩이)으로 한 번 다리면 굵은 주름살이 낱낱이 펴져 옷맵시가 고와지니, 나의 광둔 아니면 어찌 세상 남녀가 반반한 옷을 입으리오? 이러하므로 작의지공(作衣之功)은 내 제일이 되느니라."

하니, 잠에서 깬 규중 부인이 이르기를,

"칠우(七友)의 공으로 의복을 지으나, 그 공이 사람의 쓰임에 있나니, 어찌 그대들의 공이라 하리오?"

하고, 말을 마치고는 칠우를 밀치고 베개를 고여 다시 깊은 잠에 드니, 척부인 탄식하며 말하기를,

"매정한 것은 사람이요, 공 모르는 것은 여자로다. 재단할 때는 먼저 찾고 마치면 자기 공이라 하며, 게으른 종 깨울 때는 막대로 하여 내 허리 부러짐도 모르니 어찌 야속하고 노엽지 않으리오?"

하니, 교두각시 이어 말하기를,

"그대 말이 맞소. 마름질하고 벨 때는 나 아니면 못 하련만, 잘 드니 안 드니 말하며 내던지고 양 다리 잡아 흔들 때는 불쾌함과 노여움을 어찌 헤아리리오? 세요가 잠깐 달아나면 내게 트집하고 내가 감춘 듯 날 문고리에 거꾸로 매달아 놓고, 좌우로 살펴 세요를 찾은 것이 몇 번인 줄 아오? 그 공을 모르니 어찌 슬프고 원망스럽지 않으리오?"

하니, 세요각시 한숨지으며 말하기를,

"너도 물론이거니와 내 무슨 일로 사람 손에 보채이며, 요악지

성(妖惡之聲: 요사하고 간악한 말)을 듣고 각골통한(刻骨痛恨: 뼈에 사무치게 맺힌 원한)하며, 더욱이 나의 약한 허리를 휘두르며 날랜 부리 돌이켜서 힘껏 침선을 돕는 줄은 모르고, 마음 맞지 않으면 나의 허리를 부러뜨려 화로에 집어넣으니 어찌 원통하지 않으리오? 원한을 갚을 길 없어 이따금 부인의 손톱 밑을 찔러 피를 내어 한을 풀면 조금은 시원하나, 간사하고 흉악한 감투할미가 만류하니 더욱 애달프고 못 견디겠소."

하니, 인화가 눈물지으며 말하기를,

"그대는 아프다 어떻다 하지만, 나는 무슨 죄로 포락지형(炮烙之刑: 뜨겁게 달군 쇠로 살을 지지는 형벌)을 받아 붉은 불 가운데 낯을 지지며, 단단한 것을 깨는 데는 나를 다 시키니 섧고 괴롭기 헤아리질 못하리라."

하니, 울낭자 근심스럽고 슬프게 말하기를,

"그대와 소임이 같고 욕되기 한가지라. 제 옷을 다리면서 목을 잡아 흔들며 억지로 짓누르니, 황천(黃泉: 저승)이 덮치는 듯 심신이 아득하여 내 목이 떨어질 뻔한 적이 몇 번인 줄이나 아오?"

하며, 칠우가 이렇듯 담론하여 회포를 푸니, 자던 부인이 깨어 칠우에게 이르기를,

"칠우는 어찌 내 허물을 그토록 말하느냐?"

하니, 감투할미 머리를 조아리며 이르기를,

"젊은 것들이 망령되고 생각이 없어 만족하지 못하는지라. 저희들의 재주 있으나 공이 많음을 자랑하여 원망하니 마땅히 곤장 칠 만하되, 평소 깊은 정과 저희들의 조그만 공을 생각하

여 용서하심이 옳을까 하나이다."

이 말을 듣고 부인이 답하여 이르기를,

"할미 말을 좇아 용서하리니, 내 손부리 성함이 할미 공이라. 꿰차고 다니며 은혜를 잊지 아니하리니, 비단주머니를 지어 그 가운데 넣고 몸에 지녀 서로 떠나지 않게 하리라."

하였다. 할미는 고두배사(叩頭拜謝: 머리를 조아려 감사의 뜻을 전함)하고, 칠우는 얼굴이 부끄러워 물러나니라.

라는 내용으로, 자신의 직분을 망각하고 공치사(功致辭)만을 일삼는 인간 세태를 풍자하여 성실한 삶을 추구하고자 하는 글이다.

화로와 인두, 다리미, 반짇고리와 침선 도구

10. 청명淸明에 불씨를 나누어 준다

우리나라에서 한식(寒食)은 24절기에 포함되지 않지만, 청명(淸明)은 24절기 중 다섯 번째의 절기로 춘분(春分)과 곡우(穀雨) 사이에 들어 있으며, 양력으로는 4월 5일경이 된다. 만물(萬物)이 맑은 양기(陽氣)로 변화하는 시기의 뜻을 지닌 청명은 봄기운이 살아나는 시기이므로, 기온이 오르고 강수량이 늘기 때문에 봄철 파종(播種: 씨뿌리기)의 적기(適期)로 인식되고 있어 속담에, "청명에는 부지깽이를 거꾸로 꽂아도 산다."고 하였다. 또한 청명과 한식은 같은 날(양력 4월 5일경)이 되기도 하지만, 그동안 청명이 한식 다음날에 왔던 것이 시헌력[중국의 명·청(明·淸) 시대에 쓰이던 역법의 하나로, 태음력에 태양력의 원리를 적용하여 24절기의 시각과 하루의 시각을 계산하여 만든 역법이며, 우리나라는 조선 효종(孝宗) 4년(1653)부터 사용하였음]을 적용하기 시작한 1653년 이후부터 청명이 먼저 오게 되었다.

중국에서는 청명을 청명절(淸明節)이라 하여 춘절(春節: 설날)과 단오절(端午節), 그리고 중추절(仲秋節: 추석)과 함께 4대 명절(우리나라에서는 청명절 대신 한식이 포함됨)로 삼아, 성묘(省墓)·제사(祭祀) 뿐만 아니라 답청(踏靑: 봄놀이), 그네뛰기, 연날리기, 버들 꽂기, 축국(蹴鞠: 공차기) 등을 즐기며 잔치 분위기로 여러 날을 보낸다. 중국의 청명절은 꽤 오랜 역사를 지닌 것으로 추측된다. 6세기경에 씌어진 《형초세시기(荊楚歲時記)》[중국 양(梁)나라 종름(宗懍)이 형초(호북·호남) 지방의 행사·풍속 등을 기록한 책]에 이미 청명이 언급되었고, 한(漢)나라 무제(武帝)의 태초(太初) 원년(기원 전 104년)에 태초력(太初歷)이 시행되었다고 한 것을 보면, 처음 황하(黃河) 강 유역에 농경민으로 나타나 수천 년의 세월이 흐르는 동안 독자적인 문화를 형성한 한족(漢族)의 영향으로 청명이 만들어진 것으로 보인다.

황하 강은 1년 내내 누런 흙탕물이 흐르는데, 그런 중에도 청명이 되면 가장 맑은 물이 흐른다고 하여 '청명'이란 말이 생겼다고 한다. 또한 청명절의 날씨로 농사의 풍흉을 점치기도 하였다는데 청명에 맑고 화창하면 그해의 농사가 풍년이 들고, 흐리거나 비가 오고 바람이 불면 그해는 흉년이 든다는 것이다. 해안 지방에서도 청명절에 날씨가 좋으면 어종(魚種)이 많고 어획량도 많으며, 날씨가 좋지 않으면 어종이나 어획량이 줄어든다고 하였다.

한편 우리나라에서는 중국의 청명절에 행해지던 풍속들이 우리 민족의 정서(情緖)와 생활양식(生活樣式)에 따라 다른 민속절(民俗節)로 옮겨 갔다. 제사는 3월 한식날로, 답청은 3월 삼짇날로, 그네뛰기는 5월 단오로, 연날리기와 축국은 설이나 정월 대보름으로 각각 옮겨 갔고, (버들 꽂기는 우리나라에는 없고 중국의 한식날에 개자추의 혼령을 위로하는 풍속으로 남아 있음) 성묘는 제사를 지내는 한식

전날 묘소(墓所)를 정갈하게 손질하는 일로 제사만큼이나 정성을 다하고 있다. 또한 불씨를 나누어 주는 풍속은 이미 사라졌지만, 옛날에는 조정(朝廷)을 중심으로 온 나라에서 행해졌던 큰 행사였다.

청명이 되면 조정에서는 느릅나무와 버드나무로 불씨를 일으켜 궁궐은 물론 각 관아(官衙)에 나누어 준다. 이 제도는 《주례(周禮)》 [주례는 중국 경서(經書)의 하나로, 천(天)·지(地)·춘(春)·하(夏)·추(秋)·동(冬)을 본떠서 6과의 관제(官制: 국가의 행정 조직)를 만들고, 임금으로 하여금 실천해야 할 이상 국가(理想國家) 행정 조직의 세목(細目) 규정을 자세하게 설명하였으며, 예기(禮記), 의례(儀禮)와 함께 삼례(三禮)의 하나이면서 13경(經)에도 포함된다.] 제7권 하관사마[夏官司馬: 6경(卿)의 하나로, 군부(軍部)를 다스리는 사람. 우리나라의 병조 판서(兵曹判書)에 해당함]·상(上)의 사관(司爟)에는 다음과 같은 이야기가 전하고 있다.

사관(司爟: 화톳불 곧 불씨를 담당하는 관리)은 불을 사용하는 행정을 담당한다. 4계절마다 국가의 불을 일으켜 나누어 줌으로써 계절마다 유행하는 질병[時疾(시질)]에서 백성을 구제한다.

계춘(季春: 늦봄, 음력 3월)에는 불을 내어[出火(출화)] 온 백성을 따르게 하고, 계추(季秋: 늦가을, 음력 9월)에는 불을 들여[納火(납화)] 백성들 모두가 다시 따르게 한다. 그리고 계절마다 불의 시행령을 내린다.

고 하였다. 이후 중국에서는 당송(唐宋) 시대에도 사화(賜火)라고 하여 불씨를 나누어 주었다고 한다.

한편 조선 시대에는 《경국대전(經國大典)》[조선 왕조의 근본을 이루는 법전(法典)으로, 세종(世宗) 때 만들기 시작하여 성종(成宗) 때 완성되고, 왕조의 말기까지 적용되었음]의 '병조(兵曹)'에, "한 해의 불씨를 다섯 번 간다."고 하였는데, 이를 일러 개화[改火: 조선 시대 궁궐 안에서 신화(新火: 새 불씨)를 내고 구화(舊火: 묵은 불씨)를 끄던 의식]라고 하였다. 서울에서는 내병조(內兵曹: 궁궐에서 의식에 필요한 물품을 관리하는 곳)에서 사계절의 입절일(立節日)인 입춘과 입하, 입추와 입동, 그리고 계하(季夏: 늦여름, 음력 6월)의 토왕일(土旺日: 땅의 기운이 가장 왕성한 날)에 나무를 비벼 새 불씨를 얻어서 각 궁궐에 진상(進上)하고, 다음에 대신의 집과 모든 관아에 나누어 주어 묵은 불씨와 바꾸게 하였으며, 지방에서도 고을 수령이 이와 같이 하여 불씨를 나누어 주었다. 이렇게 새 불씨를 만들어 나누어 주는 것은, 음양(陰陽)의 기운이 순조로워 《주례》에서 언급한

것처럼 질병을 쫓을 수 있다고 믿었기 때문이다. 특히, 청명이 되면 천지(天地)간에 양기(陽氣)가 왕성해지기 시작하므로, 이 기운을 받아 음기(陰氣)를 몰아내어 만물을 생장시키고자 하는 뜻이 담겨 있기 때문인 것이다.

또한 새 불씨를 얻는 과정에 있어서도 음양의 조화를 순조롭게 하기 위해 계절마다 불씨를 일으키는 나무의 종류를 다르게 해야 하는데, 입춘에는 푸른색을 띠는 느릅나무와 버드나무를 비벼 불씨를 얻고, 입하에는 붉은색의 대추나무와 살구나무에서 불씨를 얻는다. 입추에는 흰색의 상수리나무와 졸참나무에서 불씨를 얻고, 입동에는 검은색의 박달나무와 느티나무에서 불씨를 얻으며, 계하의 토왕일에는 황색의 산뽕나무와 뽕나무에서 각각 불씨를 얻는다고 하였다(전해 오는 이야기에 따라 나무의 종류가 다르기도 함).

옛날이나 지금이나 절기상 청명 무렵에는 화창한 날씨에 기온도 오르고, 들녘에는 봄기운이 가득하며 때때로 봄비가 촉촉이 내린다. 이 시기에 나무를 심으면 생존율이 높기 때문에 우리나라는 청명을 식목일(植木日)로 정하여 나무를 심고, 중국에서도 청명절을 식수절(植樹節)이라 하여 나무를 심는다. 또한 우리나라의 청명은 중국의 떠들썩한 청명절과는 달리 소박한 풍속으로, 한식날의 묘제(墓祭)를 위해 하루 전에 성묘하는 날로 인식되어 있다.

한편 농가에서는 청명을 기하여 봄갈이가 시작된다. 옛날 불씨를 나누어 주던 우리의 청명 풍속은 이미 옛날이야기가 되어 버렸다. 이제는 청명을 세시 풍속이라기보다는 농사철이 시작됨을 알리는 시기(時期)라 여기고, 올 한 해 풍년이 들기를 기원해 보는 것이 좋을 듯하다.

11. 다양한 시절 음식時節飮食과
탕평채蕩平菜

시절 음식은 그 계절에 나는 것과 그때에 얻을 수 있는 재료로
만든 음식을 말한다. 이러한 음식은 새로 나는 것을 항상 신(神)에
게 먼저 바치며 차례를 지냈던 천신(薦新)과 깊은 관련을 가지고
있다. 인간은 신에 의지하며 추수에 대한 감사와 새로운 풍년을 기
원하고, 나아가 재앙을 쫓는 벽사(辟邪)와 무병장수(無病長壽)를 염
원하면서 보다 나은 음식 문화를 만들었고, 더불어 이 음식으로 삶
에 필요한 에너지를 얻게 되었다.

3월에 대한 명칭이 참으로 많다. 아름다운 꽃이 한창인 계절이
란 뜻으로 화춘(花春), 복숭아꽃이 피는 달이라 하여 도월(桃月),
1·2·3월 중 마지막 달이라 하여 만춘(晚春), 봄철의 하늘을 빗대
어 춘천(春天), 늦은 봄의 뜻으로 모춘(暮春), 봄의 끝이 얼마 남지
않았다 하여 잔춘(殘春) 등으로 불리는데, 아마도 만물이 소생하는
봄을 기다렸던 마음과 보내기 싫은 마음이 너무나 간절했던 모양
이다.

3월의 시절 음식 또한 명칭만큼이나 다양하다. 녹두가루로 반죽

한 국수를 가늘게 썰어 오미자 물에 띄운 화면(花麵)과 국수를 붉게 물들여 꿀물에 띄운 수면(水麵)도 시절 음식에 속하지만, 이때에 유명했던 음식은 바로 탕평채다. 탕평채는 녹두로 만든 청포묵을 가늘게 썰어 큰 그릇에 담고, 결대로 곱게 채 썬 소고기를 볶아 넣으며, 깨끗이 씻은 미나리를 먹기에 알맞은 길이로 잘라 넣고, 간장과 참기름 등 양념을 고루 넣어 버무린 후, 달걀의 흰자와 노른자를 분리하여 번철에 얇게 지져 만든 백지단·황지단과 김을 살짝 구워 가루를 낸 김 가루를 고명으로 얹어 만든 묵무침이다.

탕평채라는 묵무침은 조선 시대 궁중에서부터 시작된 요리라고 한다. 조선 제21대 영조(英祖) 임금이 즉위할 당시에는 조정(朝廷)이 당쟁(黨爭)에 휩싸였고, 이인좌(李麟佐)의 난까지 일어나 참담한 상황이었다. 영조 임금은 오래 전부터 끊임없이 이어진 사색당파[四色黨派: 노론(老論)·소론(少論)·남인(南人)·북인(北人)의 4파로, 노론과 소론은 서인(西人)에서, 남인과 북인은 동인(東人)에서 파생됨]의 당쟁으로 인한 폐해(弊害)를 막기 위해 당파에 관계없이 인재를 고르게 등용시키는 탕평책(蕩平策)을 썼는데, 바로 이 묵무침이 탕평책을 논(論)하는 자리에 처음으로 올린 음식이라 하여 탕평채가 되었다는 것이다.

탕평채

탕평채에 들어간 재료의 색깔은 사색당파를 상징하는데, 청포묵의 흰색은 서인(西人: 오방색에서 흰색은 서쪽을 의미함)을, 미나리의 푸른색은 동인(東人: 청색은 동쪽)을, 쇠고기의 붉은색은 남인(南人: 적색은 남쪽)을, 김의 검은색은 북인(北人: 흑색은 북쪽)을 각각 의미한다. 여기에는 네 가지의 재료가 혼합하여 맛있는 탕평채(묵무침)가 만들어진 것처럼, 탕평책으로 조정 대신들이 당파를 떠나 합심하여 훌륭한 정치를 이루어 주기를 바라는 영조 임금의 깊은 뜻이 담겨 있었던 것이다.

이외의 시절 음식으로는 깨뜨린 달걀을 끓는 물에 반쯤 익혀 초간장을 쳐서 먹는 수란(水卵)도 있고, 모시조개[黃苧蛤(황저합)]와 조기[石首魚(석수어)]를 넣어 끓인 탕(湯)을 먹기도 하였다. 경기도 안산과 인천 강화에서 나는 밴댕이[蘇魚(소어)]는 지방질이 많은 고기로, 회·무침·구이·튀김 등 무엇을 해 먹어도 고소한 맛이 일품(一品)이라 명(明)나라 황제도 즐겨 먹었다 하며, 한강 하류의 고양과 행주에서 잡히는 웅어[葦魚(위어)]는 "가을에 전어라면 봄에는 웅어다."라고 할 만큼 봄철에 대표되는 물고기로 회와 무침으로 먹는데, 이것도 맛이 뛰어나 임금의 수랏상에 올랐다고 한다. 복어[河豚(하돈)]는 간과 난소 등에 독이 있어 요리할 때 주의를 해야 하며, 지방질이 적어 담백한 맛을 내므로 회로도 먹지만 그보다는 미나리를 듬뿍 넣어 탕으로 먹으면 제격이고, 도미[禿尾魚(독미어)]는 복어탕을 꺼리는 사람들이 선호하는 생선이다. 그래도 봄철에 가장 푸짐하게 먹을 수 있는 생선으로는 숭어[秀魚(수어)]가 꼽힌다. 숭어는 몸의 길이가 70cm 안팎으로 비린내가 적으며 머리가 비교적 작고 몸뚱이가 커 살이 많은 생선이므로, 회를 뜨거나 전(煎)을 부쳐도 그 양이 적지 않아 여러 사람이 넉넉히 먹을 수 있다. 이 모두가 봄철에 즐겨 먹었던 훌륭한 시절 음식이다.

또한 "밥 위에 떡"이라는 속담이 있듯이, 시절 음식으로 떡을 빼놓을 수가 없다. 3월의 떡으로는 들에 나가 번철을 걸고, 진달래꽃을 따다가 찹쌀가루를 반죽하여 둥글게 만든 것에 붙인 다음 참기름에 지진 진달래 화전(花煎)이 우선이다. 다음으로는 들에 돋아난 쑥을 뜯어다 쌀가루에 섞어 만든 쑥떡이 있는데, 보기에는 화전이 좋아 보이나 건강식으로는 쑥을 넣어 만든 쑥떡보다 더한 것이 있을까?

쑥떡의 종류에는 여러 가지가 있는데, 물에 불린 멥쌀에 쑥잎을 함께 넣고 빻아 반죽을 한 다음 먹기에 알맞은 크기로 손바닥만 하게 만들어서 찐 쑥개떡, 멥쌀가루에 부드러운 쑥잎과 설탕을 고루 넣고 버무려서 백설기 찌듯이 켜를 하지 않고 시루에 찐 쑥버무리, 삶은 쑥을 멥쌀에 섞어 넣고 빻아 찐 다음 알맞은 크기로 비스듬히 잘라 참기름을 바른 쑥절편, 찹쌀에 쑥을 섞어 넣고 찐 다음 꺼

① 쑥개떡, ② 쑥버무리, ③ 쑥절편, ④ 쑥인절미

내어 떡메로 수없이 치고 한 입에 들어갈 만큼 썰어 콩고물에 묻힌 쑥인절미, 찐 멥쌀가루와 삶은 쑥을 섞어 절구에 찧고 식기 전에 잘 치댄 다음 팥소를 넣고 접어 반달 모양으로 찍은 후에 참기름을 바른 쑥개피떡, 쑥잎을 데쳐 찧고 찹쌀가루와 섞어 익반죽하여 경단을 만들고 이것을 삶아 건진 후 계핏가루나 팥고물을 묻힌 쑥경단 등이 있다. 이외에도 찹쌀가루에 대추의 살을 넣고 찐 대추시루떡, 멥쌀가루에 밤 가루를 넣고 찐 밤설기 등이 있다.

이처럼 많은 떡 중에도 맛이 으뜸인 떡이 있는데 바로 석탄병(惜吞餠)이다. 석탄병은 멥쌀가루에 저며 말린 감, 말린 대추, 황밤, 잣가루, 계핏가루 등을 넣고 꿀물로 버무린 다음 켜를 앉힐 때에 팥이나 녹두를 뿌려 찐 떡인데, 얼마나 맛이 있는지 삼키기에 너무나 아까울 정도라고 한다. 대식가(大食家)가 밥을 먹으며 슬프다고 하는 것은 먹을수록 음식의 양이 줄어들기 때문이라고 하지만, 석탄병은 대식가가 아니더라도 그 맛이 천하진미(天下珍味)이기 때문에 먹기에는 너무나 아까워 그 이름을 석탄병(惜吞餠: 삼키기에 매우 아까운 떡)이라 하였다는 것이다.

시절 음식에 금상첨화(錦上添花)는 술이다. 하지만 술은 백약지장(百藥之長: 온갖 좋은 약 중에 으뜸이라는 뜻)이면서 백독지원(百毒之源: 온갖 독의 근원이라는 뜻)이기도 하여 알맞은 양의 술은 약이되지만 지나친 양의 술은 독이 된다는 것이다.

옛날부터 우리나라는 가양주(家釀酒: 집에서 빚은 술)를 많이 담갔는데 그 종류만 해도 일천 가지가 넘는다고 한다. 그중에서도 봄에 좋은 술로는 막걸리의 한 종류인 소국주(素麴酒), 진달래꽃을 넣어 빚은 두견주(杜鵑酒), 복숭아꽃을 넣고 빚은 도화주(桃花酒), 소나

전통주 항아리들

무의 새순을 넣어 빚은 송순주(松筍酒), 송화(松花: 소나무의 꽃가루)를 통째로 넣고 빚은 송화주(松花酒), 청명이 든 때에 담근 청명주(淸明酒) 등이 있으며, 또한 그 지역의 전통이나 특산물에 따라 많은 술이 빚어지고 있는데 그 예를 몇 가지 들어 본다.

정월 상해(上亥)·중해(中亥)·하해(下亥)의 3해일에 각각 쌀과 누룩을 섞어 빚은 서울 삼해주(三亥酒), 곡류·고구마·당밀(糖蜜) 등을 발효시켜 증류한 안동 소주(燒酒), 구기자를 넣고 빚은 청양 구기자주(拘杞子酒), 인삼을 넣어 빚은 금산 인삼주(人蔘酒), 유자를 넣고 담근 남해 유자주(柚子酒), 찹쌀과 누룩으로 버무린 것을 연잎에 싸서 빚은 아산 연엽주(蓮葉酒), 소줏고리(소주는 술, 고리는 오지 그릇)에서 내린 술을 지초(芝草) 뿌리를 통과시켜서 붉은 빛과 독특한 향기를 낸 진도 홍주(紅酒), 홍주에 꿀을 넣은 평안도 감홍주(甘紅酒), 배와 생강을 넣어 빚은 황해도와 전북의 이강주(梨薑

酒), 푸른 대나무 진액을 섞어 만든 호남의 죽력고(竹瀝膏), 계피와 당귀를 넣어 만든 호남의 계당주(桂當酒), 멥쌀과 찹쌀에 누룩을 섞어 빚은 충청도의 노산춘(魯山春) 등이 좋은 술로 꼽힌다. 그렇지만 "막걸리 한 사발이 십 리 요기(막걸리 한 사발을 마시면 십 리를 걷는 동안 시장기를 면한다는 뜻)"라는 속담처럼, 그래도 우리 민족의 온갖 정서가 담긴 술은 쌀과 누룩으로 빚어 막 걸러 낸 신맛이 나는 듯 단맛이 나는 듯 입안에 텁텁함이 가득한 막걸리가 우리의 전통을 굽이굽이 이어 온 대표적인 술이라 하겠다.

오방색(五方色)은 청색·백색·적색·흑색·황색이다. 식물 중에는 이 오방색을 모두 갖춘 오방지영물(五方之靈物)이 있는데, 바로 이효석의 작품《메밀꽃 필 무렵》에 나오는 한여름 달밤에 소금을 뿌린 듯이 하얗게 꽃을 피우는 메밀이다. 메밀의 잎은 푸른색이고, 꽃은 흰색이며, 줄기는 붉은색이고, 씨는 검정색이며, 뿌리가 노란 황색이므로, 메밀을 일컬어 오방지영물(다섯 가지 색을 지닌 신령스러운 식물)이라고 한다.

12. 조선 시대 유생儒生들의 향음주례鄕飮酒禮

술은 앞부분에서 언급한 것처럼 백약지장(百藥之長)이면서 백독지원(百毒之源)이기도 하다. 알맞게 마시면 약이 되는데, 그 알맞은 양을 조절하기가 참으로 어려운 모양이다. 우리나라의 술 문화는 다른 나라에 비해 영웅적 허세가 매우 큰 편으로, 주량(酒量)이 많을수록 영웅처럼 회자(膾炙)되기 때문이다.

주당(酒黨: 술꾼) 사이에는 다섯 가지 계명(誡命)이 있다. 첫째가 청탁불문(淸濁不問)이다. 술이 청주든 탁주든 간에 가리지 않고 마시는 것이다. 둘째가 안주불문(按酒不問)이다. 안주가 좋든 좋지 않든 가리지 않고 먹는다. 셋째가 장소불문(場所不問)이다. 술을 마시는 장소가 집 안이든 집 밖이든 가리지 않는다. 넷째가 시간불문(時間不問)이다. 술 먹는 시간이 낮이든 밤이든 가리지 않는다. 마지막이 생사불문(生死不問)이다. 술꾼은 죽는 한이 있더라도 술이 있으면 마시는 것이다.

이러한 영웅적 허세의 술 문화가 대학가에 흘러들어 신입생 환영회가 열리면 영락없이 이러한 현상이 나타나곤 하였는데, 남학생이든 여학생이든 간에 신입생이라면 냉면 그릇에 소주 한 병을 붓고 나머지는 막걸리로 채운 다음 이것을 마셔야만 했다. 많은 새내기들이 괴로움과 고통을 호소했고 심지어 목숨을 잃는 경우도 없지 않았다. 이것은 곧 영웅적 허세의 잘못된 술 문화에서 비롯된 것이 아닌가 한다. 따라서 흔히 하는 말로, "술은 어른 앞에서 배워야 한다."고 하지 않았던가?

필자에게는 술에 관하여 잊혀지지 않는 추억이 있다. 나는 술을 어른 앞에서 배우지는 않았지만, 술이 무서운 존재라는 것을 일찍 깨닫게 해 준 계기가 있었다. 1966년 가을, 애국가 3절의 가사처럼 하늘은 공활하고 들에는 온갖 곡식이 무르익었을 무렵의 어느 토요일 오후, 내가 고등학교 2학년 때의 일이다. 허물없이 지내는 친구의 시골집에 놀러 가게 되었다. 중학교 1학년 때부터 농번기 때는 가서 모도 심어 주고, 방학이 되면 빠지지 않고 놀러 갔던 곳이라 흉허물이 거의 없는 집안이었다.

친구는 며칠 후면 사촌 누나의 혼사(婚事)가 있다고 하였다. 그래서 잔치 때 쓰려고 몰래 술을 담가 놓았는데 그곳을 안다고 하며 가 보자고 하였다. [당시에는 식량이 부족하여 가정에서 쌀이나 곡식으로 술을 담그는 것을 나라에서 법으로 금지하였는데, 이렇게 허가 없이 몰래 담그는 술을 밀주(密酒)라고 한다.] 나는 호기심에 들떠 발걸음을 빨리하였다. 도착한 곳은 윗동네의 허름한 집이었고, 안방의 윗목에 다섯 자 정도 높이의 커다란 독 두 개가 눈에 들어왔다. 독 안에는 밥알이 동동 뜬 술이 가득 담겨 있었다. 한쪽에는 용수가 박혀 있었는데 용수 안에는 진노랑색의 액체가 고여 있었다. 친구와 나는 약속이나 한 듯이 조롱박으로 용수 안에 고인 그 액체를 번갈아 떠먹었다. 달짝지근한 것이 싫지 않았다. 아니 입에 딱 맞는 맛이었다. 그리고는 하늘이 돌더니, 문틈으로 가을밤의 하얀 달빛이 한참이나 새어 든 후에, 우리는 정신이 들었던 것 같다. 이 일을 겪은 덕분에 나는 일찌감치 호랑이만 사람을 잡는 것이 아니라 술도 사람을 잡는다는 것을 알게 되었다.

옛날 선조(先祖)들은 젊은 후손(後孫)들에게 "술을 경계하라."는 뜻으로 술 취하는 과정을 4단계로 나누어 일러 주었다고 한다.

첫 단계는 해구(解口)로, 술 몇 잔에 입이 풀려서 해서는 안 될 말까지 술술 나오는 단계이고, 다음 단계는 해색(解色)으로, 눈이 풀려 곰보를 예쁜 보조개로 착각하는 단계이며, 그 다음은 해원(解怨)으로, 마음에 담아 두었던 원한을 억누르지 못하고 밖으로 표출하는 단계이고, 마지막에는 해망(解妄)으로, 정신과 육체가 모두 풀려 망령된 행동을 서슴없이 행하는 단계라고 설명하였다. 그리고는 술을 마시되 난잡(亂雜)하지 말며, 취하더라도 반개(半開)한 꽃이 아름다운 것처럼 반만 취하고, 술이 머리에 미치기 전에 술잔을 내려놓아야 한다고 전제하며, 스스로 조심할 수 있는 주법(酒法) 3계명도 다음과 같이 일러 주었다.

첫째는 유시계(酉時誡)로, "낮술은 부모도 몰라본다."는 말도 있으니 밤낮없이 마시지 말고 유시(酉時: 저녁 6시경)에 마시되, 닭이 물을 먹는 것처럼 조금씩 나누어 마시라는 뜻이다. 둘째는 현주계[玄酒誡: 현주(玄酒)는 '무술'이라 하여 제사 지낼 때 술 대신 쓰는 맑은 냉수를 뜻함]로, 술을 한 잔 마신 다음에는 반드시 물을 먹어 입안과 식도를 씻어 내라는 뜻이다. 셋째는 삼배계(三杯誡)로, 술을 마시되 석 잔을 넘기지 않도록 노력하라는 뜻이라고 한다.

조선 시대에는 젊은 유생들이 예법(禮法)에 따라 술을 마셨는데 그것이 바로 향음주례(鄕飮酒禮)인 것이다. 우리나라의 향음주례 의식은 고려 시대에 시작되었고, 유교가 번성하였던 조선 시대에는 온 나라에 널리 보급되었다고 한다. 향음주례 의식은 두 가지 형태로 이루어졌는데, 그 하나는 고을[鄕(향)]에서 덕행(德行)과 도예(道藝)가 출중한 인재를 뽑아 조정(朝廷)의 관리(官吏)로 천거하면서 이들을 위해 송별연(送別宴)을 베풀어 주는 것이고, 또 다른 하나는 고을을 관장하는 향대부[鄕大夫: 고을의 원(員), 수령(守令)을 뜻함]가 고을 안의 어진 사람, 나이가 많은 노인 등 존경하거나 봉양해야 할 어른들을 모셔다가 위로연(慰勞宴)을 베푸는 것이다. 그러나 세월이 많이 흐르면서 인재를 천거하여 조정으로 보내는 송별연은 점점 줄어들고, 고을의 연로(年老)한 어른들을 위해 베푸는 위로연이 향음주례의 중심을 이루게 되었다. 우리나라에는 아직도 이러한 풍속들이 많이 남아 전하는데, 그중 몇 곳만 소개하고자 한다.

강원도 강릉 지방에는 청춘경로회(靑春敬老會)가 전해 오고 있다. 이것은 젊은이들이 노인들을 공경하여 베푸는 잔치라고 한다. 이곳 젊은이들은 꽃이 피는 봄이나 단풍이 물드는 가을이 되면 70세 이상의 노인들을 명승지에 모시고 위로연을 베푼다. 기금은 관(官)의 예산에서 일부가 출자(出資)되는 것이라고 하며, 자금 관리는 젊은이들 중에 성실하고 바른 이를 가려 업무를 맡겼다고 한다. 그런데 이 위로연에서 장점으로 손꼽을 만한 것은 경로(敬老)의 대상을 선정할 때 오직 나이로만 기준을 삼았을 뿐, 신분의 귀천(貴賤)을 가리지 않고 일흔 살이 넘은 노인은 모두 초대하여 위로연을 베풀었다는 것이다.

경상도 안동 지방에는 손님을 모시는 의식의 향음주례가 있는데, 이것은 고을의 선비나 유생들이 학덕(學德)과 연륜(年輪)이 지극히 높은 이들을 주빈(主賓)으로 섬기며 음식과 술을 대접하는 연회다. 이곳의 연회는 그 목적이 같으면서도 절차는 여러 단계로 나뉘는데, 가장 짧은 6단계부터 13단계, 그리고 가장 긴 것은 21단계가 있으며, 내용은 같으나 그 명칭이 다양하다. 그중 가장 간단한 6단계의 향음주례 의식의 절차를 예로 든다.

1단계는 청빈(請賓)으로, 주인이 손님의 집을 방문하여 향음주례의 연회에 손님으로 오시도록 청하는 단계다. 2단계는 영빈(迎賓)으로, 주인이 대문 동편에 서서 서편으로 손님을 맞이하고 서로 읍례(揖禮)를 한 다음 연회의 장소로 오르는 단계다. 3단계는 헌빈(獻賓)으로, 주인이 손님에게 예(禮)를 갖춰 술을 대접하는 단계다.

향음주례(안동 민속 축제)

4단계는 빈작(賓酌)으로, 손님이 주인에게 감사의 뜻을 담아 잔을 돌려 술을 권하는 단계다. 5단계는 수빈(酬賓)으로, 주인이 손님에게 재차 술을 권하는 단계다. 6단계는 빈출(賓出)로, 연회가 끝나고 주인이 대문 밖에서 손님을 전송하는 단계다. 주인과 손님이 서로 읍례하고 헤어지면 집사(執事)가 큰소리로 예필(禮畢)이라고 외치거나 북을 울려 향음주례 의식이 종료됨을 알리는 것이다.

전라도 용안 지방에는 봄과 가을이 되면 좋은 시기를 맞아 고을 사람들이 모여 절차에 따라 향약(鄕約: 조선 시대 권선징악을 취지로 한 고을의 자치 규약)을 읽고 술을 마시는 향음주례 의식이 있다. 고을 사람들은 팔구십 대 노인들, 육칠십 대 노인들, 오십 대 이하 어른들을 각각 나이대로 모셔 놓고, 고을 사람 중 한 사람을 시켜 다음과 같은 서약문(誓約文)을 낭독하게 한다.

"부모에게 불효한 자는 내쫓는다. 형제간에 화목하지 못한 자도 내쫓는다. 친구 간에 믿음이 없는 자도 내쫓는다. 나랏일을 비방하는 자도 내쫓는다. 고을의 수령을 비방하는 자도 내쫓는다. 다음으로, 첫째 덕행(德行)을 서로 권장하고, 둘째 잘못은 서로 바로 잡으며, 셋째 예속(禮俗: 예의범절에 관한 풍속)을 서로 지키고, 넷째 환란(患亂: 근심과 재앙)은 서로 구제한다. 그리하여 고을 사람들은 모두 효우충신(孝友忠信: 효도·우애·충성·신의)을 극진히 하고, 나아가 양순하고 인정이 두터운 미풍양속(美風良俗)으로 돌아가자."

는 내용의 서약문 낭독이 끝나면, 모두 재배(再拜)하고 예의를 갖춰 술을 마시며 활쏘기를 한다는 것이다.

이와 같은 향음주례 의식은 지금부터 약 3천 년 전 중국 주(周)

나라의 예법에서 시작된 것으로 보고 있다. 주나라 주공(周公: 주나라 초기의 정치가)이 편찬한 《주례(周禮)》와 《의례(儀禮)》에 향음주례에 대한 내용이 기록되어 있기 때문이다. 특히, 《주례》에 기록되어 있는 '백성 중에 어진 사람과 능력 있는 사람을 뽑아 향음주례의 빈객으로 대우하고, 고을 안에서는 8가지 형벌[불효지형(不孝之刑), 불목지형(不睦之刑), 불인지형(不姻之刑), 부제지형(不弟之刑), 불임지형(不任之刑), 불휼지형(不恤之刑), 조언지형(造言之刑), 난민지형(亂民之刑)]로서 백성을 다스린다.'는 내용이 우리나라의 향음주례에 많은 영향을 끼친 것으로 보인다.

이처럼 향음주례에 대한 의식이 중국의 주나라에서 시작되었지만, 우리 조상들은 중국의 향음주례를 그대로 받아들이지 않고, 우리의 정서에 어울리도록 가감하여 우리의 일상생활과 생활환경에 적합한 향음주례의 풍속을 만들어 실행하였던 것이다. 어찌하였거나 이제 우리는 선조들이 행하였던 향음주례의 미풍양속을 그대로는 실천하지 못할지라도, 그 깊은 뜻을 되새기면서 백약지장이 되도록 서로 권장하고, 또한 백독지원이 될 수도 있음을 알아 스스로 삼가며, 술을 조심하고 또 조심하여 현명한 삶을 영위해야 할 것이다.

13. 늙은 내시의 고언(苦言)과 융릉 참봉(隆陵參奉) 이야기

조선 시대 제22대 왕인 정조(正祖)는 선왕(先王)인 영조(英祖)의 탕평책(蕩平策)을 이어받아 인재를 고르게 등용하였고, 서적을 보관하고 간행하기 위한 규장각(奎章閣)을 설치하였으며, 임진자(壬辰字)와 정유자(丁酉字) 같은 새로운 활자도 만들었다. 또한 실사구시(實事求是: 사실에 토대를 두어 과학적·객관적으로 진리를 탐구하는 일)의 실학(實學)을 발전시키는 등 수많은 업적을 남기어 조선 후기의 문화적 황금기를 이룩하였으며, 세종대왕(世宗大王)에는 미치지 못하나 그 업적이 대단하여 정조대왕(正祖大王)으로 칭송이 자자한 임금이다. 뿐만 아니라 정조 임금의 극진한 효심에 대하여는 문헌이나 일화(逸話)를 통해 많은 사람들의 입에 자주 오르내리고 있다.

《한중록(閑中錄)》[정조의 어머니인 혜경궁 홍씨(惠慶宮洪氏)가 남편인 사도 세자(思悼世子)가 뒤주에 갇혀 죽음을 당한 참사(慘事)와 자신의 일생을 회고하여 쓴 내간체(內簡體)의 글]에 의하면,

정조 임금은 양주 배봉산 기슭에 있던 영우원(永祐園: 아버지인 사도 세자의 원소)을 화성의 화산(花山) 밑으로 옮겨 모신 후 현릉원(顯隆園: 낳아 주시고 길러 주신 아버지를 세상에 드러내어 융숭하게 보답한다는 뜻)으로 높여 부르게 하였고, 어머니가 사도 세자의 원소(園所: 왕세자·왕세자빈과 왕의 친척 등의 산소를 일컬음)를 한 번도 찾지 못하여 생긴 가슴에 맺힌 원한(怨恨)을 풀어 드리기 위해 어머니를 모시고 화성(현릉원이 있는 곳) 능행(陵幸: 임금이 능에 거동하는 것) 길에 올랐으며, 아버지의 원소를 양주 배봉산에서 화성 화산으로 옮겨 모시던 날 정조 임금의 슬퍼하심이 너무 커 신하들이 당황하여 몸 둘 바를 몰라 했는데, 이번 능행에서도 그 슬픔이 지극하시어 눈물로 풀을 모두 적시었다. 또한 어머니를 모시고 떠나는 능행길에 정조 임금이 혜경궁 홍씨의 가마 뒤에 서시니, 찬란한 깃발은 바람과 구름을 희롱하고 줄지어 울리는 풍악소리는 산과 들을 움직이는 듯, 임금의 행차에 따르는 모든 예절의 위엄을 혜경궁 홍씨는 자신이 받는 듯하여 미안하고 기쁜 마음이 그지없었다.

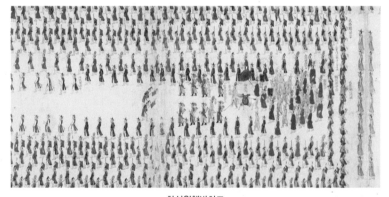

화성원행반차도

고 하는 등 효도에 관한 많은 기록이 전하고 있다. 이처럼 효성이
지극한 정조 임금에 대하여 그의 효심이 나타난 일화가 전해 오는
데, 2가지만 소개하고자 한다.

그중 하나는, 억불숭유(抑佛崇儒: 불교를 억누르고 유교를 숭상함)
정책이 시행되던 조선 시대에도 초파일의 연등 행사만은 어쩔 수
없었던 모양이다. 초파일이 되면 궁궐이나 각 기관에서 등(燈)을
만들어 임금에게 바치곤 하였다. 정조 임금은 억불숭유 때문에 크
게 기뻐할 일이 못 된다고 생각하였지만, 대비(大妃)와 혜경궁 홍
씨가 관등(觀燈)놀이를 즐겨 하시므로 초파일의 풍속(風俗)을 금지
할 수가 없던 터에, 한번은 다음과 같은 일이 있었다.

정조 임금이 여러 대신(大臣)들과 함께 대비와 어머니를 모시고
관등 행사를 하는 중에, 대궐 안에 있는 병영(兵營)에서 연등을 먼
저 보내왔다. 이 등은 특이한 모양으로 만들어졌으며, 등 깃을 유
리·운모·옥으로 장식하여 광채가 나므로 그 화려함에 많은 사람
들이 아름답다고 입을 모았다. 이어서 이번에는 내수사(內需司: 궁
중에서 쓰는 곡식·천·잡물·노비 등에 관한 일을 주관하던 관아)에서 연
등을 보내 왔는데, 시골 장터에서나 파는 값싼 종이로 붙여 만든
볼품없는 오이 모양의 등이었다. 모든 사람들이 놀라 수군거렸고
임금도 정성스럽지 못하다 여겨 마음이 언짢아하던 중에, 임금을
옆에서 모시던 늙은 내시가 앞으로 한 걸음 나와 엎드려 아뢰기를,

"전하! 연등이란 그 쓰임이 불을 밝혀 밝음을 얻는 것이오니 외
형은 크게 문제가 되지 않는 줄로 아옵니다. 하여 오이등도 불을
밝히는 데는 부족함이 없다 사료되옵니다."

라고 하였다. 정조 임금은 늙은 내시의 고언(苦言: 듣기에는 거슬리

나 도움이 되는 말)을 듣고 잠시 생각에 잠기시더니,

"대궐 안뜰에는 병영에서 가져온 화려한 등을 걷어내고 내수사
  에서 가져온 오이등을 걸어라."

하고 명령을 내리셨다. 이날 이 광경을 보게 된 대신과 호위병은
물론 대궐의 하인들과 모든 사람들이 놀라 서로 쳐다보며 감동하
는 기색이 역력했다. 이처럼 정조 임금이 늙은 내시의 고언을 귀담
아 듣고 실사구시의 정신으로 올바르게 판단하여 실천하시는 일
은 옛날 순(舜) 임금의 덕행(德行)과도 일치하는 것이니, 혜경궁 홍
씨도 흡족해 하시었다. 이 일로 인하여 하찮은 일을 하는 천한 사
람들까지도 이 이야기를 전해 듣고 감동하여 더욱 충성심을 갖게
되었다는 이야기다.

　또 다른 이야기는 정조 임금이 화성 능행을 하던 중에 나타난 효
심에 대한 일화이다.

　융릉(隆陵)은 정조 13년(1789)에 양주 배봉산에 있던 사도 세자
의 원소인 영우원(永祐園)을 화성으로 옮기고 현륭원(顯隆園)으로
불렀다가, 광무 3년(고종 36년, 1899)에 사도 세자를 장조(莊祖)로 추
존(追尊)하고, 융릉으로 높여 부르게 된 이름이다.

　융릉을 지키는 융릉 참봉(융릉을 관리하던 종9품의 벼슬. 일부 문헌
에는 '융건릉 참봉'이라고 기록되어 있는데, 융릉은 사도 세자의 능이고
건릉은 정조 임금의 능이므로, 능참봉 이야기는 정조 임금이 살아 있을 때
만들어진 것이어서 '융건릉 참봉'이 아니라 '융릉 참봉'이라고 해야 옳다.)
이 있었는데, 그는 천성이 게으른데다가 종9품도 벼슬이라고 우쭐
대기를 너무나 좋아하는 자였다.

　하루는 융릉 앞으로 행색이 초라한 백발의 노인이 지나가고 있

었다. 능참봉은 심심하던 차에 노인을 불러 세웠다.

"노인장! 바쁘지 않으면 나랑 점심 내기 장기나 한판 둡시다."

"그러시지요."

하고, 백발노인은 조용히 대답한 후 자리에 앉았다. 내기 장기 시합이 벌어졌는데 장기를 둘 때마다 번번이 능참봉이 지는 것이었다. 머리끝까지 화가 치민 능참봉은 붉으락푸르락 하다가 장기판을 뒤엎고는,

"못된 늙은이 같으니, 감히 양반을 이겨서 점심을 얻어먹겠다고?"

하며 길길이 날뛰니, 백발노인이 벌떡 일어나며,

"내일이면 죽을 놈이 환장(換腸)을 했어, 환장을……."

하고는 가던 길을 재촉하였다. 조금 전까지만 해도 화를 참지 못하고 고래고래 고함을 지르며 날뛰던 능참봉이 이 말을 듣고는 가슴이 철렁 내려앉았다. 능참봉은 급히 백발노인을 뒤쫓아 가 무릎을 꿇고 손이 발이 되도록 잘못을 빌며 죽지 않을 방도를 알려 달라고 애원하였다. '비는 데는 무쇠도 녹인다.'고 백발노인은 능참봉을 불쌍히 여기며 말하기를,

"그러면 내가 시키는 대로 하겠느냐?"

"예~예, 하라시는 대로 하겠나이다."

"내일은 아침부터 비가 올 것이다. 비가 억수 같이 내리더라도 융릉 앞에 엎드려 저녁때까지 꼼짝하지 말거라."

하고는 백발노인은 멀리 떠나가 버렸다. 다음날 능참봉은 괴이하다고 생각하면서도 목숨을 구하는 일이라 어쩔 수 없이 의관을 갖추고 쏟아지는 비를 맞으며 융릉 앞에 꼼짝 않고 엎드려 있었다.

바로 그때 정조 임금은 화성 행궁에 있었는데, 아침부터 내리던

비가 점심때가 지나자 갑자기 요란하게 천둥 번개를 치며 더욱 세
차게 쏟아졌다. 정조 임금은 세차게 내리는 비를 바라보다가 문득
돌아가신 아버지(사도 세자)가 머리에 떠올랐다.

　'그래 나는 아버지의 덕으로 궁궐에서 천하를 호령하며 좋은 옷을
　입고 좋은 음식을 먹는데, 땅속에 묻히신 아버지는 이 비를 맞으며
　얼마나 추우실까? 그런데도 능참봉이란 놈은 아버지 능을 지키기
　는커녕 술이나 먹고 따뜻한 방구석에서 낮잠이나 자겠지?'
하고 별의별 생각을 하다 보니, 화가 치밀고 마음이 불안하여 즉시
능행할 것을 명하였다.

　억수같이 쏟아지는 비를 뚫고 정조 임금이 융릉에 거의 이르렀을
때, 멀리 사람이 비를 맞으며 융릉 앞에 엎드려 있는 모습이 눈에 들
어왔다. 의관을 갖춘 능참봉이 그 비를 다 맞으며 융릉 앞에 꼼짝도
하지 않고 엎드려 있었던 것이다. 이 모습에 감동한 정조 임금은 그
자리에서 능참봉에게 더 높은 벼슬을 내렸다고 한다. 능참봉은 백
발노인의 말을 듣고 목숨을 구하고 높은 벼슬도 얻었다는 이야기지
만, 정조 임금의 효심을 나타내기 위한 이야기라 하겠다.

14. 봉선화鳳仙花 꽃물들이기

봉선화는 한해살이풀로, 여름이 되면 붉은색·흰색·분홍색 등의 꽃이 2~3개씩 잎겨드랑이에 달려 피는데, 꽃의 생김새(머리며 날개며 꼬리와 우뚝 선 발 모양)가 봉황(鳳凰)을 닮았고, 꽃잎 하나하나가 신선의 옷을 닮았다 하여 봉선화 또는 금봉화(金鳳花)라 하였다. 또한 봉선화는 신선이 준 약초라 할 만큼 약성(藥性)이 우수하고 강하여 뼛속까지 침투한다고 투골초(透骨草)라고도 하며, 봉선화에서 나는 특유의 냄새를 싫어하는 뱀이 봉선화가 심어져 있는 곳에는 접근하지 않는다 하여 금사화(禁蛇花)라고도 한다. 그래서 옛날에는 집집마다 앞뜰·뒤뜰·장독대 주변에 뱀의 접

봉선화

근을 막기 위해 봉선화를 많이 심곤 하였다. 이외에 손톱에 물들이는 꽃이라고 조갑화(爪甲花) 또는 지갑화(指甲花)라고도 하였다. 근래에는 봉숭아로 불리며 표기도 봉숭아라고 하지만, 우리 민족의 정서에는 민족적 한(恨)이 서려 있는 봉선화가 더 어울리는 이름이다.

옛날부터 여름철이 되면 부녀자와 소녀들은 봉선화로 손톱을 붉게 물들이곤 하였다. 이것은 자연 그대로의 소박한 미용법으로 방법은 다음과 같다.

우선 활짝 핀 봉선화 꽃잎과 잎을 따다가 그늘진 곳에 펼쳐 놓고 시들시들하게 마를 때까지 기다렸다가 작은 절구에 꽃잎과 잎

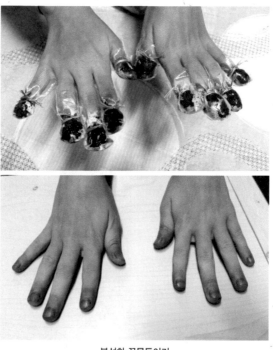

봉선화 꽃물들이기

을 반반 정도 비슷하게 섞어 넣은 다음, 봉선화 꽃물을 곱고 진하게 물들이기 위해 매염제(媒染劑: 물들이는 데 쓰이는 물질)인 백반을 조금 넣고 찧어 내면 물감 재료는 완성된다. 다음은 찧어 낸 봉선화 물감 재료를 손톱 위에 조금씩 올려놓고 헝겊이나 비닐로 싸매고는 풀어지지 않도록 실이나 끈으로 감아 주고 하룻밤 자고 나면, 이튿날 아침에는 손톱마다 빨갛고 예쁘게 봉선화 꽃물이 든다.

옛날에는 마땅한 헝겊이나 비닐이 없어 봉선화 잎이나 다른 풀잎으로 손가락을 싸매곤 하였는데, 자다가 싸맨 것이 빠져 이불과 요에 붉은 물감을 묻히면 영락없이 어머니에게 꾸지람을 듣곤 하였다. 그래도 봉선화 꽃물을 들인 후에, 첫눈이 올 때까지 손톱 끝에 봉선화 꽃물이 남아 있으면 마음속에 간직한 첫사랑이 이루어진다고 하여 많은 소녀들의 마음을 설레게 한 봉선화였다.

봉선화는 첫사랑과 같은 아름다운 추억을 갖기도 하지만, 민족적 슬픔을 내포하고 있는 꽃이기도 하다. 조선 시대에 작자와 연대 미상의 내방 가사(內房歌辭: 조선 시대에 내방의 부녀자들이 지은 가사 문학)의 성격으로 손톱에 물들이는 풍습 등을 규방 여인의 감정과 연관시켜 읊은 봉선화가(鳳仙花歌)가 전하고, 또한 허난설헌(許蘭雪軒)이 지었다는 염지봉선화가(染指鳳仙花歌)도 전한다.

그 후로 일제 강점기(日帝强占期: 1910년 일본에 국권을 강탈당한 후, 1945년 광복될 때까지의 시기)에 김형준(金亨俊)이 작시하고 난파(蘭坡) 홍영후(洪永厚)가 작곡한 봉선화 노래가 있었다. 이 노래는 우리 민족의 항일 합창곡으로 나라를 빼앗긴 우리 민족의 설움을 은유적으로 표현하였고, 일제가 부르지 못하도록 내린 금곡령(禁曲令) 속에서도 나라를 되찾는 광복의 날이 하루 빨리 도래하기를 간

곡히 바라면서 남녀노소가 몰래몰래 애창하였던 노래였다.

이처럼 봉선화는 설움이 많은 꽃이라 그런지 애달픈 사연이 깃들어 전해 오는 이야기가 많은 편이다. 그중 두 가지만 소개해 본다.

그 하나는 삼국 시대의 백제 땅에 전해 오는 이야기다.

백제에 한 부부가 농사를 지으며 살았다. 봄이 되면 씨를 뿌리고 여름이면 김을 매며 가을이면 추수를 하여 눈이 와도 따뜻한 집에서 행복하게 살아가고 있었다. 그러던 어느 날 부인이 깊은 잠이 들었는데, 신선(神仙)이 나타나 아름답게 생긴 봉황(鳳凰) 한 마리를 부인의 품에 안겨 주고 사라지는 꿈을 꾸고 잠에서 깨어났다. 잠에서 깬 부인은 너무나 기이한 꿈이라 생각하여 아무에게도 말하지 않았다. 얼마 후 부인은 잉태를 하였고 열 달이 지나자 예쁜 딸을 낳았다. 부인으로부터 꿈 이야기를 전해들은 남편은 딸의 이름을 꿈속에서 부인이 보았다는 봉황과 신선에서 각각 한 자씩을 따서 봉선(鳳仙)이라고 지었다.

봉선이는 자라면서 총명하기도 하거니와 특히, 거문고를 타는 솜씨가 매우 뛰어났다. 봉선이가 거문고를 잘 탄다는 소문이 동네방네 퍼지더니, 마침내는 궁궐에까지 전해지고 임금도 그 소문을 듣게 되었다. 이윽고 봉선이는 임금 앞에 나아가 거문고를 타게 되었고, 최선을 다하여 거문고를 탄 봉선이는 임금으로부터 칭찬과 함께 많은 하사품을 받아가지고 돌아왔는데, 갑자기 몸에 열이 나며 아프기 시작하더니 급기야 드러누워 꼼짝도 못하게 되었다.

세월이 지나도 봉선이의 병은 낫지 않고 점점 깊어만 가던 중에, 임금이 봉선이가 살고 있는 고을 앞을 행차한다는 소문이 나

돌았다. 마침내 임금이 고을 앞을 행차하던 날, 봉선이는 자리에서 일어나 한복을 곱게 차려입고 있는 힘을 다하여 거문고를 타기 시작했다. 봉선이가 타는 거문고의 선율은 고을에 울려 퍼졌고, 고을 앞을 행차하던 임금의 귀에까지 전해졌다. 임금은 잠시 귀를 기울여 듣더니 거문고의 선율을 따라 발걸음을 옮겼는데, 그곳이 바로 봉선이의 집이었다. 그때 거문고를 타던 봉선이의 손가락에서는 마디마다 붉은 피가 맺혀 흐르고 있었다. 그 모습을 바라보던 임금은 봉선이를 몹시 애처롭게 여긴 나머지 봉선이의 피맺힌 손가락을 흰 헝겊으로 감싸 주고 행차의 길을 떠났다.

이 일이 있은 지 얼마 안 되어 봉선이는 그만 저 세상 사람이 되고 말았다. 봉선이의 부모는 불쌍한 봉선이를 양지바른 언덕에 고이 묻어 주었는데, 이듬해 봄에 봉선이의 무덤가에 전에는 한 번도 보이지 않던 붉은 꽃이 여기저기 피어났다. 고을 사람들은 죽은 봉선이의 넋이 꽃으로 피어났다고 하면서 이 꽃을 봉선화(鳳仙花)라 불렀다고 한다.

또 다른 하나는 충선왕(忠宣王)과 두 공녀(貢女)에 대한 이야기다.

고려의 제26대 충선왕은 불행하게도 나라의 힘이 없어 원나라에 볼모로 끌려가게 되었는데, 이때 공녀 두 명도 함께 잡혀가게 되었다. 볼모로 끌려간 충선왕은 원나라에 잡혀 있으면서도 자나 깨나 오직 조국인 고려가 걱정되었고 그저 손꼽아 고려로 돌아갈 날만 기다리고 있었으며, 함께 잡혀간 공녀들도 오래도록 만나지 못한 부모와 떠나온 고향이 그리울 뿐이었다. 이토록 충선왕이 조국을 그리워하거나 자신들이 부모와 고향이 그리울 때면 두 공녀들은 거문고를 타곤 하였는데, 사실 두 공녀들은 충선왕 곁에서 시중을 들게 하기 위해 잡아온 것이었으며, 충선왕이 거문고 소리를 좋아하므로 거문고를 잘 타는 여인을 공녀로 뽑았던 것이다.

그러던 어느 날 충선왕이 고국 생각에 밤늦도록 잠을 이루지 못하다가 거문고 소리에 잠이 들었는데, 아침에 일어나 보니 두 공녀가 열 손가락을 모두 흰 천으로 싸매고 있었다. 두 공녀는 잠을 이루지 못하는 충선왕을 위해 밤새도록 거문고를 타다가 열 손가락이 모두 터져 피가 흘렀던 것이다. 충선왕은 흰 천으로 손가락을 감싼 두 공녀를 애처롭게 바라보며, 하루빨리 고국으로 돌아가 나라를 바로 세우고 강력한 힘을 키워 다시는 이러한 슬픈 일이 일어나지 않게 해야겠다고 굳게 다짐하였다.

그러던 중 원나라 2대 황제인 성종(成宗: 테무르)이 죽고 조정이 혼란스러울 때, 충선왕은 원나라 무종(武宗)을 도와 황제에 오를 수 있도록 힘쓴 공이 인정되어 볼모에서 풀려나 고국으로 돌아오게 되었지만, 함께 잡혀 갔던 두 공녀만은 데려오질 못하였다. 고려에 돌아와 왕위에 오른 충선왕은 문득 원나라에 볼모로 잡혀 있는 두 공녀가 머리에 떠올랐다. 충선왕은 자신을 극진히 보살펴 준 두 공녀를 데려오도록 원나라로 사신을 보냈으나, 두 공녀는 이미 세상을 떠나고 없었다.

충선왕은 자신을 위해 거문고를 타다가 손가락 마디마디가 터져 흰 천으로 감싼 그 모습이 영락없는 봉선화 꽃물을 들이는 여인의 손가락과 닮았다고 생각했다. 충선왕은 두 공녀의 넋을 위로하고자 궁궐 뜰마다 빨간 꽃을 피우는 봉선화를 심게 하였고, 해마다 여름이면 빨간 꽃을 피우는 봉선화를 바라보며 두 공녀의 넋을 기렸다고 한다.

백제 땅의 봉선이나 고려의 충선왕과 두 공녀 이야기는 입에서 입으로 전하면서 많이 꾸며진 것이라 하더라도, 봉선화의 애련함을 충분히 음미할 수 있고, 가슴에 찡한 여운을 느끼기에는 부족함이 없는 전설이라 하겠다.

봉선화

김형준 작시
홍난파 작곡

(1절)

울밑에 선 봉선화야 네 모양이 처량하다
길고긴 날 여름철에 아름답게 꽃필 적에
어여쁘신 아가씨들 너를 반겨 놀았도다

(2절)

어언간에 여름 가고 가을바람 솔솔 불어
아름다운 꽃송이를 모질게도 침노하니
낙화로다 늙어졌다 네 모양이 처량하다

(3절)

북풍한설 찬바람에 네 형체가 없어져도
평화로운 꿈을 꾸는 너의 혼은 예 있으니
화창스런 봄바람에 환생키를 바라노라

15. 질병疾病을 물리치는 쑥호랑이

음력 5월 5일 단오(端午)는 4대 명절(四大名節: 설·한식·단오·추석) 중 하나로, 1년 중 양기(陽氣)가 가장 왕성해지는 날이라 하여 중오절(重五節)·천중절(天中節)·단양(端陽) 등으로도 불리지만 순수한 우리말로는 '수릿날'이라고 한다.

이날은 모내기를 끝내고 한여름의 농사를 대비하여 잠시나마 휴식을 취하고 놀이를 즐기는 날이다. 민가에서는 산에서 자라는 수리취를 뜯거나 아니면 들에서 쑥을 뜯어다 수리취떡을 만들어 먹고, 창포를 삶아 그 물에 머리를 감기도 하며, 창포 뿌리로 단오장(端午粧)을 만들어 머리에 꽂기도 하였다. 또한 대추나무를 시집보낸다 하여 나뭇가지 사이에 돌을 끼우는 가수(嫁樹)도 하고, 민속놀이로 그네를 뛰고 씨름도 하였다. 특히, 하루 중 가장 양기가 왕성한 때인 오시(午時)에 익모초와 쑥을 뜯어 그늘에 말려 두었다가 한여름 농사에 지친 몸을 추스르는 데 요긴하게 사용하였다.

한편 이날 궁중에서는 애호(艾虎)라고 하는 쑥호랑이를 만들어 신하들에게 나누어 주는 풍속이 있었다. 이 풍속에 대한 내용으로,

1819년 김매순(金邁淳)이 서울을 중심으로 행해지는 연중행사를 기록한《열양세시기(洌陽歲時記)》에, 그의 친척 중 한 사람이 가지고 있는 애호의 생김새를 설명한 글이 있어 소개해 본다.

사촌 형뻘 되며 규장각(奎章閣)의 직제학(直提學: 정3품 당상관에서 종2품까지의 벼슬)을 지낸 전유(全有) 집에서 정조 임금이 내려 주신 애호[艾虎,《열양세시기》원문에는 애화(艾花)로 기록되어 있으나 글의 문맥을 통일하는 의미에서 애호로 표기하였음]를 간직하고 있었다. 그 생김새는 나뭇가지를 깎아 몸통을 만들었는데, 그 길이는 7~8치(21~24cm 정도)이고, 두께는 3푼(1cm 정도)쯤 되며, 몸통 중간부터 아래쪽으로는 점점 가늘어져 끝부분이 뾰족하여 비녀처럼 꽂기에 안성맞춤이다.

또한 이 애호의 몸통 윗부분에는 양면에 창포 잎을 붙였는데, 그 너비는 몸통의 두께와 비슷하고 그 길이는 몸통보다 길어 양쪽 끝부분이 늘어졌으며, 늘어진 잎이 대칭을 이루어 마치 싹이 트는 식물에 잎이 달린 모양이다. 그리고 여기에 붉은 모시를 마름질하여 작은 꽃을 만들고, 이 꽃을 몸통 사이에 깊게 꽂아 풀로 붙이고 꽃받침이 위로 향하도록 하였으며, 오색실로 꽃과 꽃받침을 맨 다음 몸통 전체를 휘감은 것이다.

라고 설명하였다. 그리고 이처럼 단오가 되면 궁중에서 애호(애화·쑥호랑이)를 만들어 신하들에게 나누어 주었지만, 이와 같은 풍속을 기록한 김매순 자신도 "애호의 유래를 자세히 알 수 없다."고 하면서, "잠시《명물지(名物志)》(각종 물건의 내력과 종류와 성질 등을 기록한 책)의 내용을 헤아려 보니, 애호와 장명루(長命縷: 오래 살기를 기원하며 팔에 걸고 다니는 오색실로 만든 장식품)가 있는데 이는 서로 뜻이 비슷한 듯하지만, 애호라고 하면서도 이 물건에 쑥이 보이지 않는 것이 참으로 의심스럽다.”고까지 하였다.

위의 기록에 의하면, 우리나라 궁중에서는 애호(쑥호랑이)를 만들어 신하들에게 내리지만, 그 의미를 분명히 전하지 않아 대개는 더위를 물리치는 것이라든지 아니면 악귀(惡鬼)를 몰아낸다는 뜻으로 받아들이고 있다. 그러나 애호가 의미하는 것이 더위를 물리치고 악귀를 몰아낸다는 의미가 전혀 없는 것은 아니지만, 꼬집어 이야기를 한다면 질병(疾病)을 물리치는 주술적(呪術的) 의미를 갖고 있는 것으로 보아야 한다. 그 이유는 6세기경에 중국 양(梁)나라 종름(宗懍)이 쓴 《형초세시기(荊楚歲時記)》를 보면 이해할 수 있을 것이다.

師曠占 曰:"歲多病(사광점 왈: "세다병),

　사광이 살펴 말하기를: "해마다 병이 많으면,

則病草先生, 艾是也(즉병초선생, 애시야)."

　곧 병초(병을 낫게 하는 풀)가 먼저 돋아난다. 이것이 바로 쑥이다."

端午以艾爲虎形(단오이애위호형),

　단옷날에 쑥으로 호랑이 형상을 만들거나,

或剪綵爲小虎(혹전채위소호),

　혹은 비단을 마름질하여 작은 호랑이를 만들고,

粘艾葉以戴之(점애엽이대지).

　여기에 쑥잎을 붙여서 머리에 꽂는다.

고 하였다. 이 내용에 따르면, 중국에서는 쑥을 일러 병을 낫게 하는 풀이라고 하면서 이를 사용하여 애호를 만드는데 비해, 우리나라는 중국의 제조 방법을 따랐음에도 쑥을 사용하지 않고 창포 잎으로 애호를 만든 것이 의심스럽고 이상하다고 하였다. 그렇지만 옛날부터 우리나라에서는 쑥이나 창포 모두 여름을 다스리는 약초로 사용했기 때문에 그 의미를 같은 것으로 여기며, 애호를 만들 때 짧고 들쭉날쭉한 쑥잎보다는 매끈하고 길쭉한 창포잎을 사용하여 보기 좋게 애호를 만들었던 것이 아닌가 한다. 그렇다고 우리가 쑥잎을 전혀 사용하지 않았던 것은 아니다. 단옷날에 사람들은 창포를 끓인 물로 머리를 감고 얼굴을 씻었으며, 부녀자들이 창포 뿌리를 깎아 비녀를 만들고, 그 비녀에 쑥잎을 묶어 머리에 꽂고 하루를 즐기는 풍속은 지금도 일부 지방에는 남아 있다.

쑥은 옛날부터 봄철 보릿고개의 배고픔을 달래 주던 구황 식물(救荒植物: 흉년에 곡식 대신 먹을 수 있는 식물)이면서도 소화불량·해열·진통·지혈 심지어 산후 조리까지 온갖 질병을 다스리며, 질병을 예방해 주기도 하는 약초였다. 옛날 어른들의 말씀에, "정월 대보름까지 쑥국을 세 번 먹고, 오월 단옷날까지 쑥떡을 세 번 먹으면 한 해가 거뜬하다."고 한 것이나, "흉년이 들면 가난한 집 아이들은 산과 들로 다니며 쑥을 뜯어먹고, 부잣집 아이들은 집 안에서 편안히 쌀밥을 먹었는데, 여름이 되어 전염병이 돌면 쑥을 먹은 아이들은 멀쩡하고, 쌀밥만 먹은 아이들은 허약하여 질병을 이기지 못했다."는 이야기나 모두가 쑥이 사람의 건강에 많은 효험이 있다는 말일 것이다.

그도 그럴 것이 2,500년 전의 공자님도, "오랜 병엔 3년 묵은 쑥만 한 것이 없다."고 하였으며, 우리 속담에, "애쑥국에 산촌 처자 속살 찐다."고 한 것만 보아도 쑥은 온갖 질병에 효험이 있고 건강을 지켜 주는 영초(靈草: 약으로서 영검한 효력이 있는 풀)임에 틀림이 없어 보인다. 하기야 쑥과 마늘만 먹고도 곰이 사람으로 변신했다는 우리 고유의 단군 신화(檀君神話)도 있으니 더 무엇을 말하겠는가?

《형초세시기》에 나오는 사광(師曠)이란 사람은 쑥을 일컬어 병을 낫게 하는 병초(病草)라고 하였다. 사광은 춘추 시대(春秋時代: 기원 전 770~403년)에 진(晉)나라 왕인 진평공(晉平公)의 악태사(樂太師: 음악의 스승)로, 진평공이 매우 아끼는 신하 중의 한 사람이었다. 사광은 태어날 때부터 앞을 못 보는 맹인(盲人)이었지만 학문을 폭넓게 닦아 총명하였고, 그가 악기를 연주하면 학이 춤을 추고 흰 구름이 몰려든다고 하였으며, 더욱이 음(音)과 율(律)에 능하여 자연의 소리까지 알아들을 수 있는 정도였다고 한다. 또한 사광은 비록 눈으로는 세상을 볼 수 없었지만, 눈으로 세상을 보는 사람들보다 세상의 이치를 더욱 밝게 통찰하였으므로 진평공은 항상 사광을 옆에 두고 세상일을 많이 논하였다. 특히, 사광은 나라의 큰일이 있을 때마다 자연의 소리를 듣고 길흉화복(吉凶禍福)을 헤아려 진평공으로 하여금 국가의 안위(安危)를 대비하게 한 인물이다. 이러한 인물이 쑥을 일러 병초라 하였고, 쑥으로 애호를 만들어 머리에 꽂는다고 하였다.

이상의 글을 종합하여 볼 때, 쑥은 분명 온갖 질병을 다스리는 약초(藥草) 또는 영초(靈草)임에는 틀림이 없으며, 이러한 효험이 있는 애엽(艾葉: 쑥)으로 호랑이 모형을 만들거나 비단을 마름질하

부녀자들이 창포물에 머리 감는 모습

여 작은 호랑이를 만들고 쑥잎을 붙여 머리에 꽂는 애호(쑥호랑이)
풍속은 중국에서 시작되어 우리나라에 전해진 것으로 판단된다.
우리나라에서는 단옷날에 애호 또는 애화(艾花)라고 하는 쑥호랑
이를 궁궐에서 만들어 신하들에게 나누어 주었고, 민가에서는 창
포 뿌리로 비녀를 만들고 여기에 쑥잎을 묶어 머리에 꽂곤 하였다.
이러한 풍속에는 쑥으로 질병을 물리쳐 한 해 동안 건강을 유지하
고자 하는 주술적 의미가 담겨 있다고 보아야 할 것이다.

16. 단옷날 임금이 하사下賜하는 부채

부채는 손으로 흔들어 바람을 일으키는 도구이며 순수한 우리 말이다. 부채는 한자로 표기되는 문자가 없을뿐더러 훈민정음 창제 이전의 우리말을 알 수 있는《계림유사(鷄林類事)》[중국 송(宋)나라의 손목(孫穆)이 지은 백과서(百科書)로, 고려 사람들이 사용하던 우리말 약 360개를 추려 송나라 시대의 한자음으로 가차(假借: 뜻은 다르나 음이 같은 한자를 빌려 쓰는 법)하여 설명하였음]에는 부채를 일컬어 "扇曰孛采[선왈패채: 중국의 선(부채)을 고려에서는 패채(부채)라고 한다.]"라고 하였는데, 이것을 보면 이미 그 옛날부터 부채가 있었음을 알 수 있는 것이다. 한편 중국에서는 '戶(집 호)'와 '羽(날개 우)'를 합하여 '집 안의 날개'라는 뜻으로 '扇(부채 선)'이라 표기하고 있다.

우리나라 풍속에 단오절이 되면, 옛날부터 조선 시대에 이르기까지 공조(工曹: 고려 말기와 조선 시대에 궁궐에서 공업에 관한 일을 맡던 육조의 한 부서)와 영·호남의 각 감영(監營: 관찰사가 직무를 보는 관아)에서 부채를 만들어 대궐에 진상(進上)하면, 임금은 신하와 시종(侍從)과 삼군영(三軍營)까지 전례(前例)에 따라 부채를 하사한다. 그러면 부채를 받은 이들은 그것을 친척과 친지들에게 나누어 주는데, 이 때문에 "여름 생색은 부채요, 겨울 생색은 달력이다."라는 말이 생겼다고 한다.

부채의 종류로는 신선 세계의 거위 깃털로 만들었다는 제갈공명의 백우선(白羽扇)과 왕건이 고려를 창건하였을 때 후백제 견훤으로부터 선물로 받았다는 공작의 꽁지깃으로 만든 공작선(孔雀扇)을 비롯하여, 중의 머리처럼 동그란 승두선(僧頭扇), 물고기의 머리 모양으로 생긴 어두선(魚頭扇), 얇게 깎은 겉대를 맞붙여서 살을 만든 쥘부채로 접었다 폈다 할 수 있는 합죽선(合竹扇: 접선), 줄기에 얼룩점이 있는 반죽으로 겉대를 만든 반죽선(斑竹扇), 겉대를 붉은 박달나무로 만든 단목선(丹木扇), 겉대에 물들인 뿔을 대고 조각한 채각선(彩角扇), 댓살 수가 많아 둥글고 넓게 펴지는 광변선(廣邊扇) 등 여러 가지 부채가 있으며, 이를 더욱 아름답게 만들기 위해 오색(五色)은 물론 자색과 녹색 등 갖가지 색으로 화려한 부채를 만든다. 이 중에서도 사람들이 선호하는 것은 흰색과 검은색, 그리고 황칠나무의 진을 바르거나 검은 빛깔의 옻을 입힌 황칠(黃漆)·흑칠(黑漆) 부채, 더하여 찢어지거나 젖지 않도록 기름을 바른 부채들이다.

부채의 사용이 일반화되면서 선물로 주고받는 풍속이 생겨났는데, 중국은 당(唐)나라 때로 보고, 우리나라는 고려 시대부터 조선 시대까지 성행하였다. 이로 인해 선물용 부채를 만들게 되었고, 나아가 더 아름답고 마음을 전하는 부채를 만들고자 글과 그림을 넣게 되었다. 글은 학덕이 높은 유명 인사(有名人士)들이 지은 시조나

가사(歌辭)의 일부 또는 자신이 지은 글을 써넣기도 하지만, 그림을 먼저 그려 넣고 그림과 관련 있는 글을 넣는 것이 보편적이다. 그림에는 매화·난초·국화·대나무의 사군자(四君子), 연꽃·모란(목단)·동백·참새·까치·학 등의 화조(花鳥), 춘·하·추·동 사계(四季)의 자연 경관, 물·돌·솔·대·달의 오우가(五友歌)와 관련된 산수(山水), 그 외에 민화(民話)도 그려 넣었다. 이처럼 부채에 그림을 그리게 된 것은, 중국에서 부채를 만드는 장인(匠人)이 황제의 명을 받고 부채에 글씨를 쓰다가 그만 잘못하여 먹물을 떨어뜨렸는데, 어찌할까 고민을 하다가 그 먹물 자국을 이용하여 말과 소의 그림을 그렸더니, "썩 잘 그렸다."고 칭찬을 받은 것이 그 시작이었다고 한다.

합죽선에 고상하고 우아한 멋을 더하는 것은 바로 부채고리에 매어 늘어뜨리는 선추[扇錘, 선초(扇貂)라고도 함]이다. 합죽선에 선추를 다는 풍속은 고려 시대에 중국으로부터 전해진 것이라고 하지만, 선추의 아름다움은 중국보다 낫다고 하였다. 선추는 그 종류가 다양한데, 단단한 나무에 장생문(長生紋: 십장생의 그림)을 조각한 것, 말총을 엮은 것, 그리고 비취·호박·옥·뿔·금·은 등을 깎거나 주조(鑄造)하여 만든 것들이 있다. 쓰임에 따라서는 원판 모양으로 나침반을 넣은 패철선추(佩鐵扇錘), 향(香)을 넣은 발향선추, 인주(印朱)가 들어 있는 인장(印章)선추가 있으며, 원통 모양으로 의료용 침을 넣는 침

합죽선

통(鍼筒)선추, 이쑤시개나 귀이개가 들어 있는 초혜집선추 등이 있다. 하지만 이렇게 아름다운 선추를 아무나 매달고 다닐 수 있는 것은 아니었다. 정3품 이상의 당상관(堂上官)은 돼야 선추를 매달 수 있었다 하니, 선추만으로도 신분을 분별할 수 있었던 것이다.

부채에는 5색풍(五色風)과 8덕(八德)이 있다고 한다. 필자는 2013년 가을 모처럼 단풍 구경도 하고 부채의 5색풍과 8덕도 느껴 볼 겸 하여, 경기도 박물관에서 펼치는 '부채 특별전'을 찾았다. 입구에서부터 고상하고 화려한 온갖 부채들이 나를 기다리고 있었다. 나는 사진으로만 보았던 백우선과 공작선 앞에서 제갈공명과 왕건을 떠올리며 한참이나 서 있었다. 화살표를 따라 발걸음을 옮기니 방마다 벽면과 천장을 가득 메운 부채들이 저마다의 바람을 일으키고 있었으며, 오른편의 커다란 방을 들어서니 부채의 오색 바람이 솔솔 불어오고 있었다.

첫 번째 부는 바람은 고풍(古風: 옛 바람)이었다. 고풍은 부채의 역사를 알려 주는 바람이다. 종이나 비단이 만들어지기 이전에는

백우선   공작선

나뭇잎이나 날짐승의 깃털이 부채의 재료로 사용되었다고 한다. 3,000여 년 전 이집트의 피라미드에서 발견된 부채는 타조의 깃털로 만들어졌으며, 우리나라의 경우 삼한 시대나 고구려 고분의 벽화에 그려진 것도 깃털로 만들어진 부채였다. 지금도 깃털로 만든 백우선과 공작선이 있지만, 그 옛날의 깃털 부채는 지금의 부채와는 달리 더위를 쫓기 위해 부치는 실용성보다도 자신의 지위와 권력을 상징하는 도구로 활용되었다는 것이다.

두 번째 부는 바람은 인풍(人風: 어진 바람)이었다. 인풍은 부채를 통하여 국왕의 덕치(德治)를 알려 주는 바람이다. 조선 시대에는 단옷날이 되면 임금은 신하들에게 단오 부채를 하사하여 그들로 하여금 어진 바람을 일으켜 모든 백성들을 인덕(仁德)으로 다스리라고 하였다. 정조 임금이 하사하는 부채를 받은 정약용이 임금의 깊은 뜻을 알고 목민(牧民)을 위해 헌신한 것처럼, 신하들이 받은 부채에는 덕치가 실현되는 어진 바람이 불고 있었다.

세 번째 부는 바람은 청풍(淸風: 맑은 바람)이었다. 청풍은 부채에 담긴 자연의 멋을 알려 주는 바람이다. 조선 시대에 들어서며 임금은 신하에게 부채를 하사했고, 사대부(士大夫)의 양반층에서는 서로 부채를 선물로 주고받았는데, 부채가 선물용으로 제작되면서 선면화(扇面畵: 부채에 그리는 그림)가 더욱 발달하게 되었다. 부채의 그림은 고려 시대에도 있었으며 솜씨 또한 뛰어났다고 한다. 중국 송(宋)나라의 어느 문인이 말하기를,

"고려의 사신들은 합죽선을 지니고 다녔는데, 그 부채에는 산수(山水)·화조(花鳥) 등을 그려 넣어 참으로 아름답다."

고 하였으며, 특히 고려 부채를 일러 '고려선(高麗扇)'이라고 하

였다는 것이다. 이처럼 아름다운 부채에는 예술품으로서의 가치와 함께 맑고 시원한 바람이 일고 있었다.

네 번째 부는 바람은 미풍(美風: 아름다운 바람)이었다. 미풍은 부채 안에 8덕(八德)의 미풍양속(美風良俗)이 들어 있음을 알려 주는 바람이다. 부채의 8덕은 여름철 뜨거운 햇볕을 가려 주고, 비를 막아 몸을 젖지 않게 해 주며, 외출할 때 얼굴을 가릴 수 있고, 맨땅에 앉을 때 깔개가 되어 주며, 잠잘 때 모기나 파리 같은 벌레를 쫓아 주고, 바람을 일으켜 불을 피워 주며, 의식(혼례·제례) 때 의례품·장식품이 되어 주고, 전통 음악과 춤에서는 긴장감과 화려함과 흥을 북돋워 주는 것이다. 이처럼 부채에는 우리의 생활을 보듬어 주는 8덕의 아름다운 바람이 불고 있었다.

다섯 번째 부는 바람은 신풍(新風: 새로운 바람)이었다. 신풍은 부채가 발전해 가는 모습을 보여 주는 바람이다. 19세기 말엽에 발명된 선풍기가 20세기에 들어서며 일반화되기 시작하였고, 기계 문명의 발달로 선풍기의 보급 속도는 더욱 빨라졌다. 그러나 동력으로 바람을 일으키는 선풍기가 손으로 부치는 부채의 기능을 능가하였다고 하지만, 오히려 부채는 오롯이 아름다운 예술품으로 발전하고 있었다. 부채를 만드는 재질은 다양화되었고, 부채의 모양 역시 크기와 형태가 자연의 아름다움을 닮아 각양각색이었다. 부채에 넣는 글씨와 그림 또한 그 아름다움을 극대화하여, 이제 부채만 바라보아도 몸과 마음이 자연과 하나 되는 느낌으로 즐겁고 행복함을 만끽할 수 있었다.

《계림유사》는 12세기 초 고려 숙종(肅宗) 때 송(宋)나라 손목(孫穆)이 사신과 함께 개성에 왔다가, 당시 고려의 조제(朝制: 조정 제도), 토풍(土風) 등과 함께 고려어 약 360어휘[진태하(陳泰夏)의 《계림유사연구(鷄林類事硏究)》에는 359어휘가 수록되어 있음]를 채록하여, 당시 고려어의 발음을 송나라 시대의 한자음으로 가차(假借)하여 표기한 것이다. 360개 중 우리말의 이해에 도움이 될 만한 것을 발췌하여 몇 개만 예로 든다.

天曰漢捺[천왈한날: (중국 사람들이 말하는) '천'을 (고려 사람들은) '한날(하늘)'이라고 한다.]

雨曰霏(우왈비: '우'를 '비'라고 한다.)

雷曰天動[뢰왈천동: '뢰'를 '천동(천둥)'이라고 한다.]

石曰突(석왈돌: '석'을 '돌'이라고 한다.)

井曰烏沒[정왈오몰: '정'을 '오몰(우물)'이라고 한다.]

犬曰家稀[견왈가희: '견'을 '가희(개)'라고 한다.]

馬曰末(마왈말: '마'를 '말'이라고 한다.)

手曰遜(수왈손: '수'를 '손'이라고 한다.)

冷水曰時根沒[냉수왈시근몰: '냉수'를 '시근몰(식은 물)'이라고 한다.]

弓曰活(궁왈활: '궁'을 '활'이라고 한다.)

이처럼 《계림유사》는 고려 시대의 우리말을 예측할 수 있는 자료이다. 이로 미루어 우리말의 기록은 훈민정음 창제 이후이지만, 우리말의 사용은 그 옛날 한민족(韓民族)이 형성된 때부터라고 해도 틀림이 없을 것이다.

17. 귀신 쫓는 단오 부적(端午符籍)과 단오장(端午粧)

단오 부적은 단옷날 민간 신앙(民間信仰)에 따라 악귀(惡鬼)와 잡신(雜神)을 쫓고 재앙(災殃)을 물리치기 위해, 붉은 글씨로 모양을 묘하고 이상하게 그려서 몸에 지니거나 문과 기둥에 붙이는 종이를 말한다. 같은 풍속으로 부적보다는 조금 큰 종이에 긴 글로 사귀(邪鬼)를 물리친다는 벽사문(辟邪文)을 만들어 집 안에 붙이는데, 이 또한 단오 부적에 속한다.

옛날에는 대궐에서도 단오 부적을 붙이는 풍속이 있었다. 5월 5일은 천중지절(天中之節)이라 하여 관상감(觀象監: 천문·지리·역서 등을 관장하던 관아)에서 붉은색 물감인 주사(朱砂)로 벽사문을 만들어 대궐에 올리면, 대궐에서는 그것을 문설주에 붙여 사악한 귀신을 물리친다고 하였다. 벽사문은 두 장으로 되어 있는데, 그 내용은 다음과 같다. 첫째 장에는,

"천중지절을 맞아 위로는 하늘에서 내리는 녹봉(祿俸)을 받고,

아래로는 땅에서 주는 복을 받아라. 또한 구리로 된 머리와 철로
된 이마에 붉은 입과 붉은 혀를 가진 치우신(蚩尤神)의 404가지
의 병(病)은 한꺼번에 없어져라. 율령(律令)을 따르듯이 빨리빨
리 시행하라."

고 하였고, 둘째 장에는,

"천신(天神)인 갑작(甲作)은 흉측한 놈을 잡아먹고, 성신(星神)인
필위(胇胃)는 호랑이를 잡아먹고, 산신(山神)인 웅백(雄白)은 산
과 못의 귀신을 잡아먹고, 말신[馬神(마신)]인 등간(騰簡)은 상서
롭지 못한 놈을 잡아먹고, 남제(攬諸)란 신은 구(咎: 재앙)를 먹고,
백기(伯寄)란 신은 악몽을 먹고, 강량(强梁)과 조명(祖名)이란 신
은 죄인의 시체에 붙어 있는 잡귀를 잡아먹고, 위수(委隨)란 신은
관(觀: 무덤)에 붙은 잡귀를 잡아먹고, 착단(錯斷)이란 신은 거(巨:
거칠고 나쁨)한 놈만 골라 잡아먹고, 궁기(窮奇)와 등근(騰根)이란
신은 함께 충(蟲: 해충)을 잡아먹듯이, 무릇 이 열두 신[12신은 중
국의 나례(儺禮: 귀신을 쫓는 의식) 행사에 등장하는 신]으로 하여
금 너희(잡귀)들을 잡아먹게 할 터이니 지체 없이 물러가거라."

용 얼굴 무늬 기와

고 써 붙였던 것이다. (위의
내용을 《경도잡지(京都雜誌)》
는 '단오 세시'에 모아 놓고, 《동
국세시기(東國歲時記)》는 '입춘
세시'와 '단오 세시'에 하나씩 나

누어 놓았는데, 필자는 《경도잡지》를 따라 한 곳에 모았다.)

한편 중국 한(漢)나라의 단오절 풍속으로는, 복숭아 인장[桃印 (도인)]을 찍어 악한 기운을 눌러 멈추게 한다고 하였으며, 중국 진(晉)나라의 도사(道士)인 갈홍(葛洪)이 자신의 호와 같은 이름으로 지은 《포박자(抱朴子)》에는 적령부(赤靈符)라는 부적을 만들었다고 전하고 있다. 이 모두가 단옷날의 벽사진경(辟邪進慶: 요사스러운 귀신을 물리치고 경사스런 일을 맞이함)을 위해 행하였던 풍속이며, 우리의 부적을 만드는 풍속도 여기에서 나온 것이라 한다.

그러나 우리나라 부적의 기원(起源)이라고 볼 수 있는 것은 《삼국유사(三國遺事)》 권2 처용랑 망해사(處容郞 望海寺)에 실려 전해 오는 설화(說話)로, 신라 헌강왕(憲康王) 때의 처용(處容)의 화상(畵像: 사람의 얼굴을 그림으로 그린 형상)을 처음으로 보고 있다.

신라 제40대 헌강왕 때의 일이다. 하루는 왕이 개운포(開雲浦)에 놀러 갔다가 돌아올 때, 갑자기 구름과 안개가 하늘을 가려 그만 길을 잃고 말았다. 왕이 괴이하게 여겨 물으니, 일관[日官: 길일(吉日)을 가리는 관리]이 아뢰기를,

　　"이는 동해에 사는 용이 부리는 변괴(變怪)이옵니다. 마땅히
　　좋은 일을 베푸시면 풀릴 것이옵니다."

라고 하였다. 왕은 일관의 말을 듣고 용을 위로하고자 동해 근처에 절을 짓도록 신하에게 명령을 내렸다. 왕의 명령이 떨어지니 언제 그랬냐는 듯 검은 구름이 걷히고 뿌연 안개가 흩어졌다. 그러자 동해의 용이 기뻐하며 일곱 아들을 거느리고 왕이 탄 수레 앞에 나타나서는 왕의 은덕(恩德)을 칭송하며 춤을 추고 노래를

불렀다. 그런 후에 그중 한 아들이 왕의 수레를 따라 경주에 들어와 왕의 정사를 보좌하였는데, 그의 이름을 일러 처용(處容)이라 하였다.

왕은 처용에게 아름다운 여인을 아내로 맞이하게 하고, 그의 마음을 잡아 오래도록 경주에 머물게 하려고 급간(級干)이란 벼슬도 내렸다. 그러나 그의 아내가 너무나 아름다운 나머지 역신(疫神)이 그녀를 흠모하여 사람으로 변신을 하고 밤이 되면 그의 집에 와서 몰래 자고 돌아갔다. 하루는 밖에 있던 처용이 집으로 돌아와 두 사람이 자고 있는 모습을 보았다. 이를 본 처용은 이내 노래를 지어 부르고 춤을 추었는데, 그 노래 내용은 다음과 같다.

"서울(경주) 달 밝은 밤에 밤새도록 노닐다가,

집에 들어와 자리를 보니 다리가 넷이어라.

둘은 내 것이지만 둘은 뉘 것이뇨.

본디 내 것이라도 빼앗긴 것을 어찌 하리오."

노래가 끝나자, 역신은 본래의 형체를 드러내고 처용 앞에 꿇어앉아 머리를 조아리며 말하였다.

"제가 공의 아내를 탐하였음에도 공은 노여움을 보이지 않으시니, 그 넓은 아량에 그저 탄복할 뿐입니다. 맹세하건대, 오늘 이후로는 공의 얼굴 형상을 그린 그림만 보아도 그 집에는 절대로 들어가지 않겠습니다."

이로 인하여 나라 사람들은 문마다 처용의 얼굴 형상을 그려 붙여서 사악함을 물리치고 경사스러운 일을 맞았다.

고 하였다. 따라서 이것이 부적의 효시(嚆矢)가 되었고, 이때 처용

처용무와 처용탈

이 불렀던 노래를 처용가(處容歌)라 하며, 처용이 추었던 춤이 처
용무(處容舞)의 시작이었다고 한다.

넓은 의미에서의 부적은 악귀를 몰아내는 벽사문만 있는 것이
아니라 복을 바라는 부적도 있다. 입춘에 써 붙이는 '입춘대길 건
양다경(立春大吉 建陽多慶)'과 같은 춘련(春聯)도 그중 하나가 될 수
있고, 중국에서 전해 온 풍속으로 '福(복)'자를 거꾸로 붙여 놓고 복
이 쏟아져 들어오기를 바라는 것도 있다. 이처럼 악귀를 몰아내거
나 복을 불러들이는 부적을 만들 때는 우선 택일을 하고, 목욕재계
(沐浴齋戒)도 해야 하며, 만든 후에는 계속적인 주술이 있어야 효험

이 있다고 한다. 또한 부적을 만들 때 사용되는 색채에는 황색(黃色), 주색(朱色: 누런색이 조금 섞인 붉은 빛깔), 적색(赤色)이 있는데, 황색은 광명을 뜻하는 색으로 악귀가 가장 싫어하는 빛깔이고, 주색은 무속 신앙에서 귀신을 쫓는 힘을 가진 빛깔이며, 적색은 생명을 상징하는 것으로 정화(淨化)의 능력이 있는 빛깔이라고 한다.

단오 부적과 더불어 단옷날 사악한 귀신을 쫓는다는 풍속으로 여인들이 치장을 하였는데, 이를 단오장(端午粧) 또는 단오빔(端午-)이라고 한다. 옛날부터 전해 오는 풍속에, 단옷날이 되면 소년 소녀들은 창포를 끓인 물로 세수를 하고 붉은색이나 녹색의 새 옷을 입으며, 부녀자들은 창포물에 머리를 감고 창포 뿌리를 깎아 비녀를 만들어 쪽에 꽂는다. 더러는 비녀의 끝부분에 '수(壽)'자나 '복(福)'자를 연지로 붉게 새기기도 하지만, 이것들 모두가 쪽에 꽂아 전염병을 몰아낸다는 단오장이다.

중국에도 단오절 풍속이 있는데, 중국의 풍속을 기록한《형초세시기(荊楚歲時記)》에는 다음과 같은 이야기들이 전한다.

한(漢)나라 사람 대덕(戴德)이 편찬한 유교 경전의 하나인《대대례기(大戴禮記)》에는 '5월 5일에 축란(畜蘭: 난을 모아 우린 물)으로 목욕을 한다.'고 하였으며, 역시 한나라 사람 유향(劉向)이 초(楚)나라 굴원(屈原)이 남긴 사부(辭賦: 산문처럼 길게 쓴 운문)와 그 제자들의 작품을 모아 엮은《초사(楚辭)》에는, '난탕(蘭湯: 난을 우린 물)에 목욕하고, 방화(芳華: 향기로운 꽃물)에 머리를 감는다.'고 하였다. 그러면서 이를 일컬어 욕란절(浴蘭節)이라고도 하고 또는 단오(端午)라 한다.

고 하였다. 또한 중국 송(宋)나라 사람 여희철(呂希哲)이 쓴《세시잡기(歲時雜記)》에는, "단옷날이 되면 창포와 쑥의 뿌리를 예쁘게 다듬어 작은 인형이나 조롱박 모양을 만들어 몸에 차고 다니는데, 이로써 액(厄: 재앙)을 물리친다."고 하였다.

윗글을 살펴볼 때, 단오절을 맞아 창포물이나 난초물을 만들어 몸을 씻고, 창포 뿌리나 쑥 뿌리로 비녀·인형·조롱박과 같은 조각품을 만들어 머리에 꽂거나 몸에 지녀 전염병과 재앙을 면하고자 하는 풍속은 우리와 중국 모두 인지상정(人之常情)인 것이다. 한 가지 다른 점이 있다면, 우리는 비녀를 만들어 머리에 꽂고, 중국은 인형이나 조롱박을 만들어 몸에 차는 것이다. 우리의 관습은 머리카락으로 쪽을 찌기 때문에 비녀를 꽂을 수 있지만, 중국은 쪽을 찌지 못하고 머리카락을 땋기 때문에 인형이나 조롱박을 몸에 지닐 수밖에 없는 것이다.

옛날 우리 조상들은 악귀가 전염병을 퍼뜨린다고 믿어 왔다. 단오절은 여름이 시작되는 계절로 각종 전염병이 극성을 부리기 시작한다. 따라서 건강에 도움이 된다는 창포물에 몸을 씻어 병마(病魔)를 물리치고, 붉은색의 창포 비녀를 꽂아 악귀를 쫓는다는 풍속을 따랐던 것이다. 실제로 창포물에 머리를 감으면 머리카락에 윤기가 나고 은은한 향기가 풍긴다. 또한 흰머리가 줄고 머리숱이 는다고 한다. 얼마 전만 해도 어머니들이 어린 자녀의 건강을 위해 창포 잎을 베개 밑에 깔기도 했다 한다. 쑥도 그러하지만, 창포는 우리 풍속과 참으로 깊은 인연을 맺고 있는 풀이다.

18. 고려기高麗技라고 하는 씨름

단오절의 대표적인 민속놀이로 여자들에게 그네뛰기가 있다면 남자들에게는 씨름이 있다. 씨름은 '겨루다'의 방언인 '시루다'의 명사형 '시룸(시룸〉시름〉씨름)'에서 그 어원을 찾을 수 있다고 하는데, 이 놀이는 두 사람이 샅바를 대퇴부(넓적다리)와 허리에 걸어 묶고 서로 잡아 힘을 쓰거나 기술적으로 상대를 땅에 넘어뜨리는 우리 고유의 놀이로서 각희(角戲) · 각력(角力) · 각저(角抵)라고도 한다. 원래 각희는 옛날 놀이의 한 가지로, 두 사람이 씨름을 하듯이 맞붙어 힘을 겨루거나 활쏘기, 말 타기 등 여러 가지 기예를 겨루는 것들을 통틀어 일컫는 말이었다. 그것은 각희(角戲)의 각(角) 자가 '뿔 각'자로, 짐승의 뿔을 본 뜬 글자이면서 '뿔을 붙잡다'는 의미에서 '제어하다' 또는 '겨루다' 등의 뜻으로 사용되기 때문에 각희도 씨름처럼 승부를 겨루는 놀이를 뜻하는 것이다.

우리나라의 씨름은 상고(上古) 시대부터 나라 안 어느 곳에서나 활기차게 행해진 풍속이라고 하는데, 4세기경으로 보이는 고구려의 고분(古墳) 벽화에는 한 사람은 서서 심판을 보고 두 사람이 맞붙어서 씨름을 하는 그림이 있다. 고구려 사람들이 씨름하는 모습을 무덤 속의 벽화에 그린 것을 보면 당시 많은 사람들이 씨름을 즐겼음을 미루어 짐작할 수 있으며, 이미 씨름이 삼국 시대는 물론 그 이전에도 존재했었음을 알 수 있겠다.

또한 씨름에 대하여《고려사(高麗史)》에 나타난 것을 보면,

"고려 제28대 충혜왕(忠惠王)은 1339년 봄을 맞아 나랏일은 아침이나 하는 신하에게 맡기고 내시들과 더불어 씨름을 하여 상하를 가리는 예(禮)가 문란했을 정도라 하였다. 1343년 11월에는 원(元)나라에서 보내온 환관(宦官: 내시)과 함께 시장의 다락에 걸터앉아 씨름놀이를 구경한 후, 용사들에게 많은 베를 상으로 주었다."

고 하였다.

한편 조선 시대의《세종실록(世宗實錄)》에 의하면,

"세종 12년 12월에 상청(尙聽)이란 승려가 양복산이란 자와 상대하여 씨름을 하다가 그만 양복산이 죽었다. 법률에 따르면 상대방을 죽게 하였으므로 마땅히 교수형(絞首刑)에 처해야 하지만, 경기 중에 일어난 일임을 참작하여 한 등급만을 강등시키고 죽은 사람의 장례비를 부담하라고 명하였다 한다. 또한 세종 13년 3월에는 임금이 친히 경회루 북쪽에 자리를 잡고 앉아서 종친(宗親)들의 활쏘기를 구경하고, 안사의(安思義)를 포함한 역사들에게 씨름을 시키고 결과에 따라 차등을 두어 상(賞)을 주었다."

고 하였다.

옛날부터 매년 단오절이 되면 서울은 물론 시골에서도 소년은 소년들끼리 장년은 장년들끼리 각각 승부를 겨루는 씨름 대회 풍

단원 김홍도의 '씨름도'

속이 있었다. 씨름은 민속놀이 중 하나라고 하지만, 놀이라기보다는 체력을 증진시키고 무예를 숭상하는 상무(尙武) 정신을 드높일 수 있는 좋은 운동이라 하였다. 특히, 씨름은 병사(兵士)들의 훈련 과정에서도 수시로 행해졌으며, 적과 일대 일로 싸우는 경우를 대비하기 위해서도 씨름의 연마(研磨)는 필수 조건이었다. 그러므로 단오제(端午祭)를 거행하고 그 제전(祭殿: 제사를 지내는 전당) 앞에서 무예(武藝) 중 하나인 씨름을 겨루게 한 것은 병사들의 훈련으로도 좋은 세시 풍속이었던 것이다.

또한 씨름 대회에서 장원한 사람에게 장사(壯士)란 칭호를 내려 무인(武人)으로 기용했던 일은 이미 삼국 시대의 풍속이었다. 고대의 전쟁사(戰爭史)에 나오는 이야기 속에, "동이족(東夷族: 중국 사람들이 우리나라 사람들을 일컫는 말)은 한 명이 수백 명의 적을 상대하여 싸웠다."고 하였는데, 이것은 우리나라 사람들이 창검술도 능숙하였거니와 씨름을 통하여 체력을 연마한 것이 그 요인이었다고 한다. 따라서 중국 사람들은 우리의 씨름 풍속을 본받아 가면서 우리의 씨름을 일컬어 고려기(高麗技: 중국 사람들이 씨름을 우리나라에서 비롯된 운동이라는 뜻으로 일컫던 이름) 또는 요기(撩技: 재주를 부리는 기술)라고 한 것을 보면, 씨름은 옛날부터 전해 오는 우리나라 고유의 민속놀이였음을 알 수 있는 것이다.

씨름의 근원(根源)은 원시 사회에서 맹수나 다른 종족들과의 싸움에서 이겨야만 살아남을 수 있었기에, 필사적인 생활 수단으로서의 격투기(格鬪技)이면서 자신을 상대방으로부터 보호하는 호신술(護身術)이 그 시작이었음을 미루어 짐작할 수 있겠다. 이러한 씨름이 농경 사회가 시작되면서 풍년 기원과 추수 감사를 위한 제례 행사(祭禮行事) 후 여흥(餘興)을 즐기는 놀이로 발전되기도 하였다.

음력 5월 5일 단오절이 되면 남정네들은 이웃 간 또는 마을 간에 힘을 자랑하는 시합으로 모래땅이나 잔디밭에 모여 씨름을 하였다. 또한 음력 7월 보름인 백중날, 8월 보름인 추석 명절, 9월 9일인 중양절이 되면, 각 지방에서 힘깨나 쓴다는 장사들이 모여들어 자신은 물론 자기 고장의 명예를 걸고 수많은 관중에 둘러싸여 힘과 기량(技倆)을 겨루어 천하장사를 가려내었다. 마지막 승자(勝者)에게는 황소 한 마리가 상(賞)으로 주어졌는데, 아마도 옛날에는 씨름을 즐기는 사람들이 대부분 농민이었고, 또한 우리나라는 농업을 숭상하는 관습이 있어 황소가 농사일에 가장 긴요하게 쓰일 수 있었음은 물론, 농촌에서 기르는 가축 중에 가장 힘센 동물이 황소였기 때문으로 보인다. 이러한 풍속이 지금까지 이어져 요즈음 씨름 대회의 우승자에게는 황소 모양의 트로피가 수여되고 있는 것이다.

씨름은 두 사람이 서로 겨루어 발을 제외한 몸의 일부가 땅에 먼저 닿는 사람이 진다는 단순한 규칙의 경기지만, 온몸의 근육과 다양한 기술을 활용하기 때문에 고도의 정신력과 끈질긴 인내력, 그리고 강인한 체력이 겸비돼야 승자가 될 수 있는 운동이다. 씨름장의 규격은 지름이 8m인 원형의 모래판에, 높이는 70cm 이상이 되어야 하며, 모래의 깊이는 25~30cm 사이로 한다. 샅바는 광목으로 만든 띠를 말하는데, 예전에는 흑색과 백색으로 구분하여 사용하다가 1983년 제1회 천하장사 씨름 대회 때부터 청색과 홍색으로 바꿔 사용하게 되었다. 이는 우리나라를 의미하는 태극 문양을 상징적으로 나타냄으로써 씨름이 우리 고유의 전통적 민속놀이임을 나타내고자 하는 의도가 담겨 있는 것이다.

씨름의 기술은 크게 3가지로 손 기술·허리 기술·다리 기술이 있으며, 이에 속하는 부분적 기술은 100여 가지가 넘는다고 한다. 그중 기본적인 동작 몇 가지만 소개한다.

손 기술에 속하는 것으로는, 상대와 서로 어깨를 맞대고 대치하다가 별안간 맞닿은 어깨를 떼는 동시에 앞으로 쏠린 상대의 오른쪽 무릎을 오른손으로 치면서 오른쪽으로 돌려 넘어뜨리는 앞무릎치기, 상대의 윗몸을 왼쪽으로 밀면서 오른손으로 상대의 왼쪽 오금(무릎 반대편의 오목하게 구부러지는 부분)을 당기면서 밀어 넘어뜨리는 뒷무릎치기, 상대의 두 무릎이 굽어 있을 때 두 손으로 상대의 오금을 두 다리 사이로 끌어당겨 넘어뜨리는 오금당기기 등이 있다. 또한 허리 기술에 속하는 것으로는, 샅바를 힘껏 쥐고 상대를 앞으로 당겨서 배와 왼쪽 허리로 들어 올려 오른쪽 옆으로 돌려 넘어뜨리는 배지기, 왼쪽 엉덩이를 상대의 배 밑 깊숙이 들이대고 오른쪽으로 돌며 들어 넘어뜨리는 엉덩배지기, 상대의 샅바를 잡고 배 위까지 들어 올린 다음 몸을 돌려서 넘어뜨리는 들배지기 등이 있다. 다음으로 다리 기술에 속하는 것으로는, 오른쪽 다리로 상대의 다리를 밖으로 걸어 앞쪽으로 당기면서 상대의 중심이 뒤쪽으로 기울도록 밀어 넘어뜨리는 밭다리 걸기, 자신의 오른쪽 다리로 상대의 왼쪽 다리를 안쪽으로 감아 끌면서 어깨와 가슴으로 상대의 상체를 밀어 넘어뜨리는 안다리 걸기, 상대를 들었다 놓는 순간 상대의 발이 땅에 닿기 전에 발뒤꿈치로 상대의 오른쪽 발목을 안으로 걸어 당기면서 상대의 상체를 왼쪽으로 밀어 넘어뜨리는 호미걸이 등이 있다. 그리고 이러한 3가지 기술을 섞어서 쓰는 자반뒤집기, 차돌리기, 잡채기 등의 혼합 기술도 있다.

요즘에는 여성 씨름 선수도 등장하지만, 예전의 씨름은 남성들끼리 겨루는 놀이로서 국가의 제례 의식이나 민족의 세시 행사에 빠짐없이 등장한 우리 고유의 민속놀이였다. 그러나 씨름이 근래에 와서 예전만큼 큰 인기를 누리지는 못하고 있지만, 씨름에 관련된 여러 단체에서 씨름을 계승·발전시키기 위해 많은 노력을 기울이고 있다. 우리 고유의 민속놀이인 씨름이 우리 국민의 깊은 관심 속에 더욱 발전하기를 기원해 본다.

일반적으로 동이족(東夷族)을 일러, '중국 사람이 우리나라 사람을 일컫는 말'이라고 풀이하지만, 동이족의 '夷(이)'는 원래 '大(큰 대)'와 '弓(활 궁)'이 결합하여 만들어진 글자로 '동쪽에 있는 군자(君子)의 나라 사람'이란 뜻이었다. 그런데 후에 중국 사람들의 중화사상(中華思想: 중국 민족이 자기네 나라는 세계의 중앙에 위치한 가장 문명이 발달한 나라이고, 주변국은 오랑캐라고 얕잡아 보는 중국의 우월주의)에 의해 '오랑캐'의 뜻으로 변해 '오랑캐 이'자가 되었다. 하지만 '오랑캐'의 뜻 이외에, '평평하다, 크다, 기쁘다, 베풀다'의 뜻도 가지고 있음으로 보아, '夷(이)'자가 처음에는 좋은 뜻으로 사용되었음을 미루어 짐작할 수 있겠다.

또한 일부 사람들은 '夷(이)'를 '一(한 일)'+'弓(활 궁)'+'人(사람 인)'이 결합된 글자라고 하면서, '활 잘 쏘는 사람' 곧 우리나라 사람을 뜻하는 것이라고 하였다. 그래서인지는 몰라도 우리나라 양궁 선수들이 세계 양궁을 제패하는 것은 다 그럴만한 이유가 있는 듯하다.

19. 어머니를 이롭게 하는 익모초益母草

우리나라에 현대 의학이 들어오기 이전에는 한의(韓醫)가 있었지만, 일반 서민층에서는 한의보다도 일상적인 생활 주변에서 약초를 구해 치료하는 민간요법(民間療法)에 더 많이 의존했었다. 그 중 하나가 익모초였는데, 우리나라의 부녀자들이라면 익모초 달인 물을 몇 번씩은 먹어 보았을 것이다. 익모초는 특히, 산모(産母)에 유익하다고 하며, 어두운 눈도 밝게 한다고 하여 조선 시대에는 '암눈비앗'이라 하였고, 고려 시대에는 '목비야차(目非也次)'라고도 하였다 한다.

익모초 꽃

풍속지(風俗誌)에 의하면, 사람들은 매년 단옷날이 되면 정오(正午)를 즈음하여 익모초를 꺾어서 말려 두었다가 약으로 쓰는데, 그중에 음건(陰乾: 그늘진 곳에서 말림)한 것이 가장 효험이 있다고 하며, 지금도 시골에는 단오절을 맞아 쑥과 더불어 익모초를 넉넉히 채취하여 말리는 관

익모초

습이 남아 있다. 이처럼 익모초는 여러 가지 병을 낫게 하는 약초라 하여 쑥과 함께 상비(常備)하는 풍속이 전하는데, 하지(夏至) 이전 양(陽)의 기운이 왕성할 무렵에 따 들인 약초는 온갖 병을 쉽게 다스리며, 더위를 먹은 병에도 효과가 있다고 한다.

익모초의 약효(藥效)에 대한 이야기는 오랜 세월 동안 많은 사람들의 입에 오르내리며 동화 같은 이야기로 꾸며져 전해 온다. 여기서는 산모와 관계있는 이야기 2가지만 소개해 본다.

그 하나는 홀어머니를 모시고 사는 효성이 지극한 아들의 이야기다.

옛날 어느 마을에 어머니와 아들이 살고 있었다. 어머니는 아들을 낳고는 산후 조리를 제대로 못하여 늘 뼈마디가 쑤시고 아랫배가 아팠지만, 집안 형편이 넉넉하지 않아 약 한 첩도 써보지 못하였다. 어려서부터 어머니에 대한 효심이 지극했던 아들은 어머니의 병이 항상 마음에 걸려 며칠을 밤늦도록 일을 해 간신히 약 두 첩을 살 수 있는 돈을 마련하였다. 두 첩의 약을 구해 달여 먹은 어머니는 얼마 동안은 병이 낫는 듯싶더니 다시 아프기 시작했다. 약을 더 짓기가 어려웠던 아들은 자신이 직접 약을 구해보리라 마음을 먹고 약초를 캐러 산에 올랐다. 배고픔도 잊은 채 하루 종일 온 산을 헤맸지만, 어머니의 병을 고칠 약초는 구할 수가 없었다. 지친 몸을 나무에 기대어 잠시 쉬는데 약초를 구할 좋은 꾀가 번뜩 머리를 스쳤다.

'그래! 의원의 뒤를 몰래 따라가 의원이 캐는 약초를 알아내는 거야.'

아들은 단걸음에 집으로 달려와서는 어머니에게 말하였다.

"어머니, 제가 어머니의 약을 구하러 며칠 동안 집을 떠나야 할 것 같습니다. 며칠만 참고 기다려 주십시오."

하였다. 아들은 약초를 캘 준비를 하고 이웃 마을의 의원 집 대문이 잘 보이는 곳에 숨어서 의원이 약초를 캐기 위해 집을 나서기만을 기다리고 있었다. 아들이 오랫동안 의원 집을 지켜 본 일이 헛되지 않았다. 드디어 의원이 약초를 캐 담을 망태기를 어깨에 걸어 메고 집을 나서는 것이 아닌가. 아들은 의원이 눈치를 채지 못하도록 멀찍이 떨어져서 뒤를 밟았다. 의원은 산을 한참 오르더니 풀이 우거진 곳에서 발을 멈추고 주변을 한번 살핀 다음, 망태기에서 호미를 꺼내 무엇인가를 열심히 캐서 뿌리째 망태기에 담는 것이었다. 그리고는 발걸음을 재촉하여 단숨에 산을 내려갔다. 아들은 의원이 멀리 사라진 것을 확인하고는 의원이 찾았던 풀숲으로 급히 달려갔다. 의원이 무엇인가를 캔 흔적은 있는데 막상 무엇을 캤는지를 알 수가 없었다. 아들은 주변을 열심히 살펴보다가 3방향으로 갈라진 잎이 몇 개 떨어져 있는 것을 발견하였다. 그 잎을 한 개 주워 먹어보니 여간 쓴 것이 아니었다. 아들은 순간적으로 이것이 약초란 것을 알아차렸다. 아들은 잎의 모양이 같은 약초를 골라 듬뿍 캐어 집으로 돌아왔다. 집에 돌아온 아들은 우선 약초를 달여 어머니에게 드렸다. 그리고 캐 온 약초의 반은 뜰에 심고 나머지는 말려 가며 어머니에게 꾸준히 달여 드렸다. 어머니는 아들이 달여 준 약을 먹으면서 차차 몸이 나아지더니, 마침내 건강한 몸으로 회복되었다. 어머니는 아들에게,

"네 효성이 지극하여 하늘이 내 병을 낫게 해 주었구나."

하며, 아들을 끌어안고 기뻐하였다. 아들은 뜰에 심은 약초를 바라보며 무엇이라고 이름을 지을까 고민하다가, '우리 어머니의 병을 낫게 한 이로운 풀이니 익모초(益母草)라고 하는 것이 좋겠다.'고 생각하여 익모초라 하였는데, 이후 모든 사람들도 따라서 이 약초를 익모초라고 불렀다 한다.

또 하나는 시집을 간 처자(處子)의 이야기인데, 이는 '나무꾼과 선녀'처럼 보은(報恩)을 주제로 한 이야기로 우리나라에도 많이 회자(膾炙)되고 있지만, 중국에도 이와 비슷한 이야기가 전한다고 한다. 중국 명(明)나라의 《본초강목(本草綱目)》(1,800여 종의 약초를 분류해서 형상·처방 등을 적은 약학서)에 익모초에 대한 기록이 있는 것으로 보아, 중국에서도 익모초가 약초로 쓰였음을 미루어 짐작할 수 있겠다. 따라서 이번에는 중국에 전한다는 이야기를 소개해 본다.

푸른 바다가 내려다보이는 중국 대고산 자락에 마을 사람들의 칭송이 자자한 수려하고 예쁜 수랑이란 마음씨 고운 처자가 살고 있었다. 나이가 찬 수랑은 시집을 가게 되었고 얼마 안 되어 아이를 갖게 되었다. 그러던 어느 날 수랑이 베틀에 앉아 열심히 베를 짜고 있었는데, 별안간 상처를 입고 피를 흘리는 노루 한 마리가

집 안으로 뛰어들어 왔다. 문밖을 내다보니 멀리서 활을 든 사냥꾼이 달려오고 있었다. 수랑은 가슴이 뛰어 어찌할 바를 모르고 서 있는데, 상처를 입은 노루는 그 큰 눈을 끔벅이며 애처로운 눈빛으로 수랑을 바라보고 있었다. 수랑은 정신을 가다듬고 급히 노루를 베틀 의자 밑에 감춰 놓고, 아무 일도 없었던 듯 태연하게 의자에 앉아 베를 짜기 시작했다. 잠시 후 숨을 헐떡거리며 사냥꾼이 달려왔다. 사냥꾼은 수랑에게,

"혹시 부상을 입은 노루 한 마리를 못 보았소?"

하며 물었다. 수랑은 먼 산을 가리키며,

"웬 노루 한 마리가 급히 저 산으로 달아나는 것을 보았습니다."

하니, 사냥꾼은 뒤도 돌아보지 않고 산을 향하여 내달렸다. 수랑은 사냥꾼이 멀리 사라지자, 노루를 꺼내어 반대편으로 달아나게 하였다.

몇 달의 세월이 흐른 후, 수랑은 달이 차서 아이를 낳게 되었는데 그만 불행하게도 난산(難産)이었다. 의원을 부르고 온갖 약을 써 보았지만 시간이 갈수록 산모의 생명은 점점 위험한 상황에 이르렀다. 가족들은 진땀을 흘리며 축 늘어져 있는 수랑을 안타깝게 바라볼 뿐, 산모를 위해 해 줄 것이라고는 아무것도 없었다. 바로 그때 문밖에서 무슨 소리가 들리는 것 같았다. 문을 열어 보니 노루 한 마리가 한 움큼의 풀을 입에 물고 방 쪽을 향하여 서 있는 것이 아닌가. 노루는 바로 몇 달 전에 수랑이가 살려 준 그 노루였다. 노루는 입에 물고 온 풀을 마당에 내려놓고는 인사를 하는 시늉을 하더니 급히 대문 밖으로 사라졌다. 수랑의 남편은 분명 노루가 보은(報恩)의 뜻으로 가져 온 약초라 생각하고 정성껏 달여 수랑에게 먹였다. 노루가 가져다 준 약초를 먹은 수랑은 언제 아팠냐는 듯이 통증이 가시고 건강을 되찾아 무사히 수랑을 닮은 예쁜 아이를 낳을 수 있었다. 이 이야기가 전해지자 많은 여인들이 이 약초를 구해 먹고 병을 고쳤는데, 이로 인하여 이 약초가 아이를 낳는 산모들에게 유익한 풀이라 하여 익모초(益母草)라 하였다는 이야기다.

20. 농악^{農樂}의 뿌리는 굿이다

농악은 농촌에서 명절 때나 여러 사람이 모여 노동을 할 때, 흥을 돋우기 위해 나팔·징·꽹과리·북 등을 불거나 치면서 연주하는 우리 고유의 음악이다. 이것은 옛날부터 벼농사를 많이 짓는 중부와 남부 지방에 전해 내려온 풍속으로, 주로 농번기에 성행하였다.

농사일이 시작되면 각 마을마다 농부들은 농악대를 편성한다. 농악대는 긴 장대에 꿩장(깃대의 꼭지 위에 꿩의 깃털을 꽂은 것으로, 꿩장목이라고도 함)을 꽂고, 넓고 긴 천에 '農者天下之大本(농자천하지대본: 농사는 세상 사람들의 삶에 가장 큰 근본이다.)'이란 글씨를 크게 써서 장대에 묶어 만든 농기(農旗)를 앞세우며, 소고·나팔·북·꽹과리·징 등을 치면서 연주한다.

또한 농악대의 대원이 된 사람들은 일치단결하여 대원간의 농사일을 차례대로 해 나가는데, 이렇게 순서에 따라 일을 하면서 일을 끝낸 논밭에서 다시 일이 시작되는 논밭으로 이동을 할 때, 그리고 하루의 농사일을 마무리하고 집으로 돌아오면서 대원들은 농악을

서창 만드리 풍년제(농악)

연주하며 농부가를 부르고 흥겹게 춤을 춘다. 이렇게 하는 것을 일
컬어 농부놀이라 하고, 이때 여러 가지 악기로 연주하는 것을 농악
이라고 한다.

　이러한 농악의 풍속은 옛날 삼한(三韓: 상고 시대에 우리나라 남쪽
에 있었던 세 나라, 마한·진한·변한을 말함) 시대의 농경 사회에서 농
작물을 파종하고 땀 흘려 얻은 수확에 대한 기쁨과 그 감사함을 춤
과 노래로 즐겼던 5월제와 10월제, 그리고 예의 무천(舞天), 부여의
영고(迎鼓), 고구려의 동맹(東盟) 등의 제천 의식(祭天儀式)이 고려
와 조선 시대를 거쳐 오늘에 이르는 동안, 시대에 따라 변천을 거
듭하며 지금의 농악이 만들어진 것으로 보고 있다. 따라서 농악은
원시 종합 예술(原始綜合藝術)의 성격을 갖고 있는 '굿'에서 그 뿌리
를 찾아볼 수 있겠다.

　우리의 굿에는 여러 가지 요소들이 혼합되어 있는데, 우선 굿은
제례 의식(祭禮儀式)을 내포하고 있으면서 놀이의 기능도 가지고

있다. 그러므로 민간 신앙에서의 굿을 생각한다면 그것은 기복(祈福: 복을 빎)이라 하여 원시적 종교이거나 미신이라 여겨지지만, 사람들이 모여 즐겁게 노는 유희적(遊戲的) 개념으로 바라본다면 굿은 놀이를 통한 희열(喜悅)과 만족(滿足)과 정화(淨化: 카타르시스)의 기능으로 받아들여지게 된다. 다시 말하면 우리의 굿은 무속(巫俗: 무당들의 풍속) 현상에 이르기도 하지만, 한편으로는 유희(遊戲) 현상인 놀이 과정이라고도 볼 수 있는 것이다.

일반적으로 굿에는 열두 절차가 있는데, 이는 너무 복잡하여 대개는 기본적인 다섯 절차로 행하는 편이다. 이 다섯 절차의 굿거리는 다음과 같이 그 자체가 놀이 과정이 되기도 한다.

첫 번째는 부정(不淨)으로, 부정한 것을 몰아내고 신성(神聖)을 불러들이는 부정놀이 과정이다.

두 번째는 영신(迎神)으로, 초청한 신(神)을 정중하게 맞아들이는 영신놀이 과정이다.

세 번째는 오신(娛神)으로, 정중하게 모신 신(神)을 노래와 춤으로써 즐겁고 기쁘게 해 드리는 오신놀이 과정이다.

네 번째는 공수(무당이 원한을 품고 죽은 사람의 넋풀이를 할 때, 죽은 사람의 뜻이라고 하면서 전하는 말)로, 오신놀이로 만족해하는 신(神)의 이름으로 신탁[神託: 신(神)이 사람(무당)을 매개자로 하여 그의 뜻을 나타내거나 인간의 물음에 대답하는 일]을 하는 공수놀이 과정이다.

다섯 번째는 뒷전(무당굿의 마지막 거리)으로, 신(神)과 그 수행원들을 보내드리는 뒷전놀이 과정이다.

이 다섯 단계가 합하여져 굿을 이루는데, 이러한 굿이 제사의 절차를 따를 때는 순서에 맞는 과정으로 이루어지지만, 단순한 놀이 과정으로 본다면 다섯 단계의 놀이 하나하나가 그대로 각각의 놀이가 되면서 나아가 독립된 놀이 형식으로 자리를 잡게 되는 것이다. 아마도 굿의 5단계 중 세 번째 과정인 오신(娛神)놀이가 농악놀이와 그 놀이 과정이 유사한 것으로 보아 밀접한 관련이 있어 보인다.

농악놀이 형식을 빌려 이루어지는 굿에는 동신제(洞神祭)라는 마을굿을 비롯하여 걸립(乞粒)굿, 두레굿, 판굿이 있는데, 그들의 특징을 살펴본다.

마을굿은 말 그대로 마을의 안녕과 풍요(豊饒)를 신(神)에게 비는 굿으로, 마을신을 모신 당(堂: 당집)에서 이루어지기 때문에 당굿 또는 당산굿(堂山-)이라고도 한다. 마을굿을 농악으로 할 때에는 농악대와 마을 사람들이 서낭대[신이 내린 기둥, 지역에 따라서는 농기(農旗) 또는 영기(令旗)로 대신함]를 앞세우고 농악을 치며 당(堂)으로 들어간다. 당 안에서는 한 줄로 늘어서서 상쇠(꽹과리를 제일 잘 치는 사람) 가락에 맞추어 절을 하고 한바탕 농악을 연주한다. 당굿이 끝나면 서낭신이 내린 서낭대를 앞세우고 농악을 치면서 마을을 도는데, 먼저 관청(官廳)이나 공동 우물 등 공공시설을 들른 후에 집돌이를 한다. 이들이 집을 방문하면 집주인은 천(피륙)을 걸어 주고 돈이나 쌀을 내어 답례를 한다. 이렇게 농악을 연주하며 당에서 시작하여 마을을 돌면서 마을 사람들의 안녕과 풍년을 기원하는 굿이 마을굿이다.

걸립굿은 마을의 공금(公金)을 마련하기 위해 마을 사람들을 중심으로 두레패를 조직하여 집돌이를 하며 쌀이나 돈을 거두는 굿

평택 농악 연희 모습

이다. 걸립굿으로 모아진 공금의 사용 목적은 마을 사람들이 다닐
수 있는 절을 짓거나 혹은 보수를 하도록 마을의 공동 명의로 시주
(施主)를 하기도 하고, 마을에 서당을 짓거나 운영하는 데 쓰이기
도 하며, 지역에 따라서는 나룻배 또는 다리를 만들거나 보수를 하
는 데 사용되기도 한다. 그 외에도 마을 사람들에게 공동으로 필요
한 일이 생기면 걸립굿을 하여 필요한 경비를 거두어 마을의 발전
에 기여하는 것이다. 하지만 걸립굿은 몇몇 사람들이 조직한다 하
여 이루어지는 것은 아니다. 마을 어른들에게 미리 허락을 받아야
한다. 어느 지역에서는 마을 어른들이 걸립굿을 허락할 경우에는
갈퀴를 들고 나오고, 거절할 경우에는 빗자루를 들고 나오는 풍속
이 있다고 한다.

　두레굿은 농촌에서 농사일을 공동으로 하면서 모내기·김매기·
풀베기·벼베기 등 힘든 일을 할 때, 농민들의 피로를 덜어 주고 일

의 능률을 높이기 위해 농악을 치는 풍물굿이다. 두레굿은 농기(農旗)와 두 개의 영기(令旗)에 꽹과리·징·북·장구로 구성되는데, 농기는 긴 대나무 위에 꿩장을 꽂고 '農者天下之大本(농자천하지대본)'을 길게 내려쓴 천을 매단 것이며, 영기는 농기보다 작은 깃발에 '令(령)'자를 쓴 것이다. 두레패는 꽹과리재비·북재비·장구재비·징잡이를 각각 한 사람씩 편성을 한다. 이렇게 편성하고 두레굿을 할 때면 농기나 영기를 언덕이나 논둑에 세워 놓는데, 지나가는 나그네라 하더라도 농기와 영기에 예(禮)를 갖추고, 덕담(德談)도 한 마디 하고 떠나는 것이 당시의 풍속이었다. 두레굿은 논밭에서 일할 때 치는 농악이지만, 농사일을 마치고 마을로 돌아올 때 논밭의 주인을 황소에 태우고 돌아오면서 농악을 치기도 한단다.

판굿은 농악을 치는 굿패들이 마을굿을 할 때 당(堂) 앞에서 벌이는 굿판과 집돌이 때 방문한 집에서 행하는 마당밟이 등 걸립패들이 집돌이를 끝내고 마을 공터에서 한바탕 벌이는 굿판에서 생겨난 굿이다. 마을굿이나 걸립굿이나 두레굿은 목적에 따라 농악이 이루어지지만, 판굿은 형식에 얽매이지 않고 농악의 기예(技藝: 기술과 재주)를 마음껏 발휘하며 즐기는 굿이다.

놀이 방법에는 재비(잡이)들이 모여 진풀이(陣-: 농악패가 여러 가지 대형을 만들어 노는 행진놀이)를 벌인 다음, 각자 개인의 기예를 보이는 개인놀이가 이루어진다. 진풀이의 종류에는 상쇠가 굿패를 한 줄로 이끌고 멍석을 말아 놓은 것처럼 중심부를 돌아 들어갔다가 푸는 멍석말이, 동·서·남·북과 중앙의 오방(五方)에서 차례로 나선형으로 감았다가 푸는 오방진, 두 줄로 마주 섰다가 앞 사람을 서로 비껴 나가는 가새진, 한 줄의 굿패가 오른쪽으로 돌면서 ㄷ자 모양으로 늘어서는 당산벌림 등이 있다. 개인놀이에는 상쇠가 꽹과리를 치고 상모(象毛: 농악에서, 모자 꼭대기에 흰 새털이나 종잇조각을 달아 빙글빙글 돌리게 만든 것)를 돌리면서 춤과 함께 여러 가지 묘기를 부리는 상쇠놀이, 장구재비가 장구를 어깨에 걸어 메고 춤추며 치는 설장구, 북재비가 북을 치며 춤추는 북놀이, 소고재비가 춤과 함께 재주를 부리는 소고놀이 등이 있다.

　일설(一說)에는 '농악'이라는 명칭이 일본 제국주의의 침략 시기에 우리의 전통문화를 비하하려는 의도에서 농민들의 음악이라고 폄하하여 '농악'이라고 부르게 되었다고 한다. 그러나 조선 후기의 문인이었던 옥소(玉所) 권섭(權燮)의 문집인 《옥소고(玉所稿)》에, "農樂則佚(농악즉일: 농악은 곧 편안하다.)"이란 말이 있는 것으로 보아, 이미 조선 시대에도 '농악'이라는 명칭이 사용되었음을 알 수 있다. 따라서 '농악'은 일본 제국주의에 의해 비하되거나 폄하된 명칭이 아니라 우리 조상들이 옛날부터 써 오던 명칭이며, 지역에 따라서는 풍물(風物), 풍악(風樂), 풍물놀이, 풍물굿 등으로 부르기도 한다.

21. 추석 명절의 차례茶禮와 성묘省墓

　추석 명절이 되면 사람들은 햇곡식으로 만든 술과 음식을 먹고 남녀노소가 함께 모여 갖가지 세시 풍속을 즐기는 중에서도 조상을 모시는 차례와 성묘를 가장 중요하게 여겼다. 이러던 것이 근래에 들어오면서 시대 풍조에 따라 생활 방식이 바뀌고 차례와 성묘에 대한 구분이 점점 없어지면서 격식도 간소화되어 성묘 겸 차례가 함께 이루어지는 경우를 종종 보게 된다. 하기야 너나없이 바쁘다 보니, 제수(祭需)에 없어서는 안 될 북어 한 마리와 과일 한두 종류, 그리고 고인(故人)이 평소에 즐겨 드시던 술 한 병 들고 성묘 겸 차례를 와 주는 것만도 다행스럽게 생각하는 세상이 되어 가고 있다.

　그러나 옛날에는 차례와 성묘의 구분이 뚜렷했다. 사람들은 삼대 명절(설·단오·추석)을 맞이하기 전에는 반드시 산소를 돌보는 성묘를 하였다. 성묘는 언제나 중요하지만, 설·단오 때의 성묘보다 추석을 맞이하기 위한 성묘가 더욱 중요했다. 설·단오에는 날씨가 추워 풀과 같은 잡초가 그리 크게 자라지 못하지만, 추석 때는 여름내 무성하게 자란 잡초가 무덤과 그 주변을 뒤덮었으므로 필히 벌초(伐草: 무덤의 잡초를 베어서 깨끗이 하는 일)를 해야 하는 추석 성묘를 중요하게 여겼던 것이다. 이를 뒷받침이라도 하듯이, 8세기경 중국 당(唐)나라의 문인(文人)으로 당송 팔대가(唐宋八大家)의 한 사람이었던 자후(子厚) 유종원(柳宗元)이 쓴《유자후집((柳子厚集)》에 의하면,

> 皂隸傭丐 皆得上 父母丘墓者[조례용개 개득상 부모구묘자: (신분이 낮은) 하인, 노예, 품팔이꾼, 걸인 등도 모두 (추석에는) 부모의 산소를 찾아 성묘를 한다.]

고 하였다. 성묘(省墓)는 글자 그대로 '묘를 살피며 손질한다.'는 뜻인데, 일설에는 '省(살필 성)'은 '少(적을 소)'와 '目(눈 목)'이 합하여 만들어진 문자라고 하면서 "눈을 작게 뜨고 자세히 살핀다."는 뜻이라고 하였다. 그러나 위의 한자와 그 풀이가 크게 어긋나는 것은

산소 주변을 벌초하는 모습

아니겠지만, '省(살필 성)'의 원래의 뜻은 '屮(싹날 철: 막 돋아난 풀)'과 '眉(눈썹 미: '보다'의 뜻)'가 합쳐진 회의 문자(會意文字: 둘 이상의 뜻글자가 합해 새로운 한 글자를 만든 문자)로, "막 돋아나는 풀과 같이 작은 것까지도 밝게 살펴본다."는 의미를 가진 글자이다.

성묘는 온 나라 안에서 이루어지는 것이므로 지역마다 여러 가지 다른 명칭이 있다. 묫자리가 있는 산을 살핀다고 하여 간산(看山), 관이 묻힌 곳을 살핀다는 뜻으로 성추(省楸), 조상의 묘를 찾아가 돌본다고 하여 참묘(參墓), 먼 윗대 조상의 묘까지 살핀다고 하여 전묘(展墓), 조상의 산소를 찾아 절을 올린다고 하여 배분(拜墳), 조상의 묘를 깨끗이 돌보고 절을 올리는 것이 예의라고 하여 배소례(拜掃禮), 조상의 묘에 도리를 다함이 옳은 일이라 하여 상묘의(上墓義) 등으로 불린다.

성묘의 격식(格式)은 우선 전달[前月(전월)] 또는 일주일이나 보름 전에 벌초를 끝내야 한다. 그리고는 차례를 지내기 하루 전에 산소를 찾아 묘 앞에서 재배(再拜)하고, 산소 주위에 심겨진 나무와 봉분(封墳)과 봉분 주변의 잔디 등을 두루 살펴보며, 벌초할 때 미처 제거하지 못한 가시나무나 칡넝쿨 등을 잘라내고 잡초도 뽑아 산소 주변을 더욱 깨끗이 정리한 다음, 다시 묘 앞에 와서 재배하고 끝을 맺는 것이 성묘인 것이다.

추석 명절의 차례는 설·단오에 지내는 차례보다 더욱 풍성하게 지낸다. 추석 명절의 차례는 천신(薦新: 그해에 새로 난 과실이나 농산물로 신에게 차례를 지내는 일)의 의미가 가장 강하게 나타나는데, 추석을 즈음하여 1년 중 가장 많은 산물(産物)이 수확되기 때문이다.

우리 조상들은 추석 명절이 되면 새 옷으로 단장하고, 햇곡식으로 술이며 떡이며 차례 음식을 풍성하게 차리고, 대추·밤·배·감·사과 등 햇과일을 갖추어 신에게 정성껏 추석 차례(秋夕茶禮)를 지내어, 추수에 대한 감사와 명년(明年)의 풍요(豊饒)를 함께 빌었다. 중국의 유교 경전(經典: 성인의 말씀이나 행실을 적은 글)인《예기(禮記)》에 의하면,

"제례(祭禮: 제사의 예법이나 예절)는 그 공경함이 부족하고 예절 행위가 넘치는 것보다, 예절 행위는 부족하더라도 그 공경함이 넘치는 것이 낫다."

고 하여, 차례나 제사에는 그 공경하는 마음을 으뜸으로 여겼다. 그리고 제사(祭祀)의 기본 정신에 대하여 다음과 같이 말하였다.

묘제 상차림

"효성스러운 사람은 봄이 되어 비가 내리면 그 비를 맞고서라도 부모에게 제사를 드리는데, 반드시 두려워하고 조심하는 마음을 갖는다. 날씨가 온화해서가 아니라 부모의 혼령(魂靈: 넋)이 하늘에서 내려옴을 진심으로 기뻐하기 때문이다. 가을이 되어 서리가 내리면 효자는 그 서리를 밟고서라도 부모에게 제사를 드리는데, 필히 애통하는 마음을 갖는다. 날씨가 춥기 때문이 아니라 부모의 혼령이 하늘로 돌아감을 충심(衷心)으로 슬퍼하기 때문이다. 또한 제사는 제물(祭物)을 밖에서 가져다 하는 것보다 자신의 몸에서 우러나오는 참마음으로 지내야 하며, 경외(敬畏)하는 마음으로 성심을 다하여 행하는 것이 제사의 참뜻이다."

라고 하여, 제례의 기본예절을 일러 주었다. 이렇듯 차례나 제사는 정성이 깃들어야 하는 것이므로, 되도록 관례(慣例)를 따르는 것이 좋을 것으로 판단되어 공통적으로 지켜야 할 사항 몇 가지를 제시해 본다.

우선 차례의 상차림에 대하여는 필자가 2014년에 출판한《우리 민속의 유래》에 이미 언급한 바 있어 중복이 되겠으나, 글의 짜임새를 고려하여 간략히 설명하고자 한다.

첫째 줄에는 왼편에 시접(匙楪: 제상에 수저를 담아 놓은 그릇)을 놓고 중앙에 술잔과 메(밥)를 올린다. 설날에는 떡국을 올린다.

둘째 줄에는 어동육서(魚東肉西)라 하여 동쪽(오른편)에 생선 종류를 놓고 고기는 서쪽(왼편)에 놓는데, 두동미서(頭東尾西)라 하여 생선의 머리는 동편, 꼬리는 서편을 향해 놓는다.

셋째 줄에는 동편에 어탕(魚湯), 중앙에 소탕(素湯: 채소 탕), 서편에 육탕(肉湯)을 놓는다.

넷째 줄에는 좌포우혜(左脯右醯)라 하여 왼쪽에 포류(건어물·육포 등)를 놓고 오른쪽에 식혜를 놓는다.

다섯째 줄에는 조율이시(棗栗梨柿)라 하여 대추·밤·배·감을 놓고, 홍동백서(紅東白西)라 하여 붉은색 과일은 동편에 흰색 과일은 서편에 놓는다.

다음은 차례를 지내는 순서이다. 이것도 지역에 따라 서로 다른 점은 있겠으나, 기본적인 절차에는 크게 차이가 나지 않아 보인다. 다음은 비교적 공통적이라 생각되는 사항들이다.

첫째, 진설(陳設)과 출주(出主): 제사 음식을 법식에 따라 상 위에 차려 놓고, 사당에서 신주(神主)를 모셔 내거나 아니면 부모부터 고조부모까지 지방(紙榜)을 작성하여 모신다.

둘째, 강신(降神): 신이 내리도록 향을 피우고, 집사가 따라 주는 술을 모사(茅沙: 퇴주 그릇)에 세 번 나누어 붓고 재배(再拜: 2번 절하기)한다.

셋째, 참신(參神): 강신 다음에 하는 절로, 음양이기(陰陽二氣)의 원리에 따라 남자는 재배하고, 여자는 재재배(再再拜: 4번 절하기)를 하는 것이 관습이었으나, 근래에는 여자도 남자와 같이 재배만 한다.

넷째, 진찬(進饌): 진설 과정에서 차리지 않았던 주식(主食)을 차례상에 올린다.

다섯째, 헌작(獻爵): 제주(祭主)가 신위(神位)에 술잔을 올리는 것으로, 차례는 기제사와 달리 단잔(單盞)으로 끝낸다.

여섯째, 삽시정저(揷匙正箸): 왼쪽부터 메의 뚜껑을 연 다음 순가락을 꽂고, 젓가락을 세 번 친 후 적(炙)이나 전(煎) 위에 올려놓는다.

일곱째, 합문(闔門): 유식(侑食: 헌작과 삽시를 한 후, 제사를 지내는 후손들이 문밖에 나와서 문을 닫거나 혹은 병풍으로 가리고 10분 정도 기다리는 일)을 하여 조상신이 흠향(歆饗: 신이 제물을 받는 일)하시도록 한다.

여덟째, 계문(啓門): 유식을 끝내고 연장자가 헛기침을 두세 번 하면 그 신호에 따라 문을 열고 안으로 들어가거나 병풍 또는 휘장을 걷는다.

아홉째, 철시복반(撤匙覆飯): 모두가 재배하고 젓가락을 세 번 친 후, 수저를 거두고 메의 뚜껑을 덮는다.

열째, 사신(辭神): 다시 한 번 모두가 재배하여 제례를 끝내고, 조상신을 보내드린다.

열한째, 납주(納主): 제례 의식에 신주를 모셨을 경우에는 다시 신주를 사당 안에 있는 감실(龕室: 신주를 모셔 두는 장)에 모시고, 지방을 써서 모셨을 경우에는 향로 위에서 지방을 태운다.

열두째, 철상(撤床)과 음복(飮福): 차례상의 음식을 내리고 제구(祭具)를 정리한 다음, 모두가 둘러 앉아 차례 음식을 먹으며 담소(談笑)도 나누고 조상의 덕을 기린다.

위와 같이 성묘와 제례 의식에 대하여 여러 가지를 열거하였지만, 차례(제사)와 성묘는 많은 제물을 진설하는 것보다 자신의 몸에서 우러나오는 진실된 마음과 공경하면서도 두려워하는 마음으로 성심을 다하여 행하는 것이 조상신과 천신(天神)을 모시는 참마음이라 하겠다.

22. 제사상에 북어北魚는 왜 꼭 오를까?

옛날부터 우리 민족은 반상(班常: 양반과 평민)의 구별 없이 명태(明太)를 즐겨 먹어 왔고, 명태를 건조시킨 북어는 온갖 제례 의식(祭禮儀式)과 민속 신앙(民俗信仰)에 없어서는 안 될 꼭 필요한 제물(祭物)로 여겨 왔다.

명태의 명칭에 대해서는 여러 가지 유래가 전한다. 그 하나는 17세기 중반 함경북도 명천(明川)에 사는 태(太)씨 성을 가진 어부가 이 생선을 잡았는데, 처음 보는 생선이라 고을 원님에게 갖다 바쳤더니, 원님도 처음 보는 생선임을 확인하고 명천에 사는 태씨 어부가 잡은 물고기라 하여 명천의 '명'과 태씨의 '태'를 따서 '명태'라 하였다고 한다. 또 하나는 역시 17세기경 함경도에 관찰사가 부임하여 처음으로 명천군에 순시(巡視: 지역을 돌아보는 일)를 하던 중 때가 되어 밥을 먹게 되었는데, 그때 반찬으로 나온 생선이 비린내도 나지 않고 맛 또한 담백하여 물고기의 이름을 물었더니, 이름은 없고 그저 명천에 사는 태 서방이란 사람이 잡은 물고기라 하였다. 이 말을 듣고 관찰사는 명천의 '명'자와 태 서방의 '태'자를 따 '명태'라고 이름을 지었다고 한다. 또 다른 하나는 함경도의 깊은 산골에는 해가 짧아 쉬 어두워지므로 눈이 침침하여 앞을 잘 보지 못하는 사람들이 많았는데, 이 사람들이 바닷가로 나와 이 물고기의 간을 먹고 눈이 밝아졌다고 하여 '明(밝을 명)'자를 써서 '명태'라는 이름을 지었다고도 한다.

　명태는 여러 가지 이름을 가지고 있다. 변신을 많이 하는 명태는 상황에 따라 30여 가지의 이름을 가지고 있는데, 그중 대표적인 것 몇 가지만 예를 들어 본다. 우선 막 잡아 올려 싱싱함을 그대로 간직하였다는 생태(生太), 겨울철에 잡았다고 동태(冬太), 잡은 명태를 얼렸다고 동태(凍太), 명태를 잡아 내장과 알을 꺼낸 후 말리면 건태(乾太)가 된다. 또 알과 내장을 제거한 후 바닷물에 씻고 눈이나 비가 오면 천막을 덮어 젖지 않게 하면서 바닷가 덕장(생선 따위를 말리기 위해 나무 막대기를 매어 시렁을 설치한 곳)에서 염도(鹽度: 소금기)를 유지하며 해풍에 말리면 북어, 민물에 씻고 눈과 비를 그대로 맞히면서 대관령 같은 높은 산의 덕장에서 겨우내 얼었다 녹았다를

대관령 부경 황태 덕장

반복하여 산바람에 말리면 황태(黃太), 너무 추운 날씨에 명태가 잘 녹지 않아 하얗게 마르면 백태(白太), 겨울이 춥지 않아 제대로 얼지 못하여 검게 마르면 흑태(黑太)가 된다. 그 외에 봄철에 잡은 명태라 하여 춘태(春太), 가을철에 잡았다 하여 추태(秋太), 내장과 알을 제거한 명태의 콧등을 싸릿대나 가느다란 대나무로 꿰어 반 건조시키면 코다리, 그리고 명태의 새끼를 말린 노가리도 있다.

명태가 상황에 따라 이토록 많은 변신을 하였지만, 사람들은 이 중에서 북어의 쓰임을 그 으뜸으로 삼았다. 북어는 한약방의 감초(甘草)처럼 모든 제례 의식이나 민속 신앙에 절대적으로 빠져서는 안 될 제물이었다. 차례(茶禮)와 제사(祭祀)와 시제(時祭)의 제사상에 오르는 것은 기본이고, 민속 신앙에서 굿을 할 때에도 제물로 사용되며, 일반인들의 관습적인 축귀(逐鬼: 잡귀를 쫓음)의 행위에서도 다양하게 쓰이고 있다.

몇 가지 예를 들면, 음력 정월 보름이 되면 마을 사람들은 부락의 수호신인 장승에게 장군제(將軍祭)를 드린다. 이때 온전한 북어 두 마리를 각각 흰 종이에 둘둘 말아 하나는 천하대장군의 허리에, 또 하나는 지하여장군의 머리에 타래실로 묶어 놓고 마을의 안녕을 빈다. 이렇게 허리와 머리에 묶는 이유는 남자가 지게를 지려면 허리가 튼튼해야 하고, 여자가 물건을 이려면 머리가 튼튼해야 하기 때문이라고 한다. 또한 장승을 만들 나무를 베어 올 때에도 나무를 베기 전에 산신과 목신에게 술과 북어를 차려 놓고 제(祭)를 지낸 후 베어야 사고가 나지 않는다는 것이다.

전통 한옥을 짓다 보면 가장 굵고 긴 마룻대(상량, 대들보)를 올리는 의식이 있는데, 이를 상량식(上樑式)이라 하며, 이때 상량을 축하하는 상량문(上樑文)도 읽고 마룻대에 북어를 타래실로 묶어 함께 올린다. 이렇게 하면 집도 잘 지어지고 집안 식구들이 귀신의 해코지를 받지 않고 오래도록 잘 살게 된다고 한다.

가게를 처음으로 열거나 장소를 옮겨 다시 영업을 할 때에는 신장개업(新裝開業)이라 하면서 고사를 지낸다. 이때에도 시루떡과 함께 북어를 타래실로 감아 고사를 지낸 후, 실에 감긴 북어를 문설주나 상인방에 걸어 놓는데, 이렇게 하면 잡귀가 들어오지 못하여 장사가 잘 되고 부자가 된다는 것이다.

집안의 환자가 병이 깊어 쉽게 나을 기미가 보이지 않을 경우에는, 환자의 옷으로 북어 한 마리를 싸서 북쪽에 있는 산에 갖다 버리면 북어가 대수대명(代數代命: 남의 재앙을 대신 받음)하여 환자의 병이 낫는다고 한다. 또한 마을에 전염병이 돌면 역귀(疫鬼: 전염병을 일으킨다는 귀신)들이 가장 많이 모여 있다는 상갓집 뜰에 북어를 묻어 전염병을 몰아낸다고 한다.

항간(巷間)에 떠도는 이야기에는, "북어는 눈이 크고 항상 떠 있기 때문에 빛을 무서워하는 귀신을 그 눈빛으로 몰아내고, 쫙 벌어진 커다란 입은 인간에게 다가오는 잡신들을 무서움에 떨게 하여 쫓아버리며, 큰 머리는 훌륭한 자손을 많이 두도록 빌어 주고, 수많은 알은 그 알의 숫자만큼이나 재산을 모아 부자(富者)가 되도록 해 준다."고 한다. 그러나 이처럼 떠도는 이야기는 많은 사람들의 입에 오르내리며 전해 오는 동안 첨삭(添削)되어 꾸며진 말일 것이다. 왜냐하면 북어의 눈이 크고 항상 떠 있어 귀신이 그 눈빛을 보고 무서워 달아난다고 하지만, 북어(명태)와 그 크기가 비슷한 참치의 눈도 북어 눈만큼이나 크며, 모든 물고기는 눈꺼풀이 없기 때문에 감을 수가 없으므로 북어만 눈을 뜨고 있는 것이 아니라 다른 물고기도 모두 눈을 뜨고 있는 것이다. 또한 북어의 쫙 벌어진 커다란 입이 잡신을 쫓아버린다 하고, 북어의 머리가 크다고 하여 훌륭한 자손을 많이 둔다고 하지만, 북어보다 몸집이 조금 큰 대구(大口)는 머리와 입이 몸에 비해 훨씬 크기 때문에 이름도 大口[큰입]라 하였으니, 오히려 잡신이 북어보다 대구의 입을 보고 더 놀라 달아날 것이며, 북어보다 머리가 큰 대구로 제사나 고사를 지내면 훌륭한 자손을 더 많이 두게 될 것이 아니겠는가? 그리고 북어의 알이 많아 부자가 되게 한다고 하지만, 모든 물고기는 생존 본능상 종족 보존을 위해 많은 알을 낳는 것이 기본이며, 물고기의 알은 자자손손(子子孫孫) 번성을 뜻하는 것이지 재물이 많이 모아지는 것을 의미하는 것은 아니다.

그러면 우리 풍속에 제례 의식과 민속 신앙에서 북어를 빠뜨리지 않고 제사상이나 고사상에 올리는 이유는 무엇일까?

옛날부터 우리 조상들은 음력 12월이 되면 납일[臘日: 1년간의 농사와 그 밖의 복(福)을 여러 신(神)에게 기원하며, 민가(民家)에서는 조상에게, 조정(朝廷)에서는 종묘(宗廟)와 사직(社稷)에 제

고사상 위의 북어

(祭)를 올리는 날]이라 하여 제사를 지내는데, 처음에는 멧돼지와 산토끼를 잡아 제사를 지냈다. 그러다가 우리나라는 중국과 달리 3면이 바다이므로 생선이 많이 잡혀 생선

도 제사상에 오르게 되었다. 왜냐하면 새롭고 맛이 있으며 좋은 음식은 으레 조상과 신에게 먼저 바치는 것이 제례의 기본이기 때문이다. 그러던 중 우리 조상들은 많이 잡힌 생선을 오래도록 보관하기 위한 방법으로 염장(鹽藏: 소금에 절여 저장함)과 건어물로 저장하는 지혜를 터득하였다. 그렇다고 모든 생선을 염장이나 건어물로 저장할 수 있는 것은 아니지만, 그중 가장 많이 잡히는 명태(북어)가 건어물로 만들기에는 아주 적격이었다. 또한 건어물로 만들어진 북어는 산소에서 묘제(墓祭)를 지낼 때는 삶은 돼지고기보다 운반이 간편하고, 더운 날씨에도 상(傷)하지 않는 장점이 있어 제물로는 안성맞춤이었다.

결국 북어가 제사상이나 고사상에 쉽게 오를 수 있었던 것은, 우선적으로 북어(명태)는 잡히는 양이 매우 많았고 값 또한 저렴하였기 때문이다. 산촌이나 농촌에 사는 사람들이 한여름에도 북어 몇 마리는 먹는다고 할 정도로 서민들이 쉽게 구매할 수 있는 생선이었다. (오죽이나 흔하면 판소리 흥보가에, 가장 가난한 집안으로 묘사되는 흥부네 집에도 북어가 있어, 부러진 제비 다리를 북어 껍질로 감싸고 명주실로 매어 제비 다리를 고쳐 주었다고 하지 않았던가?) 또한 건조된 북어는 본래의 모습을 그대로 갖추고 있을 뿐만 아니라 변질되지도 않아 오랫동안 보관이 가능하였고, 다른 물고기와는 달리 북어는 비린내도 나지 않고 짜지도 않으며 익히지 않아도 먹을 수 있을 만큼 맛이 있어 제물의 조건에 나무랄 데 없는 생선이었기 때문이다. 이런 이유로 예로부터 지금까지 북어를 제사상과 고사상에 올리던 것이 관습화되어 우리의 제례 의식이나 민속 신앙에서 북어가 늘 제상에 오르는 전통적인 풍속으로 자리 잡았다고 보아야 할 것이다.

23. 5대(五代) 이상의 조상을 모시는 시향제(時享祭)

　우리 한민족(韓民族)은 그 본성(本性)이 선량하고 효성이 지극하여 조상은 물론 부모와 웃어른을 모시는 데에 있어서 어느 민족에게도 뒤지지 않을 것이다.

　어렸을 때는 "신체발부 수지부모, 불감훼상 효지시야(身體髮膚 受之父母, 不敢毀傷 孝之始也: 몸과 머리털과 피부 등 우리 몸 모두는 부모로부터 받은 것이니, 감히 이를 훼상하지 않음이 효의 시작이다)."라고 하여, 몸을 다치지 않고 학문(學文)을 게을리하지 않았으며, 성장해서는 "입신행도 양명후세, 이현부모 효지종야(立身行道 揚名後世, 以顯父母 孝之終也: 몸을 일으켜 도를 행하고 그 이름을 후세에 드날려, 부모를 드러내게 하는 것이 효의 마지막이다)."라고 하여, 스스로 도를 행하고 출세를 하여 부모의 이름이 세상에 알려지도록 노력하였고, 장년(壯年)이 되어서는 "천자애경 진어사친(天子愛敬 盡於事親: 천자는 사랑과 공경을 다하여 어버이를 모신다)."을 본받아 천자가 하듯이 우리도 연로하신 부모를 지극 정성으로 모셨다. 그러다가 부모가 돌아가시면 어버이를 그리며 애통한 심정으로 장례 의식에 소홀함이 없이 극진히 모셨고, 또한 어버이의 산소 옆에 초막을 짓고 상복(喪服)을 입은 채, 3년 동안 시묘살이[侍墓-: 부모의 상중(喪中)에 무덤 옆에서 움막을 짓고 3년간 사는 일]를 하였으며, 시묘살이가 끝난 후에는 망일(亡日: 돌아가신 날)이 돌아올 때마다 정성을 다하여 제사를 지냈다. 부모부터 4대 조상까지의 제사는 사당이나 집 안에서 모시고, 5대 이상의 조상에 대하여는 시향제라 하여 산소를 찾아 묘제(墓祭)를 지냈던 것이다.

시향제는 일 년 중 모든 것이 가장 넉넉한 음력 10월을 맞아 선조(先祖)에게 지내는 묘제로, 시향(時享), 시제(時祭), 시사(時祀), 묘사(墓祀) 등으로도 불린다. 이날이 되면 가까운 집안은 물론 먼 곳의 후손들까지 묘소 앞에 모여 성대하게 제물을 진설하고 윗대 조상부터 제(祭)를 올리는데, 이것은 보본반시(報本反始: 조상을 회고하여 공경하는 일)의 정신을 일깨우는 과정이다. 이때에 후손들이

음력 10월에 선조에게 지내는 '시향제'

많이 참여할수록 문중[門中: 성과 본관(本貫)이 같은 가까운 집안]의 가장 큰 자랑거리가 되었고, 이를 계기로 문중 사람들 모두가 종손(宗孫)을 중심으로 단결하여 화합을 이루는 데 더 깊은 뜻이 있었던 것이다.

시향제는 고려 시대에 씨족 제도(氏族制度: 옛날 공동의 조상을 가진 혈족을 중심으로 형성된 사회 제도)가 성립되면서부터 부락의 규약에 따라 문중을 중심으로 시행되었다. 그러던 것이 억불 숭유(抑佛崇儒: 불교를 억제하고 유교를 숭상함) 정책이 시작된 조선 초기부터 조선 중엽에 이르기까지는 임금을 비롯하여 예의(禮儀)를 좋아하는 사대부들이 이를 중히 여겨, 4계절마다 중월(仲月)인 2월·5월·8월·11월에 사당에서 제사(祭祀)를 지냈고, 조선 후기에 이르러서는 평민들도 조상의 산소를 찾아 묘제를 지내게 되었다. 그러다가 4대까지의 조상에 대하여는 한식과 추석에 제사를 지내고, 5대 이상의 조상에 대해서는 10월 상달에 시조(始祖) 묘제를 시작으로 하여 대(代)를 따라 차례대로 시향제를 지내는 것이 정착되었다.

시향제는 1년에 한 번 지내는 제사라고 하여 세일제(歲一祭) 또는 세일사(歲一祀)라고도 한다. 시향제의 제주(祭主)는 반드시 직계 종손(直系宗孫: 혈연이 친자 관계로 직접 이어져 종가의 대를 이을 자손)이 되어야 하나, 만일 종손이 입양자(入養者)일 경우에는 방계손[傍系孫: 시조(始祖)가 같은 혈족 중에 직계에서 갈라져 나간 친계손(親系孫)] 가운데 가장 항렬(行列: 형제끼리는 같은 항렬임)이 높은 사람을 제주로 삼는 것을 원칙으로 한다. 그 외의 제례 의식이나 규모면에서는 지역마다 문중의 관습과 형편에 따라 조금씩 다른 점도 있다.

시향제는 원시조(原始祖)부터 몇 십 대를 한 지역의 문중에서 모두 지내는 것은 아니다. 원시조에 대한 시향제는 원시조가 태어난 곳(시조의 위패를 모신 곳으로, 성씨의 본관과 같은 지명의 지역)의 문중을 중심으로 주위에 거처하는 후손들이 함께 모여 묘제를 지내고, 그 외의 지역에서는 성과 본관은 같으나 파(派)를 새로이 하는 중시조(中始祖: 쇠퇴한 가문을 다시 일으켜 세운 조상) 또는 입향조(入鄕祖: 기존에 거처하던 부락에서 다른 곳으로 이주하여 새로운 삶의 터전을 처음으로 이룩한 조상인데, 입향조는 할아버지인 경우가 대부분이나 할머니가 부락의 입향조가 되는 문중도 있다.)부터 묘제를 지내는데, 원시조·중시조·입향조에게는 대묘제(大墓祭)라 하여 제일 먼저 묘제를 지내며 이때 가장 많은 문중 사람들이 모인다.

시향제가 있는 날은 제물도 넉넉히 진설하지만, 술 또한 부족함이 없어 오죽하면 "산기슭 돌멩이도 술에 취한다."고 하였다. 시향제를 지내기 전에는 필히 산신제(山神祭)를 먼저 지낸다. 이것은 선조들의 묘소를 온전하게 잘 지켜 준 산신에게 감사함을 나타내는 제사로 제물을 넉넉하게 차리는 문중도 있지만, 대개는 음식이나 과일 2~3가지와 술 한 잔으로 대신한다. 이런 후에 종손을 중심으로 문중 사람들이 묘제를 지낸다.

이처럼 조상을 숭배하는 정신이 깃들고 향토의 전통 문화로서 후손들에게 전승되는 시향제가 근래에는 참여하는 후손들의 수도 줄고 규모도 많이 작아지고 있는 형편이라고 한다. 그렇지만 선조들의 묘소를 지켜 가꾸고, 후손으로서의 도리를 다하며, 문중을 중히 여겨 가문(家門)의 위상을 높이고자 여러 가지 어려움 속에서도 땀 흘려 애쓰는 후손들이 곳곳에 남아 있기에, 조상을 숭배하는 미풍양속(美風良俗)이 지금도 우리 한민족의 마음에서 마음으로 이어지고 있는 것이다.

　시묘살이 삼년상(三年喪)에 대하여 《논어(論語)》 양화편(陽貨篇)에 다음과 같은 이야기가 전한다.

　공자(孔子)의 제자인 재아(宰我)가 공자님께 여쭈었다.

　"스승님! 삼년상의 기간이 너무 깁니다. 왜냐하면 군자(君子)가 삼년 동안 예(禮)를 익혀 행하지 아니하면 예가 반드시 무너질 것이요, 삼 년 동안 음악을 연주하지 아니하면 음악도 필히 쇠퇴하게 될 것입니다. 묵은 곡식은 벌써 떨어지고 햇곡식은 이미 여물었으며, 불 붙이는 나무를 비벼 한 차례 새 불씨도 얻었으니(청명절에 나라에서 불씨를 나누어 주던 풍속), 일 년으로 상(喪)을 끝내는 것이 좋을 듯하옵니다."

　하니, 공자께서 말씀하셨다.

　"쌀밥을 먹고 비단 옷을 걸치면 네 마음이 편하겠느냐?"

　하시니, 재아가 답하여 말씀드리기를,

　"예, 편안하옵니다."

　하니, 그 말을 들으시고 공자께서 말씀하시기를,

　"네 마음이 편안하다면 그렇게 하여라. 무릇 군자라면 삼년상 동안에는 맛있는 음식을 먹어도 달지 않고, 음악을 들어도 즐겁지 않으며, 편안한 곳에 거처해도 안락하지 않기 때문에 그렇게 하지 않는 것인데, 지금 너는 마음이 편안하다고 하니 그렇게 하려무나."

　하시고는 재아가 밖으로 나가자 공자께서 다시 이르시길,

"재아는 어질지 못하구나. 자식은 태어난 지 삼 년이 지난 후에야 비로소 어버이의 품에서 벗어난다. 그러므로 삼년상이란 부모의 품에 있던 삼 년과 같아 천하에 공통된 상례(喪禮)다. 삼년상을 일 년으로 하자는 재아도 그 부모의 품에서 삼 년 동안 사랑과 보살핌을 받아가며 자라지 않았던가?"

하셨다.

결국 돌아가신 부모를 모시는 시묘살이 삼년상의 세월은 나를 낳아 혼자 걸을 수 있을 때까지 온 정성을 다하여 사랑으로 품어 키워 주신 어버이의 사랑 삼 년과 같은 기간이다. 따라서 아무리 세상이 변하고 문화가 발달했다 하더라도 인간이 태어나 부모의 품에서 젖먹이 시절을 보내며 성장한 삼 년이란 세월은, 인류 역사가 시작된 이래 지금까지 그리고 끝없는 미래까지도 단축할 수 없는 진리임을 어느 누구도 부정할 수 없을 것이다.

삼강행실도 중 '시묘살이'하는 모습

가신(家神)이란 집안에 깃들어 있으면서 집안에서 일어나는 온갖 일을 관장하는 귀신으로, 정성을 다하여 극진히 모시면 길복(吉福)을 주고 그렇지 않으면 흉화(凶禍: 흉한 재앙)를 준다고 한다.

우리 조상들은 신을 모시기 위해 명절을 맞으면 별식(別食)을 하여 먼저 가신에게 올렸다. 특히, 정월에는 연초의 액막이와 풍요를 기원하는 안택(安宅: 집안에 탈이 없도록 터주를 위로하는 의식) 고사를, 10월이 되면 추수에 대한 감사와 1년간의 보살핌에 감사하는 상달 고사를 지냈는데, 이것들 모두가 가신을 모시는 일들이다. 이렇게 하면 집안에 깃들어 있는 가신들이 보살펴 주기 때문에 가족들 모두가 복을 받고 편안하게 살며, 집안의 크고 작은 일들이 순조롭게 이루어져 늘 평안할 것이라고 믿어 왔다.

이렇게 조상 대대로 믿어 왔던 가신들이 적지 않은데 그 종류를 보면, 우선 돌아가신 조상신(祖上神)을 비롯하여 성주신[成造神(성조신)], 삼신(三神), 조왕신(竈王神), 터주신[地神(지신)], 업신(業神),

측신(厠神) 등이 있다. 이와 같은 가신들 중에 조상신은 기제사(忌祭祀)로 모시기 때문에 여기서는 생략하고, 나머지 가신들의 특징에 대하여 전해 오는 이야기를 전하고자 한다. 하지만 지역마다 풍속이 다르듯이 이들도 지역에 따라 그 명칭이나 모시는 방법 등에 차이가 있다.

(1) 집을 지키며 상량(上樑)에 깃들어 사는 성주신[成造神(성조신)]

성주신은 가옥 자체의 신으로, 가신들 중에 가장 중히 여기는 제1의 주신(主神)이다. 성주신은 집을 수호하며 상량(마룻대, 대들보)에 머무른다고 한다. 성주신을 모시는 형태로는 성주단지와 성주종이가 있는데, 성주단지에는 햅쌀과 같은 햇곡식을 담아 대청마루 기둥에 매달고, 성주종

성주신을 모신 '성주단지'

이는 상량 밑기둥에 한지를 접어 붙이거나 돌돌 만 것을 매달아 모신다. 성주신이 가신 중에 으뜸이라 그런지 제비원과 관련하여 다음과 같은 설화가 전한다.

성주신은 원래 하늘나라에 살았던 신이었는데, 천제(天帝)에게 죄를 짓는 바람에 지상으로 쫓겨났다. 땅에 떨어진 곳이 솔씨로 유명한 제비원이다. 제비원은 연이(燕-)라는 낭자가 큰 법당을 짓고 죽어 제비가 되었다 하여 붙여진 이름이다. 땅에 떨어진 성주신이 정신을 차리고 주변을 둘러보니, 사람들이 사는 모습이 너무나 허름하고 초라했다. 긴 풀을 엮어 비를 가리거나 동굴 속에서 사는

것이 고작이었다. 성주신은 이를 불쌍히 여겨 천제께 다음과 같이 아뢰었다.

"이 사람들을 불쌍히 여기시어 집을 짓고 살 수 있게 하여 주옵 소서."

하고 빌었다. 그랬더니 천제께서 마음이 동하시어,

"제비원 바위틈에 자라는 소나무에서 솔씨를 받아 온 산에 뿌리 거라."

고 말씀하시었다. 성주신은 하늘을 향해 여러 번 절을 하고는 천제 의 말씀대로 그렇게 하였다. 온 산에 뿌려진 솔씨에서 싹이 튼 소 나무는 밤에는 이슬을 먹고 낮에는 햇빛을 받아 하루가 다르게 자 라더니, 제법 집을 지을 만한 재목이 되었다. 사람들은 굵고 곧게 자란 나무를 베어 집을 지었고, 집 안에서 편히 살게 된 사람들은 나무를 심어 집을 지을 수 있게 해 준 성주신께 감사를 드렸다. 그 리고는 집집마다 상량에 성주신을 모셨다. 이로 인하여 성주신은 상량에 기거하게 되었고, 또한 상량신이라는 별칭으로도 불리게 되었다 한다.

(2) 아기를 점지하며 안방에 거주하는 삼신(三神)할머니

삼신할머니는 부녀자들이 기거하는 안 방을 관장하며 아기의 잉태·출산·성장을 돌보아 주는 신으로, 삼신, 삼신단지, 삼신 바가지, 지앙할매, 지앙단지 등으로도 불 리며, 사람들에게는 아주 친숙하고 자애 로운 신이다. 산모가 아이를 낳으면 깨끗

삼신할머니를 모신 '삼신바가지'

한 단지 하나를 준비하고 그 안에 쌀과 미역을 넣은 다음, 안방 시렁(선반) 위에 올려놓고 삼신할머니를 모신다. 또 다른 형태로는 베주머니 두 개를 준비하여 하나는 쌀을 담고 또 하나는 미역을 넣고는 안방의 시렁에 매달기도 한다. 한 가지 재미있는 것은, 일부 지역에서는 삼신할머니께 아들을 많이 낳고 또 그들이 오래 살 수 있게 해 달라고 빌면서 바가지나 작은 바구니에 쌀 1되, 무명실 1타래, 그리고 호두와 붉은 고추를 낳고 싶은 아들의 숫자만큼 담아서 시렁 위에 모시기도 한단다. 그러나 대개는 아이를 낳으면 미역국을 끓여서 삼신할머니께 먼저 바치고, 그 다음에 산모에게 먹이는 것이 삼신할머니를 모시는 일반적인 형태다.

(3) 부엌의 길흉화복(吉凶禍福)을 맡아보는 조왕신(竈王神)

조왕신은 아궁이를 관리하며 부엌에 머물러 있는 신으로, 조신, 조왕대신, 부뚜막신, 조왕각시, 조왕할매 등으로 불린다. 일부 지역에서는 조그만 단지에 쌀을 담아 부뚜막에 올려놓고 모시며, 집안의 재산을 관리하는 신이라고도 한다. 조왕신은 원래 화신(火神)이었다고 하는데, 부엌에서 불을 다루기 때문에 화신이라 하기도 하고, 불을 관장하는 태양의 신인 환인천제(桓因天帝)의 대리자가 조왕신이었기 때문에 화신

조왕신에게 치성을 드리는 모습

이라고도 한다. 한편 한자에서 竈(부엌 조)의 속자(俗字: 세간에서 두루 쓰이는 약자)가 '火(불 화)+土(흙 토)'로 이루어진 '灶(부엌 조)'로 쓰이고 있는 것을 보면, 화신임에는 틀림이 없어 보인다.

그러나 조왕신은 세월의 흐름 속에 화신의 신성성보다는 일반적인 가신의 속성으로 변질되어 부뚜막 위에 머물면서 그 집안에서 일어나는 온갖 일들을 지켜본 뒤, 옳고 그름을 가려 옥황상제(玉皇上帝)에게 아뢰어 상과 벌을 받게 한다는 것이다. 따라서 부녀자들은 조왕신을 극진히 모시기 위해 하루도 빠짐없이 아침 일찍 우물가에서 정화수(井華水)를 길어다 중발(中鉢: 자그마한 밥주발)이나 사기그릇에 담아 부뚜막 위에 올려놓고 집안이 모두 무탈하기를 빌고 또 빌었다. 여기에도 금기(禁忌)가 있는데, 누구든지 불을 지피면서 남의 험담을 하지 말며, 부뚜막에 걸터앉지도 말며, 부뚜막에 발을 디디지도 말며, 항상 부엌을 청결히 관리해야만 했다. 또한 부녀자들은 남편을 위해 빌기도 하지만, 특히 아들이 전쟁터에 가게 되면 아들의 무사 안녕(無事安寧)을 빌기 위해 조왕신을 모시지 않던 집에서도 모시기 시작하는데, 아마도 이것은 우리 어머니들이 보여 주는 소박하면서도 진심어린 모성애일 것이다.

조왕신에 대해서도 흥미로운 것이 있다. 조왕신은 매월 그믐밤이 되면 하늘에 올라 (또는 1년에 한 번 오른다고도 함) 옥황상제께 인간의 죄를 아뢰는데, 이때 조왕신이 승천하기 전에 제사를 지내면 조왕신이 기뻐하여 옥황상제에게 좋은 일만 아뢰어 복을 받는다고 한다. 이 때문에 제물을 성대하게 차려 조왕신을 극진히 모신다는 것이다. 한편 잘못이 많은 집안에서도 제사를 지내는데, 이런 집안에서는 제물로 필히 조청(엿)을 올린다고 한다. 왜냐하면 옥황상제께 잘못을 아뢸 때, 조청을 먹은 조왕신의 입이 딱 달라붙어서 잘못에 대한 말을 똑바로 하지 못하고 우물거리면, 옥황상제도 제대로 알아듣지 못하고 그냥 넘기기 때문에 벌을 받지 않는다고 한다. 그래서 조왕신에게 제사를 지낼 때는 필히 조청을 제사상에 올리는 풍속이 생겼다고 한다.

(4) 집터를 수호하는 터주신 [地神(지신)]

터주신은 집터를 지키는 신으로, 울안에서 일어나는 모든 일을 관장하며 액운을 막아 주고 재복을 가져다주는 신이다. 터주신은 지신(地神), 터줏대감, 터대감, 뒤꼍각시 등으로 불리며, 일부 지역에서는 철륭(凸隆: 터주를 모신 단지가 지면보다 높게 위로 솟은 형태이므로 붙여진 이름)으로도 불린다. 터주신은 다른 가신보다 시샘이 많아 밖에 있는 것들을 울안으로 끌어들이려는 욕심이 강하여 부자가 되고 싶은 사람들은 터주신을 더욱 극진히 모신다. 터주의 신체(神體: 신을 상징하는 신성한 물체)는 단지 또는 작은 항아리에 벼를 담고(쌀이나 오곡을 넣기도 함) 종이로 입구를 막은 다음 단지 뚜껑을 덮은 후, 뒤뜰 담장 밑에 김칫독처럼 묻거나 장독대 옆에 모시고 신체가 눈비를 가릴 수 있게 짚으로 작은 원추형 가리를 만들어 씌운다. 이처럼 신체를 단지에 모셨다 하여 터주단지, 지신단지, 철륭단지라고도 부르는 것이다.

단지 속의 벼는 1년에 한 번씩 갈아 주는데, 추수가 끝나면 묵은 벼를 꺼내고 햇벼를 넣어 둔다. 꺼낸 벼를 남을 주면 복이 나간다고 하여 밥을 짓거나 떡을 쪄서 가족들만 먹는다. 지난해에 씌웠던 짚가리도 새것으로 갈아 주고, 헌것은 문밖 넓은 마당에서 태워 없

터주단지를 씌운 '터주가리'

앤다. 일부 지역에서는 터주신을 극진히 모시는데, 지신제(地神祭)라고 하면서 정월에 길일(吉日)을 택하여 마을 사람들이 함께 고사를 지내기도 한다.

(5) 한 집안 살림을 보호하고 늘려 주는 살아 있는 업신(業神)

업신은 집안의 재물을 늘려 주는 재신(財神)으로 살아 있는 동물인 것이 특징이다. 사람으로 인하여 재산이 늘어나면 업신이 내린 사람이라고 업인(業人)이란 말도 있지만, 대개는 옛날의 집 뜰에서 자주 볼 수 있었던 동물로 구렁이·족제비·두꺼비 등이 있는데, 이를 업구렁이·업족제비·업두꺼비라고 부른다. 필자가 어렸을 적인 1950년대만 해도 우리 집을 비롯한 시골집들의 돌담 밑에는 구렁이와 뱀들이 살고 있었고, 족제비는 두엄 더미에 굴을 파고 살면서 쥐를 잡거나 밤이 되면 닭장 속의 닭들을 노렸으며, 비가 오는 날이면 개구리와 두꺼비들이 앞뜰과 뒤뜰을 가리지 않고 뛰어 다녔다.

이와 같은 업신이 집안에 들면 재물 운과 행운이 있고, 업신이 떠나거나 죽으면 가세(家勢)가 기울어 결국 망하게 된다는 것이다. 그래서 업신을 극진히 모셔야 하는데, 살아 있는 업신을 눈으로는 볼 수 있으나 한 자리에 오랫동안 머물러 있는 것이 아니기 때문에 실체(實體)를 모실 수가 없다. 그러므로 대신 작은 단지에 쌀을 담아 업단지를 만들고, 이를 신체(神體)로 하여 사람들이 보이지 않는 뒤뜰 모퉁이나 다락 위에 올려놓고 부자가 되게 해 달라고 극진히 모시는 것이다.

한편 자기 집 문 앞에 버려져 있는 아기를 들이거나 혹은 우연히 얻거나 하여 기르는 아이를 업둥이라고 하는데, 이 업둥이도 업인에 속한다. 업둥이를 들이는 집안을 보면 대개는 모두 살림이 윤택한 편이다. 이를 보고 사람들은 의지할 곳 없는 생명을 거두어 키우는데 어찌 하늘이 가만히 계셨겠는가? 복을 주셔도 듬뿍 주셨을

업신인 구렁이와 두꺼비, 족제비

거라고 입들을 모은다. 그러나 사실은 업둥이를 가져다 놓을 때는 인품이 있는 집안이나 살림이 넉넉한 집안의 대문 앞에 놓는 것이지, 못된 집안이나 쓰러져 가는 집의 문 앞에는 놓지 않는 것이 상식적인 일이다. 따라서 업둥이를 들여도 인품이 있는 집안이나 살림이 넉넉한 집안은 늘 여유롭게 생활하는 것일 뿐, 꼭 업둥이를 들였기 때문에 그런 것만은 아닐 것이다.

(6) 뒷간에 거주하는 측신(厠神)

측신은 뒷간(변소)을 관장하는 신으로, 뒷간귀신, 변소귀신, 변소각시, 측간신, 부출각시, 측도부인(厠道婦人) 등으로 불린다. 측신은 치렁치렁 길게 늘어진 머리카락으로 얼굴을 가렸으며, 비쩍 마른 몸에 지저분한 옷을 입고 뒷간에 앉아서 긴 손톱 속에 까만 때가 잔뜩 낀 더러운 손으로 자신의 긴 머리카락

을 발가락에 걸고 세는 것이 일인데, 워낙 성격이 포악하고 노여움을 잘 타서 사람이 기척도 없이 별안간 뒷간 문을 열고 들어오면, 깜짝 놀라 세던 머리카락으로 그 사람의 얼굴을 뒤집어 씌워 뒷간에 빠뜨린다고 한다. 그러면 뒷간에 빠진 사람은 며칠 가지 못하고 죽거나 큰 병을 앓게 된다는 것이다. 그래서 아이들이 뒷간에 신발을 빠뜨리거나 사람이 빠지면 뒷간 앞에 떡과 밥을 차려 놓고 빌

기도 하며, 뒷간 천장에 흰 종이를 붙이거나 흰 천을 매달기도 하는데, 그보다 더욱 중요한 것은 측신이 놀라지 않도록 뒷간에 들어가기 전에 꼭 기척을 알리는 헛기침을 두어 번 해야만 한다는 것이다. (사실 옛날 우리의 뒷간은 문이 없거나 거적을 걸쳐 놓아서 노크를 할 수 없었고 대신에 헛기침으로 노크를 했던 것이다.) 그런데 측신은 6일, 16일, 26일에만 나타나므로 이날만 조심하면 괜찮다고 한다. 측신에 대하여 다음과 같은 설화가 전한다.

옛날 남선 고을에 사는 남 선비와 여산 고을에 살던 여산 부인이 혼인을 하여 일곱 아들을 낳았지만, 가난하여 먹고 살기가 어려웠다. 여산 부인은 시집올 때 가지고 온 패물로 돈을 마련하여 남 선비로 하여금 쌀장사를 하게 했다. 남 선비는 쌀을 배에 싣고 오동 나라로 장사를 떠났는데, 오동 나라에서 간악하기로 소문이 난 노일저대귀일의 딸에게 홀려 그만 가지고 간 재물을 모두 탕진하고 눈까지 멀게 되었다.

3년이 지나도 돌아오지 않는 남 선비를 찾아 여산 부인도 오동 나라에 들어가 남 선비를 만났지만, 그것도 잠시일 뿐, 여산 부인은 노일저대귀일의 딸에게 속아 그만 연못 속으로 떠밀려 목숨을 잃게 되었다. 앞을 못 보는 남 선비는 노일저대귀일의 딸을 아내인 줄 알고 함께 고향으로 돌아왔다. 남 선비의 집에 온 노일저대귀일의 딸은 일곱 아들의 간을 내어 죽이려 하였지만, 일곱째인 막내아들 녹두생이가 이를 눈치 채고 형들과 함께 노일저대귀일의 딸을 몰아내었다. 일곱 아들에게 쫓기던 노일저대귀일의 딸은 뒷간으로 도망가 목을 매어 죽었다. 이로 인하여 연못에 빠져 죽은 여산 부인은 물에 빠져 추울 것이니 불을 쬐라고 조왕신이 되었고, 뒷간에서 목을 매 죽은 노일저대귀일의 딸은 흉측하고 나쁜 일만 하였으니 그 벌로 더러운 곳에 거처하는 측신이 되었고 한다.

이 외에도 지역에 따라 다르게 모시는 가신들이 있지만, 위에 언급된 가신들이 대체로 우리 풍속에 존속되고 있는 가신들이다. 이러한 가신을 모시는 형태도 긴 세월 속에 많이 간소화되었다. 그래도 극히 일부 지역에서는 아직도 신주단지를 모시고 있지만, 대개는 추수가 끝나면 고사떡(멥쌀가루와 찹쌀가루에 붉은팥으로 켜를 한 시루떡)을 하여 여러 접시에 나누어 담고는 안방·대청마루·부뚜막·장독대·곳간·대문 심지어 변소에까지 올려놓고 가신들을 모시며, 나머지는 이웃들과 나누어 먹곤 하였다. 이러한 풍속도 최근에 와서는 시골에 일부만 남아 있을 뿐, 도시에서는 이 정겨운 풍속이 사라진 지 이미 오래되었다.

팥 시루떡

말은 십이지(十二支) 동물 중에 매우 튼튼하고 활발하며 음양설
에서 양(陽)을 의미하는 동물이다. 높은 기상과 밝은 미래를 상징
하여 신성시(神聖視)되고 있으며, 전설 속에서는 죽은 사람의 영혼
을 하늘나라로 인도하는 영물(靈物)이라고도 한다.

말에 대한 중요성과 그 위상에 대해서는 이미 중국 주(周)나라의
예서(禮書: 예법에 관한 책)인 《주례(周禮)》에 기록되어 있는데, 《주
례》의 '제8권 하관사마[夏官司馬: 하관은 병조(兵曹)를, 사마는 군
사(軍事)에 관한 일을 맡아보던 벼슬을 뜻함] · 하'에는 다음과 같은
기록들이 있다.

말에 관한 직책으로, 어부(馭夫)라 하여 수레를 끄는 말을 훈련
시키고 각 부서에 골고루 분배하는 일을 하게 하였고, 교인(校人)
이라 하여 왕이 필요로 하는 말을 관리하는 일을 하게 하였으며,
취마(趣馬)라 하여 좋은 말을 간택하고 훈련을 시키며 먹이를 관
리하게 하였고, 무마(巫馬)라 하여 병든 말을 치료하게 하였다. 또

목사(牧師)라 하여 말을 기르는 목장을, 수인(廋人)이라 하여 마구간의 관리를, 어사(圉師)라 하여 자라는 말의 교육을, 어인(圉人)이라 하여 말에게 꼴을 먹이는 일을 담당하게 하는 등 여러 가지 직책을 두어 말을 관리하였다.

그리고 말을 위해 1년에 4번의 마신제를 지내는데, 봄에는 말의 조상인 마조(馬祖)에게 어린 망아지를 잡아 제물로 바치고, 여름에는 인류 역사상 처음으로 말을 길렀다는 선목(先牧)에게 실(實)하게 생긴 수말을 바쳤다. 가을에는 말 타는 기술을 창시(創始)했다는 마사(馬祀)에게 잘 훈련된 말을 바치고, 겨울에는 말에게 해코지를 한다는 마보신(馬步神)에게 어부(馭夫)가 훈련시킨 말 중에 가장 좋은 말을 제물로 바쳤다.

이처럼 말의 조상과 선구자를 숭배하고 말에게 재앙을 끼친다는 신(神)을 극진히 모심으로써, 말을 온전하게 보호하고 유지할 수 있다고 믿었던 것이다.

우리나라에서도 조정(朝廷)에서는 중국의 풍속을 따라《주례》에서 하는 것처럼 동대문 밖에 제단을 쌓고 신하로 하여금 1년에 4번 말에게 제사를 지내도록 하였고, 일반 백성들은 1년에 한 번 마신제(馬神祭)를 지내는데, 10월에 들어 있는 말날 중에 가장 좋은 길일(吉日)을 택하여 제사를 지냈다. 말날 중에는 '戊(무성할 무)'자가 든 무오일(戊午日)이 가장 좋고, '壬(잉태할 임)'자가 든 임오일(壬午日)과 '庚(단단하게 여물 경)'자가 든 경오일(庚午日)이 그 다음이라고 한다.

말은 오랜 역사 속에서 인간과 함께 살아왔다. 고대(古代)로부터 근대(近代)에 이르기까지 동력 기관(動力機關)이 발달하기 이전에는 교통수단으로 가장 필요한 동물이었다. 게다가 그 옛날 국가의 존립(存立)과 안보(安保)가 직결되는 전쟁터에서 말을 이용한 기마병(騎馬兵)의 위력은 참으로 대단했다. 특히, 철갑(鐵甲: 쇠로 만든 갑옷)으로 무장한 철기병(鐵騎兵)은 적군을 순식간에 무너뜨리는 무적(無敵)의 기마병이었다.

13세기 초에 칭기즈 칸이 몽고를 통일한 후, 중앙아시아를 평정하고 나아가 동유럽과 남러시아까지 정복하여 세계 최대의 국가를 건설할 수 있었던 것은, 지구력이 있고 빠르며 날랜 말 위에서 병장기(兵仗器)를 자유자재로 다룰 수 있는 유목민 특유의 강인한 기마병이 있었기 때문이다. 또한 기원 전 7세기에 이탈리아 반도를 중심으로 지중해 전체를 지배했던 로마 제국도 강력한 기마병

고구려 광개토태왕의 영토 확장 전쟁 민족 기록화

이 있었기에 고대 서양의 대제국을 이룩할 수 있었던 것이다.

우리 민족에게도 기마병과 관련된 역사가 있는데, 자랑스러운 일이 아니라 부끄럽고 처참하여 기억하고 싶지 않은 일이다. 병자호란(丙子胡亂) 당시, 조선 제16대 인조(仁祖) 임금이 남한산성(南漢山城)으로 피신하여 청군(淸軍: 청나라 태종이 조선을 침략하기 위해 이끌고 온 20만 대군)에게 항전하던 중, 남한산성 동남쪽 40리 지점인 쌍령(雙嶺)에서 조선의 근왕병(勤王兵: 임금이나 왕실을 위하여 충성을 다하는 군인) 4만 명과 청나라 기마병 300기와의 전투가 벌어졌는데 조선군은 청나라 기마병에게 대참패를 당하였다. 조선군은 조총을 가지고 있었지만 조총을 장전(裝塡: 총포에 화약과 탄환을 넣어 재는 일)하기도 전에 청나라 기마병이 쏜살같이 달려들어 목을 베니, 전열(戰列: 전쟁에 참가하는 부대의 대열)이 무너지고 혼란이 빚어지는 바람에 수많은 병사들이 도망가다가 적의 칼에 죽은 병사보다 넘어지고 압사하여 죽은 병사가 더 많았다고 한다. 이 쌍령 전투의 패배로 인하여 남한산성에서 끈질기게 40여 일을 버티며 항전하던 인조 임금은 삼전도(三田渡: 서울과 남한산성을 이어 주던 나루)에서 청나라 태종(太宗)에게 치욕적인 항복을 하게 되었는데, 한민족으로서 참으로 가슴 아픈 일이 아닐 수 없다.

한편 조선 중기에 편찬된 것으로 편찬자 미상의 《시용향악보(時用鄕樂譜)》에는 고려 말과 조선 초기에 불리던 것으로 추정되는 노래 총 26편의 가사가 원형대로 실려 있는데, 그중 23곡은 가사가 있으나 3곡은 가사 없이 의성여음(擬聲餘音: 소리시늉만 하는 입소리)으로만 이루어진 무가(巫歌: 무당이 무속의 의식에서 신을 향해 기원하며 읊는 소리)라고 한다. 이 3곡 안에는 군마제(軍馬祭: 군대에서 쓰는 말을 위해 지내는 제사)에서 마신(馬神)을 칭송하는 '군마대왕(軍馬大王)'과 중국 상고 시대의 신녀(神女)를 칭송하는 '구천(九天)'과 성황제(城隍祭: 서낭제)에서 성황신(城隍神: 서낭신)을 칭송하는 '별대왕(別大王)'이 있다. 또한 제목을 대왕(大王)으로 칭하여 대상을 높이 칭송하는 노래도 3곡이 있는데, 성황신을 칭송하는 '삼성대왕(三城大王)'과 '별대왕'이 있고, 마신을 칭송하는 '군마대왕'이 여기에 속한다. '군마대왕'은 가사 없이 의성여음으로만 되어 있는데, 그 소리는 다음과 같다.

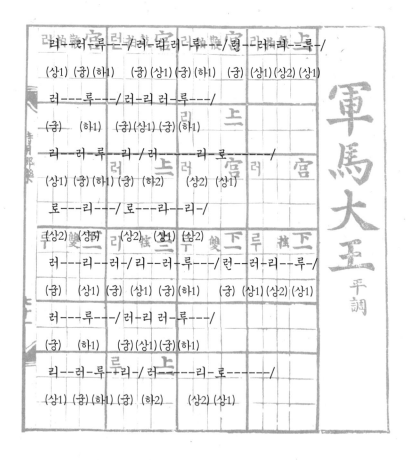

- 궁음(宮音): 도(기본음, 동양 음악에서 오음계 중 첫째 음)
- 상음(上音): 궁음보다 높은 음(상1~5단계까지 있음)
- 하음(下音): 궁음보다 낮은 음(하1~5단계까지 있음)
- ★ 원본은 정간보(井間譜)로 되어 있으나 위의 내용은 이해하기 쉽도록 표기한 것임

 이는 초원(草原)에서 말을 몰거나, 말을 우리로 불러들이는 노래일 수도 있겠으나, 앞글에서도 언급했듯이 군마대왕이 군마신(軍馬神)을 높이 칭송하기 위한 명칭이므로, 군마(軍馬)를 보호해준다는 마신(馬神)에게 군마제를 올리며 신을 축원(祝願)하는 노래로 보는 것이 타당하리라 생각된다. 당시 이와 같은 노래가 존재했다는 것은, 나라에서 군마가 얼마나 중요한 위치를 차지했었는지를 미루어 짐작할 수 있는 것이다.

 우리가 흔히 말이라고 하면 제주도가 떠오르지만, 말과 관계하여 만들어진 지명(地名)도 있다. 옛날 경기도 안성 지방에 말을 기르는 곳이 있었다. 조선 시대에 장사를 하여 재산깨나 모은 사람들이 있었는데, 그들은 모은 재산으로 비봉산 밑 동곡(東谷)이라는 곳에서 넓은 야산과 맑은 물이 흐르는 계곡의 자연 조건을 이용하여 말을 많이 길렀다고 한다. 이로 인하여 이곳이 '마꼴(말+고을)'이라는 지명을 얻게 되었고, 지금도 노인들은 이 지명을 그대로 쓰고 있다.

26. 만두를 처음으로 만든 제갈공명諸葛孔明

만두(饅頭)는 남녀노소 모두가 즐겨 먹는 음식으로, 밀가루를 반죽하여 홍두깨 모양의 작은 방망이나 다듬잇방망이로 밀어 얇게 편 만두피에, 고기류와 야채류에 두부·잡채·달걀·양념 등을 넣어서 버무린 소를 넣어 만든다. "만두는 소 맛에 먹는다."고 배가 불룩 나오도록 소를 듬뿍 넣어 빚은 것이 제격이다.

만두의 명칭에는 만두소에 들어간 재료에 따라 고기만두, 김치만두, 야채만두, 꿩만두 등이 있고, 만두피의 재료에 따라 메밀만두, 감자만두, 호밀만두, 어(魚)만두(민어포로 피를 함), 육(肉)만두(소고기 안심으로 피를 함), 죽순만두, 숭채만두(배춧잎으로 피를 함) 등이 있다. 또한 익히는 방법에 따라 물만두, 찐만두, 군만두 등이 있고, 만든 모양에 따라 개성식 만두(나뭇잎 모양으로 무와 같은 채소류가 많이 들어감), 평양식 만두(둥근 모양으로 고기류가 많이 들어감), 편수(네모진 모양), 규아상(해삼 모양) 등이 있으며, 근래에 와서는 크기로 한몫을 하는 왕만두도 등장하였다.

그런데 일부 문헌에서는 세모 모양의 변씨만두가 있다고 하면서 아마도 변씨 성을 가진 사람이 처음 만들었기 때문일 것이라고 하였는데, 이것이 사실이라면 적어도 우리

만두

나라에 성씨가 가장 많은 김·이·박씨가 들어간 김씨만두, 이씨만두, 박씨만두 정도는 함께 존재했어야 타당할 것이라 생각된다. 그러나 김·이·박씨의 만두도 없을 뿐더러, 변씨만두는 볏섬만두가 와전(訛傳)된 것이 아닌가 한다. 옛날 우리 조상들은 풍년을 기원하며 볏가마니 모양의 네모진 볏섬만두를 만들어 먹었고, 필자도 어렸을 적에 이 만두를 만들어 먹었던 기억이 난다. 아마도 이 볏섬만두가 긴 세월 속에 변씨만두로 명칭이 변하여 부르게 된 것일 게다.《국어대사전》에도 네모난 모양의 편수와 변씨만두를 동일한 것으로 설명하고 있어, 크고 두툼한 모양의 볏섬만두가 먹기 편하게 작고 얇은 만두로 변하면서 그 명칭도 변씨만두(편수)라 부르게 된 것으로 보인다.

근래에는 계절에 관계없이 만두를 만들어 먹지만, 옛날에는 명절 음식으로 설날이 가까워 오면 집집마다 가래떡과 함께 만두를 빚었다. 특히, 이때는 고기만두를 빚는데, 고기 중에서도 꿩고기를 최고로 꼽았다. 꿩을 잡아 고기는 만두를 빚고, 고기를 발라낸 뼈는 우려서 떡국을 끓이고 만두를 삶았다. 그런데 설날인 한겨울에 어디 꿩이 그리 흔하던가? 꿩이 귀하니 하는 수 없이 닭을 잡아 만

두를 빚고 뼈를 우려 떡국을 끓이고 만두를 삶았다. 이리하여 앞에서도 언급했듯이 "꿩 대신 닭"이라는 속담이 생겨났다는 것이다.

만두는 밀이 주된 곡식으로 재배되는 북부 지방에서 많이 만들어 먹었다. 따라서 만두를 이용한 음식이 발달되었으며, 만두를 국으로 끓여 먹는 것도 보편화되었다. 밀과 보리가 함께 재배되는 중부 지방에서는 설날에 떡국을 끓이고 찐만두나 물만두를 몇 개씩 떡국 위에 얹어 먹었으며, 농한기인 겨울철에는 김장김치로 소를 한 김치만두를 많이 만들어 먹었다.

우리나라 만두의 역사는 고려 가요 중 하나인 '쌍화점(雙花店: 만두 가게)'에 그 흔적이 있는 것으로 보아, 고려 시대 이전에 전해졌을 것으로 추측이 된다. 당시 교역(交易: 나라와 나라 사이에서 물품을 사고파는 장사)을 하러 중국인과 서역인(西域人: 중국의 서쪽 지방에 있는 나라 사람)들이 고려에 자주 드나들며 만두를 즐겨 먹었다고 하였는데, 이 만두를 파는 가게가 바로 쌍화점인 것이다. 조정에서도 중국인들이 만두를 매우 좋아하므로, 중국에서 사신이 오면 만두를 빚어 그들을 대접했다고 한다.

만두의 기원에 대해서는, 만두를 처음으로 만든 사람이 제갈공명이라 하였는데, 이에 대하여 그렇지 않다는 주장도 없는 것은 아니다. 그러나 이 글에서는 만두의 한자가 처음에는 蠻頭(만두: 남만 오랑캐의 머리)로 씌었다가, 요리 이름으로는 적절치 않다고 蠻(오랑캐 만)자 대신 饅(만두 만)자를 써서 饅頭(만두)로 바뀐 것을 근거로 하여, 제갈공명이 남만(南蠻: 옛날 중국에서 자기 나라 남쪽 지방에 사는 미개한 민족을 얕잡아 이르던 말)을 정벌하고 돌아올 때, 노수(瀘水)라는 강에서 제사를 지내기 위해 반죽한 밀가루에 짐승의 고기를 넣어 사람의 머리 모양을 만든 것이 최초의 만두였다는 이야기를 전하고자 한다.

중국의 삼국 시대에 촉(蜀)나라의 제갈공명은 남만의 족장 맹획을 여섯 번이나 잡았다가 놓아 주고 일곱 번째 사로잡은 후, 다시는 반기(反旗)를 들지 않겠다는 피의 맹세를 받고 남만 정벌의 종지부를 찍는다. 남만을 완전히 평정한 제갈공명이 장수와 군사들을 거느리고 고국으로 돌아올 때, 제갈공명의 신의에 감복한 맹획은 부하들과 부락민을 이끌고 노수까지 전송을 나왔다. 이때 갑자기 먹구름이 무겁게 깔리고 돌풍이 세차게 불더니, 돌과 모래가 날리고 강물이 미친 듯이 일어 도저히 강을 건널 수가 없었다. 이 상황을 급히 제갈공명에게 전하자, 공명은 맹획에게 그 까닭을 물었다.

"족장! 왜 바람이 이리 불고 강물이 이렇게 이는 것이오?"
하고 물으니, 맹획이 대답하기를,

"승상! 이것은 강에 사는 귀신들이 맺힌 한(恨)을 풀고자 이리 심술을 부리는 것이옵니다. 강을 건너려면 반드시 제(祭)를 올려야 하옵니다."
하고 대답을 하니, 공명이 맹획에게 다시 물었다.

"그러면 무엇으로 제를 지내야 하오?"
하고 물으니, 맹획이 다시 대답하였다.

"옛날부터 내려오는 풍속으로는 요괴(妖怪)를 달래기 위해 소와 양은 물론 마흔아홉 사람의 머리를 제물로 바쳐야 바람이 멎고 물결이 잔다고 하였사옵니다."

하고 대답하였다. 이 말을 듣고 공명은 '이제야 겨우 전쟁을 멈추고 평정을 되찾았는데, 어찌 또 마흔아홉이나 되는 사람의 목숨을 끊는단 말인가?' 하고, 깊은 한숨을 내쉬며 혼잣말을 하였다. 잠시 후 공명은 부하 몇 명을 이끌고 노수 강가로 가서 주변을 살펴보았다. 강가에는 세차게 몰아치는 바람이 음산하기까지 하였으며, 물결은 산이라도 집어삼킬 듯이 치솟아 누구도 가까이 할 수가 없었다. 이를 기이하게 여긴 공명은 나이 많은 원주민을 불러 그 연유를 물었다. 늙은 원주민은 자세히 아뢰었다.

"승상께서 촉의 대군을 이끌고 이 강을 건넌 다음부터 해가 지고 어둠이 내리면 이 강가에서는 귀신들의 울부짖는 소리가 끊이지 않았나이다. 또한 주변에는 독기가 서려 있고 안개 속에는 음산하고 기이한 기운이 어려 있어 누구도 이 강을 건널 수가 없는 것이옵니다."

원주민의 말이 끝나자, 공명은 탄식하며 말하였다.

"이 모든 것이 내가 저지른 죄로다. 지난번 우리의 마대 장군이 1천 명의 병사를 거느리고 이 강을 건너다가 모두 물에 빠져 죽었고, 또한 남만의 병사들을 수없이 죽여 이곳에 버렸으니, 그 많은 원귀(冤鬼)들이 한을 풀지 못하여 이렇게 미쳐 날뛰는 것이다. 내 오늘 이곳에서 친히 제사를 지내겠다."

하니, 이 말을 듣고 늙은 원주민이 재차 아뢰었다.

"승상! 전에 이곳에서 마흔아홉 사람의 머리를 잘라 제물로 바쳐서 원귀를 달랬던 적이 있사옵니다."

하였다. 그러나 공명은 결심한 듯 단호하게 말하였다.

"원귀란 본래 사람이 죽어서 되는 것이다. 그런데 죽은 사람의

원귀를 달래기 위해 산 사람을 죽인다는 것은 있을 수 없는 일
이다. 내게 생각이 있다.”

하면서, 음식을 관리하는 군사를 불러 소와 양을 잡게 하였다.
그리고는 그 고기를 반죽한 밀가루에 넣어 마흔아홉 개의 사람
머리 모양을 만들게 하였다. 바로 이것이 만두의 효시(嚆矢)가
되었던 것이다.

　해가 지고 원귀의 울음소리가 들릴 즈음, 노수 강변에는 원귀
를 달래기 위한 제상(祭床)이 차려졌다. 향을 피우고 등불 마흔
아홉 개로 불을 밝히며, 짐승 고기를 넣어 만든 사람 머리 모양
의 만두 마흔아홉 개가 제물로 바쳐졌다. 이윽고 자정(子正: 밤
12시)이 됨에 공명은 친히 제주(祭主)가 되어 제관(祭冠)을 쓰고
제의(祭衣)를 입고 제상 앞에 꿇어앉은 후, 보국대장군(輔國大將
軍)인 동궐(董厥)로 하여금 원귀들을 진심으로 위로하는 제문(祭
文)을 읽게 하였다. 제문 읽기가 끝나자 공명은 눈물을 흘리며
크게 통곡하였는데, 그 애절함에 감동되어 제사에 참여한 모든
이들도 함께 통곡하였다. 얼마의 시간이 흘렀을까 그 세차게 불
던 바람이 서서히 잦아들고, 강 주변에 머물던 수많은 원귀들이
밤안개에 묻혀 바람을 타고 하늘로 사라지기 시작하였다. 공명
은 제물(祭物)을 모두 강물에 던지게 하고 날이 밝기를 기다렸다
가, 다음날 대군을 이끌고 노수를 건너 무사히 촉나라로 돌아올
수 있었다고 한다.

위의 이야기처럼 노수의 원귀를 달래기 위해 제갈공명이 밀가루
속에 짐승의 고기를 넣어 만든 제물이 만두의 시초라고 하였다. 그

러나 일부에서는 그렇지 않다는 주장도 있지만, 제갈공명이 만든 것이 만두의 효시냐 아니냐를 따지는 것보다, 그 옛날에도 사람의 생명을 귀하게 여기고 인류를 사랑하는 휴머니즘이 있었다는 것을 인식하는 것이 더 중요하지 않을까 한다.

윗글에 나오는 마흔아홉의 숫자는 49재와 그 의미가 상통한다고 볼 수 있다. 사람이 죽어 49일째가 되면, 지옥에 떨어지느냐 아니면 극락에 오르느냐 하는 재판을 옥황상제에게 받는다. 따라서 이날 망자(亡子)가 극락에 오를 수 있도록 옥황상제에게 선처(善處)를 빌며 드리는 제사가 49재라고 볼 때, 제갈공명이 노수에서 49개의 등불을 밝히고, 49개의 사람 머리 모양의 만두를 제물로 삼아 제사를 지낸 것은, 전장(戰場)에서 비명(非命)에 사라진 병사들의 원귀가 극락에 오를 수 있도록 기원한 행위로 보아도 좋을 것이다.

27. 옷자락에 스며드는 손돌바람

　　바람을 한자(漢子)로는 風(풍)이라고 한다. '공기가 널리 퍼져서 생물이 깨어나 움직인다.'는 뜻으로 만들어진 글자라고 한다. 전해 오는 일화(一話) 중 풍(風)자에 얽힌 이야기가 있는데, 청출어람(青出於藍: 쪽에서 나온 물감이 쪽보다 더 푸르다는 뜻)이라고 제자가 스승보다 나아야 한다는 뜻이 담긴 내용이다.

　　옛날 어느 서당에 혀가 짧은 스승 한 분이 계셨다. 하루는 풍(風)을 가르치는 날이었다. 스승이 학동(學童)들을 모아 놓고, 긴 막대기로 '風(바람 풍)'자를 짚어 가며,

　　"바담 풍"

하시니, 학동들도 따라서,

　　"바담 풍"

하였다. '바담 풍' 소리를 들은 스승은 큰 소리로,

　　"아니, 이놈들아! 내가 혀가 짧아 '바담 풍' 해도 네놈들은 '바담 (바람) 풍' 해야지."

하시니, 학동들이 말씀드리기를,

"스승님이 '바담 풍' 하시니, 저희들도 '바담 풍'이라 하지요."

하며, 한바탕 웃었다고 한다.

바람의 명칭도 참으로 다양하다. 봄철에 불어오는 봄바람부터 첫여름에 부는 훈훈한 훈풍(薰風), 가을에 부는 신선하고 서늘한 가을바람, 겨울에 부는 차디찬 겨울바람, 동쪽에서 불어오는 골바람(동부새, 동풍), 서쪽에서 불어오는 하늬바람(서풍), 남쪽에서 불어오는 마파람(남풍), 북쪽에서 불어오는 뒤바람(된바람, 북풍), 그리고 이른 봄에 좁은 틈새로 들어오는 차가운 살바람, 봄철에 명주처럼 보드랍고 따뜻하게 부는 명지바람, 땀나는 계절에 시원하고 가볍게 부는 산들바람이 있다. 또한 뱃사람들은 북동풍이라고 하지만 산을 넘어 내려 부는 건조한 높새바람(재넘이), 겨울철에 차가운 외풍이 문틈으로 새어 들어오는 황소바람, 살을 에듯이 몹시 차고 매섭게 부는 칼바람, 갑자기 저기압이 생겨 둘레의 공기가 한꺼번에 모여들어 나선형으로 빙빙 돌며 올라가는 회오리바람, 비와 함께 세차게 휘몰아치는 비바람, 쌓인 눈 위로 불어오는 차가운 눈바람, 강한 열대성 폭풍우로 많은 비를 동반하여 세차게 부는 태풍 등 그 종류가 다양하다.

그런데 이러한 바람 중에, 우리나라에서 전설과 관련하여 이름을 붙인 바람이 있다. 음력 10월 20일경에 부는 몹시 매섭고 추운 바람으로 이 바람을 손돌바람이라고 한다. 강화도(江華島)에서는 손돌바람을 손석풍(孫石風) 또는 손돌풍(孫乭風)이라고도 한다.

손돌바람이 분다는 손돌목은 울둘목(이순신 장군이 승전한 명량대첩이 일어났던 해협)처럼 바다 물길의 병목 현상으로 물길이 좁아져 바닷물이 빠르게 흐르는 곳이다. 울둘목이 전라남도 해남의 화원

반도와 진도가 병목 현상을 만든 것처럼, 손돌목은 강화도의 용두
돈대와 손돌목돈대가 있는 언덕과 건너편에 있는 김포의 덕포진
이 병목 현상을 만들기 때문에 밀물이나 썰물 때에 물살이 빠르게
흐르는 것이다. 병목 현상이 있는 곳의 바닷물이 어느 정도 빠르
게 흐르느냐 하면, 장마철 계곡에 흐르는 물살만큼이나 세차게 흐
른다고 보면 틀림이 없다. 서해안에 조수(潮水)가 진행될 때, 용두
돈대 또는 손돌목돈대에서 내려다보면 엄청난 물살의 속도를 충
분히 느낄 수 있을 것이다. 그리고 인천에서 4시간 정도 배를 타고
가다 보면 옹진군 북도면의 모도(茅島)와 시도(矢島)가 나타나는
데, 이 두 개의 섬 사이에서도 바닷물의 병목 현상이 만들어진다.
배들이 크건 작건 간에 이곳을 지날 때, 병목 현상으로 유속(流速)
이 매우 빠르면 멀리 떨어진 바다에서 한참을 기다렸다가 유속이
느려지면 그때서야 지나가는 것을 보았던 기억이 있다.

필자가 강화도에 위치한 경기도호국교육원(현 경기도학생교육원)
에 근무할 당시, 수련생들의 현장 학습을 위해 제작된 학습 지도
자료를 중심으로 손돌목에 얽힌 전설을 이야기하고자 한다.

강화도로 피신한 임금에 관해서는 고려 제23대 고종(高宗) 임금
이라 하기도 하고, 조선 제16대 인조(仁祖) 임금이라 하기도 한다.
고종 임금은 몽고(蒙古)의 침입으로 강화도에서 28년간이나 항쟁
하다가 결국 태자 전(倎)의 볼모 조건으로 강화(講和: 교전국끼리 싸
움을 그만두고 서로 화의함)하게 되었고, 인조 임금은 정묘호란[丁卯
胡亂: 후금(後金)이 인조반정의 부당성을 내세우고 침입하여 일어
난 난리] 때 강화도로 피신하였으나, 형제의 맹약(盟約)을 맺는 조
건으로 전쟁이 끝나게 되어 두 임금 모두 강화도로 피신한 사실이

있다. 여기서는 여러 문헌과 특히《한국사대사전(韓國史大事典)》에 고려의 전설로 기록되어 있어 고려 임금으로 하고자 한다.

옛날 고려의 임금이 강화도로 피신하게 되어 배를 타게 되었다. 손돌은 경험이 많은 뱃사공으로 임금이 탄 배를 젓게 되었는데, 임금이 배를 타고 가다가 앞을 보니 물결이 출렁이는 여울(물살이 빠르고 센 곳) 쪽으로 노를 젓는 것이었다. 두려움을 느낀 임금은,

"여울 쪽으로는 가지 말라."

고 명령하였지만, 손돌은 계속해서 위험하게 보이는 여울 쪽으로 배를 젓는 것이었다. 화가 난 임금이 손돌의 목을 베라고 명령하자, 손돌은 다음과 같이 아뢰었다.

"전하! 여울이 위험해 보이기는 하지만, 그 길이 강화도로 가는 안전한 길이옵니다."

고 하였다. 그러나 임금은 손돌의 말을 믿으려 하지 않았다. 손돌은 임금이 마음을 바꾸지 않을 것을 짐작하고 바가지 한 개를 임금에게 올리면서,

"전하! 제가 죽은 뒤 배를 저어가다 뱃길을 잃게 되시면, 이 바가지를 배 앞에 던진 후 이 바가지가 흘러가는 대로 따라 가시옵소서."

하고, 마지막 당부의 말을 전한 뒤 처형되었다.

손돌이 죽자, 하늘도 이 사실을 알았던지 초겨울의 북서풍이 세차게 불어 임금과 일행은 몸을 가눌 수가 없을 지경에 이르게 되었고, 그만 배가 침몰하기 직전이었다. 바로 이때 손돌이 죽기 전에 준 바가지를 여울에 던졌더니 바가지가 배 앞에서 둥둥 떠가는 것이었다. 임금과 일행은 바가지가 떠가는 대로 뱃길을 잡아 무사히 강화도에 당도하게 되었고, 후에 자신의 경솔함을 뉘우친 임금은

손돌을 위해 사당(祠堂)과 비(碑)를 세워 주고 그의 충정(忠情)을 기렸다는 이야기다.

　이 전설에 따라 어부들은 손돌이 죽은 날(음력 10월 20일)을 가려 바다에 나가는 것을 삼갔고, 부녀자들은 겨울옷을 챙기는 관습이 생겼다고 한다. 손돌바람이 춥다고 하지만, 원래 음력 10월 20일경이면 24절기 중 소설(小雪)에 해당되므로 아직은 겨울옷을 입지 않은 터에, 계절풍이 부는 첫추위라 옷자락에 스며드는 바람이 더 춥게 느껴지는 것이 아닌가 한다. 따라서 이러한 추위가 손돌의 전설과 맞물려 손돌바람이라는 이야기가 만들어진 것으로 보인다. 계절적으로 보아도 손돌이 죽었다는 음력 10월 20일경에는 북서풍이 거세게 불어오는 때이며, 이때의 추위를 손돌이추위라고도 한단다.

28. 윤달[閏月(윤월)]이라도 가려야 할 일들

　　우리 풍속에 사람이 하는 일을 훼방 놓거나 해코지하는 귀신을 '손'이라고 하는데, 이 손 없는 달을 윤달이라고 한다. 이 윤달은 태음력(太陰曆)에서 1년 12달에 한 달이 더 보태지는 13달의 윤달을 말하는 것이다. 옛날부터 윤달은 정상적인 달이 아니라 하여 공달, 덤달, 여벌달, 빈달이라고 불리며, 이러한 윤달에는 불경스러운 일을 해도 부정(不淨)을 타거나 액(厄)이 끼지 않는다고 한다. 왜냐하면 귀신들도 1월부터 12월까지는 인간이 하는 일에 대하여 계획한 대로 훼방을 놓지만, 썩은 달과 같은 공달에는 월중 계획이 없으므로 귀신도 쉬기 때문에 사람들이 하는 일에 해코지를 하지 않는다는 것이다. 따라서 사람들은 손이 없는 윤달이 되면, 평상시 꺼렸던 수의(壽衣)와 관(棺)을 마련하고, 산소를 이장(移葬)하거나 보수를 하며, 제기(祭器)와 제구(祭具)도 구입하고, 가옥을 신축하거나 보수를 하며, 장 담그기, 우물 파기 등 여러 가지 일들을 마음 놓고 행하였다. 그러나 평상시에도 해서는 안 되지만, 아무리 손 없는 윤달이라도 가려야 할 일들이 많이 있는데, 그중에서 몇 가지를 소개해 본다. 다음 이야기들은 지역에 따라 차이는 있겠으나, 대부분 공통적으로 구전(口傳)되어 전하는 것들이다.

(1) 동네에 초상이 났을 때 바느질을 하면 따라 죽는다

동네에 초상이 나면, 초상집에서는 망자(亡者)가 이승을 떠날 때 입고 갈 수의를 짓는다. 그런데 동네에 초상이 났는데도 다른 집에서 바느질을 하면, 초상집으로 망자를 데리러 온 저승사자(-使者)가 같은 동네에서 바느질을 한 사람도 수의를 짓는 줄 알고 망자와 함께 데리고 간다는 것이다. 그런 중에 저승사자가 실수를 하여 바느질한 사람을 데려오지 못하면 초상집의 망자가 염라대왕에게,

"우리 동네 누구도 이곳에 오려고 바느질을 하였습니다."

라고 일러바치면, 염라대왕은 저승사자에게 다시 명하여 바느질한 사람을 잡아오게 하기 때문에 결국에는 바느질한 사람은 망자를

따라 저승으로 간다는 것이다.

수의는 윤달에 만드는 것이 좋은데, 수의를 짓는 바느질은 홈
질만 해야지 박음질을 해서도 안 되고 실에 매듭을 져서도 안 된
단다. 홈질은 앞쪽으로 향하지만, 박음질은 뒤로 갔다가 앞으로 가
기 때문에 망자의 자손들이 발목이 잡혀 제대로 출세를 하지 못하
고, 실에 매듭을 지으면 대(代)가 끊겨 자손을 못 본다고 한다. 그러
나 이러한 말들은 동네에 슬픈 일이 있을 경우, 서로 삼가며 함께
슬픔을 나누게 하려는 의도에서 만들어진 말일 것이다.

(2) 뒷간에 빠지면 오래 살지 못한다

옛날의 뒷간은 커다란 똥통을 땅에 묻고 그 위를 디디고 뒤(똥을
점잖게 이르는 말)를 볼 수 있도록 널빤지로 부출을 만들어 놓은 곳
이다. 이 부출이 튼튼하지 못하여 흔들리거나 미끄러지면 어린아
이들이 똥통에 빠지는데, 이것은 뒷간을 관장하는 아주 성격이 고
약하고 짓궂은 측신(厠神)이 뒤를 보기 위해 부출에 앉아 있는 아
이를 떠밀어 빠뜨리는 것이라고 한다. 그리고 이처럼 뒷간에 빠진
아이는 얼마 동안 시름시름 앓다가 죽게 된다는 것이다. 따라서 아
이들이 뒷간에 빠지면 뒷간 앞에 떡과 밥을 차려 놓고 빌기도 하
며, 쌀가루로 송편 만하게 동그란 떡 100개를 만들고 동네를 한 바
퀴 돌면서 100명에게 이 떡을 모두 나누어 주면, 측신이 고약한 마
음을 풀기 때문에 죽음을 면할 수 있다고 한다.

옛날에는 아이들이 똥통에 빠지는 일이 흔히 있었다. 뒤를 보다
가 빠지는 경우도 있지만, 숨바꼭질하며 뒷간에 숨다가 빠지기도
하고, 들판에서 뛰어놀다가 농사 거름에 쓰려고 밭 귀퉁이에 만들

어 놓은 똥구덩이에 빠지는 경우도 많았다. 사람이 똥통에 빠지면 온몸에 똥독이 오르는데, 똥독이 오르면 살갗이 붉어지고 매우 가려우며, 좁쌀 같은 물집도 생겨 한동안 고생을 한다. 그래서 옛날 사람들은 아이들이 똥통에 빠지지 않도록 주의를 주려고 "뒷간에 빠지면 일찍 죽는다."고 하였던 것이다.

(3) 대문을 아무 쪽으로나 내면 집안이 망한다.

대문은 그 집의 정문(正門)으로서, 우리 속담에 "대문이 가문(家門)"이라고 하였다. 집안이 가난하여 대문이 작으면 아무리 학식과 덕망이 있는 가문이라도 보잘것없어 보이고, 내로라할 것이 없는 집안이라도 대문이 크면 사대부(士大夫)의 집안처럼 훌륭해 보인다는 뜻이다. 또한 좋은 뜻에 쓰이는 속담은 아니지만, "서 푼짜리 집에 천 냥짜리 문호(門戶: 대문)"라는 말도 있다. 따라서 이렇게 중요한 대문을 아무 쪽으로나 내면 이로 인하여 가족 중에 앓아눕

박기종 고가 '솟을대문'

는 이가 생기든지 아니면 재물이 새어 가운(家運)이 기울기 때문에, 대문은 그 집에 어울리는 좋은 방향으로 내어야 집안에 재물이 들고 가족들도 복을 받아 출세를 한다는 것이다.

또한 옛날부터 전해 오는 말에, "조리질을 대문 쪽으로 하면 집안이 망한다."는 말도 있었다. 쌀을 대문 쪽으로 퍼내는 것이기 때문이란다. 우리 조상들은 그만큼 대문이 그 집안의 흥망(興亡)에 깊은 관련이 있다고 믿어 왔던 것이다. 실제로도 대문은 그 집안의 첫인상이나 다름이 없다. 첫인상이 좋으면 모든 것이 좋아 보이고 첫인상이 좋지 않으면 나머지도 따라서 좋게 보이지 않는 것이 인지상정(人之常情)인데, 대문이 중요하다는 것에 대해서는 두말할 나위가 없을 것 같다. 그러나 "서 푼짜리 집에 천 냥짜리 문호"는 과유불급(過猶不及)이 아닐까?

(4) 처음 놓은 다리를 젊은이가 먼저 건너면 일찍 죽는다

하천(河川)에 다리를 놓고 젊은이가 그 다리를 제일 먼저 건너면, "젊은 것이 버릇이 없고 주제넘게 건방지다."며 대로(大怒)한 하천신이 조화(造化: 사람의 힘으로는 도저히 할 수 없는 일을 꾸미는 재주)를 부려 젊은이를 일찍 죽게 한다는 것이다.

바다의 해신(海神)이 용(龍)이라면 냇가의 하천신은 오래 묵은 이무기(전설상의 동물로, 용이 되려다 못 되고 물속에 산다는 큰 구렁이)나 사람만한 수염 달린 커다란 잉어라고 한다. 해신이나 하천신은 수신(水神)으로, 물속에 숨어 있다가 물에 가까이 다가오는 사람이 있으면 재앙을 내려 목숨을 빼앗기 때문에 악령(惡靈)이라고도 한다. 더욱이 하천신에 속하는 이무기와 잉어는 여의주(如意珠: 용

의 턱 아래에 있다는 구슬로, 이를 얻으면 온갖 조화를 부릴 수 있다고 함) 만 얻어 입에 물게 되면 용이 되어 승천(昇天)할 수 있는데, 아직 여의주를 얻지 못하여 기회만 있으면 사람들에게 못된 해코지를 한다. 그러나 노인이 먼저 다리를 건너면 언제 죽을지 모르는 늙은이라 생각하고 크게 관심을 갖지 않지만, 젊은이가 먼저 다리를 건너면 자신(물귀신)을 업신여기는 것으로 알고 크게 화를 내며 해코지를 하여 결국 젊은이를 죽게 한다는 것이다.

일상생활에서 시내에 다리를 놓으면 그것은 부락의 축복이요 경사스러운 일이다. 이러한 경사에 마을의 원로(元老)들이 먼저 다리를 건너는 것이 도리(道理)며 상례(常禮)다. 젊은이가 먼저 다리를 건너면 일찍 죽는다는 말은, 아마도 경사스러운 일에 젊은이는 삼가고 노인들을 우대하라는 뜻에서 만들어진 말일 것이다.

(5) 우물을 메우면 벙어리가 된다

옛날에는 마을 사람들이 공동으로 사용하도록 만들어진 공동 우물이 윗마을에 하나, 아랫마을에 하나가 있을 정도였고, 대갓 집 정도는 돼야 집 안에 개인 우물이 있었다. 공동 우물은 사각형 이 되도록 긴 돌로 귀틀을 짜서 여러 사람이 물을 긷도록 만든 우 물이다. 그래서 바로 이 귀틀 모양을 본떠 우물을 나타내는 한자 인 '井(우물 정)'자를 만든 것이다. 그리고 간혹 '井(우물 정)'자 안에 '·(점)'을 찍고(井+· = 丼), 우물에 돌을 던지면 퐁당 소리가 난다 고 '퐁당 퐁'자라고 하는데, 이것은 잘못 전해진 말이다. '우물 정' 자에 '점'이 있는 글자(丼)는 '井(우물 정)'자의 본자[本字: 정자(正 字)]로서 똑같은 '우물 정'자이기 때문이다.

우물에도 물귀신이 있다고 하는데, 이 귀신들도 원한을 가지고 있어 자신(물귀신)을 대신할 사람을 우물 속에 잡아 놓아야 승천할 수 있다고 한다. 그래서 아이들이 물을 긷기 위해 두레박질을 하 면, 그중에서 어리고 왜소한 아이를 잡아당겨 우물 속에 빠뜨리고 자신(물귀신)은 하늘로 올라간다는 것이다. 그런데 공교롭게도 옛 날에는 우물에 빠져 목숨을 잃는 아이들이 많았다. 이를 두고 사람

정자형 우물

들은 이구동성(異口同聲)으로 우물 속에 있는 물귀신이 아이 를 잡아끌어 죽게 하였다는 것 이다. 그러나 옛날에는 물을 긷다 보면, 몸집이 작고 왜소한 아이가 물이 담긴 두레박의 무 게를 이기지 못하여 우물에 빠

지는 경우가 허다했다.

　세월이 흘러 이제 집집마다 수도(水道)가 설치되고 우물물의 사용이 뜸해지면서 고여 있는 우물물이 썩으니 이를 메울 수밖에 없는 처지가 되었다. 그동안 마을 사람들의 식수이며 생활용수를 제공했던 우물을 메우자니 선뜻 마음이 내키지 않았으리라. 하지만 메울 수밖에 없는 처지가 되어 우물을 메우니, 우물 속에 있던 물귀신들이 거처하던 집을 잃게 되었는데 가만히 있겠는가? 물귀신들이 발악을 하며 우물을 메운 사람들에게 해코지를 하는데, 대개가 어린 물귀신이므로 어른을 죽일 정도로 크게 조화를 부리지는 못하고, 물이 솟는 샘구멍을 막았다 하여 사람의 말문을 막아 벙어리를 만든 것처럼 꾸며진 이야기로 보인다.

그때는 세 식구가 살아도 밥은 한 그릇 뿐이었다. 아내와 아이의 밥그릇은 있어도 그 밥그릇에 담을 밥이 없었다. 그래서 가장(家長)은 늘 밥을 남겨야 했다. 배불리 더 먹고 싶어도 밥은 남겨야 했다. 그래야 그 남긴 밥을 아이가 먹고, 아이가 남긴 밥을 아내가 먹었다.

제Ⅱ장 ◉

일반 풍속 一般風俗

1. 오줌을 싸면 왜 키를 씌우고 소금을 얻어 오게 하였을까?

　우리나라에서는 오줌을 싸면 창피하고 부끄러운 일로 인식되고 있지만, 오줌싸개가 영웅으로 칭송을 받는 나라가 있다. 유럽 서북부에 있는 나라로, 북쪽에는 네덜란드와 남쪽으로는 프랑스와 인접하고 있는 벨기에(Belgie)다. 벨기에의 수도 브뤼셀에는 청동으로 만든 60cm 정도의 오줌싸개 소년 동상이 있는데, 이 동상의 주인공은 줄리앙이라는 어린 소년으로 위기에 처한 나라와 국민을 구했기 때문에 영웅으로 칭송을 받는다는 것이다. 오줌싸개 (소년) 동상에 대해서는 어느 제후의 왕자가 적군을 조롱하기 위해 오줌을 누었다는 등 여러 가지 이야기가 전하고 있지만, 나라를 위기에서 구하게 된 내용으로는 다음과 같은 두 가지의 유래가 전하고 있다.

　그 하나는 프랑스군이 벨기에를 침략하여 브뤼셀에 불을 지르자, 한 소년이 용감하게 나타나 오줌을 누어 불을 껐다고 한다. 이로 인해 브뤼셀은 화마(火魔)로부터 안전하게 되었고, 이것이 계기

가 되어 오줌싸개 소년의 동상을 만들게 되었다
는 것이다. 이 오줌싸개 동상이 오줌을 누면 브
뤼셀은 불안과 공포로부터 해방되어 평화롭고
안전하기 때문에, 동상이 누는 오줌은 그때부터
지금에 이르기까지 그치지 않는다고 한다.

또 하나는 벨기에군이 적군과의 전쟁
에서 패하여 성안으로 쫓겨 들어가자
적군은 마지막 승리를 위해 벨기에
군과 국민들이 숨어 있는 성을 폭파

벨기에의 오줌싸개 소년 동상

하려고 계획을 세운 다음, 성벽에 폭발물을 설치하고 도화선에 불
을 붙였는데, 이때 줄리앙이라는 어린 소년이 성 밖으로 용감하게
달려 나가 오줌으로 도화선의 불을 껐다. 그 바람에 성은 온전하
였고, 성안의 벨기에군과 국민들은 위기로부터 목숨을 건질 수 있
었다고 한다. 이 이야기가 전해지자 벨기에 사람들은 용감한 줄리
앙을 나라를 구한 영웅으로 칭송하게 되었고, 이를 기념하기 위해
오줌싸개 소년의 동상(실제로는 오줌을 누는 소년의 동상)을 만들어
지금까지 기리고 있다는 이야기다.

우리 조상들은 아이들이 오줌을 싸면 오줌을 쌌다고 하지 않
고 요 바닥에 지도를 그렸다고 하였다. 동생이 오줌을 싼 요를 보
고 윤동주(尹東柱) 시인이 '오줌싸개 지도'라는 유명한 시를 지었
던 것처럼, 정말로 오줌싸개들은 우리나라 지도는 좁다고 널찍하
게 세계 지도를 많이 그렸다. 오줌싸개는 주로 어린 사내아이들이
었다. 여자 아이들은 남자 아이들보다 감각이 예민하고 같은 또래
라 하더라도 성숙하여 오줌을 싸는 일이 거의 없지만, 사내아이들

은 감각이 둔하고 늦게 성숙하는 편이라 걸핏하면 오줌을 쌌다. 특히, 저녁을 먹고 나서 수박이나 참외를 먹으면, 아무리 자기 전에 소변을 보고 자더라도 친구들과 한참 동안 뛰어놀다가 도랑에 시원하게 오줌을 누는 꿈을 꾸고, 아침에 일어나면 영락없이 요에는 커다란 지도가 그려져 있었다.

필자가 어렸을 때의 일이다. 우리 동네에 오줌을 자주 싸는 오줌싸개가 있었다. 초등학교에 들어와서도 오줌을 쌌는데, 아마도 너무 많이 꾸지람을 듣고 매를 맞는 바람에 스트레스가 쌓여 그랬던 것 같다. 그 아이는 위로는 여러 누나들이 있었고 아래로도 서너 명의 누이가 있어 많은 딸들 속에 태어난 외아들이었다. 하지만 귀여움을 많이 받았어야 할 처지인데도 성격이 모나고 행동이 짓궂어 듣느니 꾸지람이요 맞느니 매밖에 없었다. 보나마나 누나와 누이들을 많이 괴롭혔던 모양이다. 나도 동네에서 그 아이와 여러 번 어울려 놀았었는데, 친구들에게도 심술궂게 노는 꼴을 보고 어린 나이에도 '그 애는 혼이 나도 싸고 매를 맞아도 싸다.'고 생각했다. 그 아이가 오줌을 싼 날은 영락없이 식전에 발가벗긴 몸으로 키를 쓰고 두 손에는 작은 바가지를 들고 동네의 여러 집을 돌아다녔다. 그러면 아침을 준비하던 어머니들은 소금을 들고 나와,

"에구, ○○이 또 오줌을 쌌구나. 이 소금 맞고 다시는 오줌 싸지 말거라."

하며, 일부는 키에 뿌리고 나머지는 바가지에 담아 준다. 그러면 아이는 눈물 콧물이 범벅된 얼굴로 징징 짜면서 기어드는 목소리로,

"네~."

한다. 그러면 뒤따라 온 그 애 아버지가 회초
리로 종아리를 치면서,

"크게 대답하지 못 하고 더 크게 대답해."
하며, 이 집 저 집을 돌아다녔다.

그 아이가 언제 오줌 싸는 버릇을 고쳤는
지는 모른다. 그 버릇을 고쳤다 해도 키를 쓰
고 소금을 얻어 와서 효험이 나타났다고 보기
는 어렵지만, 우리의 조상들은 그렇게 하면
오줌 싸는 버릇이 고쳐진다고 믿어 왔다. 오
줌을 싸는 것도 귀신의 장난으로 여긴 조상들
은 예로부터 소금은 부패를 방지하기 때문에

수원 해우재 박물관의
오줌싸개 조형물

귀신도 쫓아낼 수 있다고 생각했다. 따라서 오줌싸개에게 소금을
뿌리거나 그릇에 담아 주면 축귀(逐鬼: 잡귀를 쫓음)의 능력이 있어
효험을 본다고 소금을 뿌렸던 것이다.

그러면 키는 왜 씌웠을까? 일부 문헌에서는 추수를 하는 과정에
서 곡식의 쭉정이나 검불을 가려내는 키를 씌움으로써 좋지 않은
버릇(오줌 싸는 버릇)을 가려내라는 의미가 담겨 있다고 하지만, 그
런 깊은 뜻보다는 벌거벗은 몸에 소금을 끼었으면 여린 살이 얼마
나 따갑고 아플까? 아무리 오줌싸개라 하더라도 부모의 마음은 안
쓰럽고 아릴 것이다. 따라서 소금을 키에 뿌림으로써 축귀의 행위
가 되고, 부모의 입장에서는 아이가 보호되며, 소금을 뿌리는 소리
의 효과도 나타나기 때문에 키를 씌우는 것으로 보는 것이 좋을 듯
하다.

오줌싸개 지도

윤동주(尹東柱)

빨랫줄에 걸어 논
요에다 그린 지도
지난밤에 내 동생
오줌 싸 그린 지도

꿈에 가 본 엄마 계신
별나라 지돈가?
돈 벌러 간 아빠 계신
만주 땅 지돈가?

* 오줌싸개로 시작하였지만, 일제의 만행으로 고통을 겪고 있는 우리
  민족의 비극을 우회적으로 표현한 시(詩)다.

2. 가장(家長)은 밥을 남기고
양반은 생선을 뒤집어 먹지 않는다

　지금부터 사오십 년 전만 해도 우리의 살림살이는 먹을 것이 부족하여 매우 어려운 형편이었다. 필자가 중·고등학교에 다니던 1960년대에는 점심을 거르는 친구들이 절반이나 되었고, 싸 온 도시락이라야 보리밥에 반찬은 고추장이 고작이었다. 조금 낫다는 것이 고춧잎이 섞인 무말랭이, 간장에 조린 콩자반, 머리째 볶은 멸치 볶음 정도였으며, 보릿고개를 넘길 땐 더욱 그랬다. 도시락을 싸 오지 못한 아이들은 남향으로 지어진 학교 건물 벽에 죽 늘어서서 햇볕을 쪼이며 몸을 덥히곤 하였다. 이런 시절을 겪은 육십 대 이상의 어른들이 요즈음의 젊은이들에게, "옛날에는 먹을 것이 부족하여 배를 곯는 경우가 많았다."고 덕담 겸 검소한 생활 태도에 대하여 이야기를 해 주면, 그들은 "밥이 없으면 라면을 끓여 먹으면 되지 않느냐?"고 반문을 한다는 것이다.

　그 당시에는 라면도 지금처럼 흔한 것이 아니었다. 1970년대 중반만 해도 라면 한 개가 30원이 넘어 일반 서민에게는 그래도 귀한

편이었다. (졸업식 날이나 얻어먹는 짜장면 한 그릇의 값은 120원 정도였음) 내가 초등학교에 근무하며 1학년을 담임할 때의 일이다. 1학년을 맡으며 마음속에 간직한 나의 교육관은 아이들로 하여금 한글을 깨치게 하는 것이 최우선이었고, 다음은 두 자리까지의 덧셈과 뺄셈을 익히게 하는 것이었다. 지금은 초등학교에 입학하기도 전에 이미 한글을 깨치고 덧셈·뺄셈까지 능숙하게 익히고 학교에 들어가지만, 그 당시에는 '가갸'의 'ㄱ'도 모르는 것은 물론 그저 손가락으로 보태기와 덜기를 조금씩 할 정도였다. 나는 나의 교육 철학을 실천하기 위해 하루도 빠짐없이 받아쓰기 시험을 치르고 쉬는 시간을 이용하여 채점을 한 다음, 그날로 채점 결과를 아이들에게 나누어 주곤 하였다. 하루는 우리 반 지숙이가 두 손을 뒤로 잡고 몸을 꼬면서 빙그레 웃는 얼굴로 내게 다가오더니,

"선생님요, 아빠가요, 어제요, 받아쓰기 100점 맞았다고요, 라면 끓여 줬어요."

하며, 자랑을 하였다.

"아~, 그랬어. 지숙이는 참 좋았겠다. 다음에도 100점 맞으면 아빠가 또 라면 끓여 주시겠네."

하고, 칭찬하며 맞장구를 쳐 주었다. 지금 생각하니, 지숙이는 얼굴이 까무잡잡하고 몸집은 작으나 유난히 눈이 반짝이는 귀여운 아이였다. 지숙이 말대로 1970년대에는 받아쓰기 100점은 맞아야 얻어먹을 수 있는 것이 라면이었다.

광복을 맞이하기 이전에는 더욱 어려운 형편이었다. 당시 어느 가정에 있었던 일이다. 남편과 아내와 네 살배기 아들이 살고 있었다. 하루는 땅거미가 지고 저녁이 한참 지났는데도 남편은 돌아

오지 않았다. 남편의 예리성(曳履聲: 신을 끄는 소리)을 기다리던 중에 투박한 인기척이 들려 왔다. 남편의 동료였다. 오늘 저녁은 남편이 일이 있어 돌아오지 못한다는 소식을 전하러 왔던 것이다. 당시는 전화가 없던 시절이라 사람이 직접 와서 소식을 전해야만 했다. 아내는 저녁 시간이 한참 지나기도 하였지만, 남편의 소식을 전해 준 것이 너무나 고맙고 미안한 마음에 저녁밥을 들고 가라고 하였다. 남편 동료는 잠시 머뭇거리다가 어지간히 시장하였던지 염치 불고(廉恥不顧)하고 밥상을 받아 정신없이 먹더니, 마지막에는 밥그릇에 물을 부었다. 이때 침을 꼴딱이며 밥 먹는 모습을 뚫어져라 바라보던 네 살짜리 꼬마가,

"엄마~, 아저씨가 물 붰어, 앙~ 앙~."

하고, 눈물을 훔치며 소리 내어 우는 것이었다. 남편 동료는 아이의 울음소리에 정신이 번쩍 들었다. 아차! 하였다. '내가 이 밥을 남겨야 저 꼬마가 먹을 수 있다는 것을……' 밥그릇에 물을 부었으니 다 먹겠다는 것이 아니었겠는가? 남편 동료는 아이에게 동전

두어 닢을 쥐어 주고는 아이 엄마의 괜찮다는 말에 인사도 제대로 하지 못하고 그 집을 빠져 나왔다.

그랬다. 그때는 세 식구가 살아도 밥은 한 그릇 뿐이었다. 아내와 아이의 밥그릇은 있어도 그 밥그릇에 담을 밥이 없었다. 그래서 가장(家長)은 늘 밥을 남겨야 했다. 배불리 더 먹고 싶어도 밥은 남겨야 했다. 그래야 그 남긴 밥을 아이가 먹고, 아이가 남긴 밥을 아내가 먹었다. 아이가 먹고 남긴 밥이 없으면 아내는 솥 안에 붙은 밥알과 솥 바닥에 눌러 붙은 누룽지 쪼가리를 물에 불려 한 모금 마시면 그게 끼니를 때우는 것이었다. 그래서 가장(家長)은 배가 고파도 늘 밥을 남겨야 했다.

한편 옛날의 양반들은 밥을 먹으며 반찬을 남김은 물론 생선을 뒤집어 먹지 않았다. 생선의 반은 남겨야 했기 때문이다. 근래에 TV의 사극 드라마에서 가끔 양반층을 탐관오리(貪官汚吏)에 빗대어 표현하는 경향 때문에 양반층에 대한 인식이 좋지 않은 편이지만, 그래도 옛날에는 학식(學識)과 덕망(德望)을 갖춘 선비 같은 양반들이 대부분이었다. 양반들은 자신이 밥을 먹고 나면, 식솔(食率: 한 집에 딸린 식구)들은 자신이 남긴 반찬으로 밥을 먹는다는 것을 알고 있었다. 따라서 가장(家長)이 밥을 남기듯 양반들도 반찬을 남겨 식솔들이 먹을 수 있도록 배려했던 것이다.

옛날 우리 조상들은 어른이 되면 지위 고하에 관계없이 먹는 것까지도 아랫사람을 배려하며, 항상 돌보는 것이 당연한 도리요 이치라고 여기며 살아왔던 것이다. 이것을 요즘 말로, 노블레스 오블리주(귀족의 책임, 가진 자의 도덕적 의무, 있는 자가 그렇지 못한 자를 위한 헌신과 봉사)라고 해도 크게 어긋나지는 않을 것이다.

3. 문방사우 文房四友 에 얽힌 이야기

문방(文房)의 네 벗이라는 문방사우는 옛날 선비들이 학문을 연마(研磨)하면서 늘 곁에 두고 사용하는 종이[紙(지)]·붓[筆(필)]·먹[墨(묵)]·벼루[硯(연)]의 네 가지 물건을 벗인 양 의인화하여 부르는 말이다. 선비들에게는 보물과 같은 존재라 하여 문방사보(文房四寶)라고도 하고, 문방사우로 학문을 닦으면 제후(諸侯)의 자리에도 오를 수 있다 하여 문방사후(文房四侯)라고도 하였다. 문방은 원래 중국에서 문인(文人)들의 서재를 일컫는 말이었는데, 한문(漢文) 문화를 함께 공유하던 우리나라에서도 그들처럼 선비들의 공부방을 문방이라고 하였던 것이다. 문방사우에 관련된 이야기는 참으로 많이 전해 오고 있다. 그중에 몇 가지만 소개해 본다.

(1) 종이[紙(지)]

종이에 관해서는 '낙양지귀(洛陽紙貴: 낙양에 종이가 귀하다.)'라는 말이 전한다. 낙양에 종이가 부족하여 종이 구하기가 어렵게 되었고, 그로 인하여 종이값이 올랐다는 말이다.

중국 육조(六朝) 시대 제(齊)나라에 좌사(左思)라는 사람이 살았다. 그는 선비 집안의 후손으로 장엄하면서도 아름다운 시를 일필휘지(一筆揮之)로 써내는 시인이었으나, 용모가 추하고 말도 어눌하여 밖에 나가기를 꺼렸고 오직 집 안에서 시를 쓰기에만 몰두하였다. 그는 1년간 제나라의 도읍인 임치(臨淄)의 풍물(風物)을 내용으로 하여 《제도부(齊都賦)》라는 서사시를 지었다. 이것으로 세상에 명성(名聲)을 떨치자, 그는 용기를 내어 삼국 시대 촉(蜀)·오(吳)·위(魏)의 도읍인 성도(成都)·건업(建業)·낙양(洛陽)의 흥망성쇠를 내용으로 하는 《삼도부(三都賦)》를 짓기로 마음먹었다. 그는 낙양에 자리를 잡고 10년이라는 긴 세월을 보내며 각고(刻苦)의 노력으로 《삼도부》를 완성하였지만, 누구도 그의 작품을 알아주지 않았다. 그는 한동안 고심을 하다가, 무제(武帝)가 내리는 벼슬도 마다하고 초야(草野)에서 시문(詩文)과 더불어 사는 대학자(大學者)인 현안 선생(玄晏先生) 황보밀(皇甫謐)을 찾았다. 현안 선생은 좌사가 쓴 《삼도부》를 읽어 보고 크게 감탄하고는 칭찬을 아끼지 않았으며, 그 글의 서문(序文)까지 써 주었다.

그 후로 서진(西晉)의 문인(文人)으로 이름을 날리던 육기(陸機)는 좌사의 《삼도부》를 읽은 후 스스로 문인이기를 포기하였고, 당시 유명한 학자 장화(張華)는 《삼도부》의 웅대한 구상과 유창하고 아름다운 문장에 감탄한 나

전통 한지

머지 후한(後漢)의 대시인(大詩人)이었던 반고(班固)와 장형(張衡)에 견주어 칭찬을 아끼지 않았다. 이와 같은 말들이 항간에 떠돌자 《삼도부》를 모르는 사람이 없게 되었고, 문인들은 다투어 《삼도부》를 필사(筆寫: 베껴 씀)하기에 여념이 없었다. 그 바람에 낙양에는 종이가 동나게 되었고, 따라서 '낙양지귀(洛陽紙貴: 낙양에 종이가 귀하다, 낙양에 종이값이 올랐다.)'라는 말이 생겼다고 한다.

(2) 붓[筆(필)]

붓은 붓끝이 뾰족하고 흩어지지 않아야 하며, 붓털은 갈라짐 없이 가지런해야 하고, 둥글게 에워싸여 회전이 잘 돼야 하며, 탄력성이 있어 일정하게 선이 그어진 후 원래의 모습으로 되돌아오는 것을 좋은 붓이라고 한다.

우리 속담에, "글 잘 쓰는 사람은 필묵(筆墨)을 탓 안 한다."는 말이 있다. 글 잘 쓰는 사람은 글 쓰는 도구가 좋지 않더라도 얼마든지 잘 쓴다는 말로, "글 못 쓰는 놈이 붓 탓만 한다."는 얘기다. 옛날 당(唐)나라에 명필로 이름난 세 사람이 있었다. 왕희지(王羲之)의 필법(筆法)을 따르던 구양순(歐陽詢)과 저수량(褚遂良), 그리고 덕행·충직·학문·문장·글씨 등 다섯 가지 모두를 칭송받았던 우세남(虞世南)이었다. 하루는 저수량이 같은 스승의 필법을 따르는 구양순보다 자신의 서체(書體)가 낫다는 생각이 들어 우세남을 찾아가 누구의 글씨가 좋은지 물었다. 그러자 우

붓과 붓걸이

세남이 망설이지 않고 대답했다.

"내 듣건대, 시문을 씀에 있어 구양순은 종이와 붓을 가려 쓰지 않고도 늘 그가 뜻한 바를 훌륭히 써 내려갔고, 그대는 족제비나 너구리 털로 만든 붓과 상아와 같은 동물의 뼈로 만든 붓대가 아니면 절대로 붓을 잡지 않는다고 한다. 무릇 명필은 '능서불택필(能書不擇筆: 글씨를 잘 쓰는 사람은 붓을 가리지 않는다.)'이라 하였다. 그러므로 구양순이 그대보다 낫다."

고 하여, 명필은 붓을 가리지 않는다는 '능서불택필'이란 말이 생겼다고 한다.

(3) 먹[墨(묵)]

서울 중랑구 묵동삼거리에는 '먹골'에 대한 유래비가 세워져 있다. 묵동(墨洞)의 옛 지명이 먹골이었다. 조선 시대에 이곳에서 먹을 만들었다 하여 '먹을 만드는 고을', 즉 '먹고을'이 '먹골'이 된 것이다. 멀지 않은 봉화산에는 소나무가 많았는데, 이 소나무를 베어다 태울 때 나오는 그을음으로 만든 먹은 그 품질이 뛰어나 궁중에까지 진상(進上)했다고 한다.

다양한 종류의 '먹'

또 먹골은 먹골배의 원산지로, 조선 제6대 임금인 단종(端宗)과도 관련이 있는 곳이다. 단종은 숙부인 수양 대군(首陽大君)에게 왕위를 빼앗기고 노산군(魯山君)으로 강봉(降封)되어 강원도 영월(寧

越)의 청령포에 유배되었다가 죽음을 당하였는데, 당시 금부도사였던 왕방연(王邦衍)은 세조의 명령으로 어쩔 수 없이 불쌍한 어린 임금을 유배지까지 호송(護送)하고 돌아오게 되었다. 어린 단종을 유배지에 두고 돌아오려니 애통한 심정을 막을 길 없던 왕방연은 청령포 쪽을 바라보며 냇가에 주저앉아 당시의 심정을 다음과 같이 눈물로 노래하였다.

천만리 머나먼 길에 고은 님 여희읍고,
내 ᄆᆞ음 둘듸 업서 냇ᄀᆞ에 안자이다.
져 물도 내안 ᄀᆞᆺ도다 우러 밤길 녜놋다.
(천리만리 머나먼 영월 땅에 어린 임금 이별하고,
내 슬픈 마음 누를 길 없어 냇가에 털썩 앉았나이다.
저 냇물도 울고 있는 내 마음 같이 흐느끼며 밤길을 흘러가는구나.)

그 후, 왕방연은 스스로 관직에서 물러나 조용히 필묵과 벗하며 초야에 묻혔는데, 그곳이 바로 봉화산 밑 먹골이었다. 왕방연은 비명(非命)에 간 어린 단종을 그리며 하얀 꽃을 피우는 배나무를 심었는데, 왕방연이 심은 이 배나무가 주변으로 퍼지면서 이 일대가 배나무 밭으로 변하였다. 사람들은 이곳에서 수확한 배를 먹골배라 하였고, 자연히 이곳이 먹골배의 원산지가 되었다고 한다.

(4) 벼루[硯(연)]
벼루가 언제부터 사용되었는지는 알기 어려우나, 진시황 때의 것으로 추측되는 돌벼루를 가장 오래된 것으로 여긴다. 벼루와 관련하여 우리 역사의 가슴 아픈 이야기이지만, 그 속에 재미있는 말이 전하고 있다.

조선 제16대 인조 임금 때 소현세자와 봉림대군은 심양에서 8년간의 볼모 생활을 마치고 고국으로 돌아오게 되었는데, 청나라 황제는 떠나는 두 왕자에게 갖고 싶은 것을 말하면 주겠다고 하였다. 소현세자는 청 황제가 사용하는 용연(龍硯: 용을 조각한 벼루)을 달라 하였고, 봉림대군은 물건보다도 자신과 함께 볼모로 잡혀 왔던 백성들과 함께 돌아갈 수 있게 해 달라고 간청하였다. 그리하여 소현세자는 용연을 얻었고, 봉림대군은 볼모로 잡혀간 백성들과 함께 언제나 그리던 고국으로 돌아오게 되었다. 인조 임금은 타지에서 고생하고 돌아온 세자와 왕자를 반갑게 맞이하였다. 인조 임금과 마주 앉은 자리에서 소현세자는 자랑스러운 듯 용연을 임금께 바쳤다. 벼루를 받아 든 임금은 다음으로 봉림대군이 가져온 물건이 무엇인지 궁금한 듯 봉림대군을 바라보았다. 봉림대군은 잠시 머뭇거리다가,

용 모양 벼루 '용연'

"저는 가져온 물건은 없고, 함께 잡혀 갔던 백성들을 데리고 왔나이다."

라고 아뢰었다. 그 말을 들은 임금은 볼모로 잡혀 갔던 백성에게도 사랑을 베푸는 자애로운 봉림대군이 너무나도 대견한 반면, 겨우 물건이나 받아 오면서 자랑스러워하는 소현세자의 좁은 안목에 혀를 찼다. 임금은 한동안 소현세자를 뚫어지게 바라보다가 화를 참지 못하고 돌로 만든 용연을 집어던지며,

"겨우 용연석?"

하였는데, 공교롭게도 세자가 그 벼룻돌에 맞아 병석에 눕게 되었고, 2개월 만에 세상을 뜨고 말았다. 이 일이 항간에 전해지면서 어른들의 말을 듣지 않는 아이들을 꾸짖을 때, '용연석?' 하며 겁을 주던 것이 '요년석' 하다가 '요녀석'으로 변하게 되었다고 한다.

그러나 이것은 일찍 죽은 소현세자의 이야기가 전해 오면서 많이 꾸며진 듯하다. 왜냐하면 서양 문물을 받아들이고자 하는 소현세자와 그것을 반대하는 인조 임금과의 갈등이 심했던 터였다. 이것이 항간의 이야깃거리가 되어 위와 같은 야사(野史)가 만들어진 것이 아닌가 한다.

(5) 연적(硯滴)

연적은 벼루에 먹을 갈 때 사용할 물을 담아 두는 그릇으로 서운하게도 문방사우에는 들지 못하나, 만일 문방오우(文房五友)라고 한다면 다섯 번째는 분명 연적이 될 것이다. 연적의 역사는 문방사우와 크게 다르지 않겠지만, 연적의 모양은 문방사우에 비해 매우 아름답다. 특히, 동물의 형상을 하고 있는 연적은 깊은 뜻을 내포

하고 있어 선비들의 마음을 사로잡는 물건 중 하나였다.

  많은 형태의 연적 중에, 매사에 부지런하고 끈기 있게 매진하라는 오리 모양의 연적이 있는가 하면, 미인과 장수(長壽)를 뜻하는 복숭아 모양의 연적도 있으나, 선비들이 가장 선호하는 것은 원숭이와 잉어 모양의 연적이라고 한다. 원숭이 형상을 좋아하는 이유는 한자로 원숭이 후(猴)자가 제후 후(侯)자와 그 발음이 같아, 원숭이 모양의 연적을 사용하면서 열심히 학문에 정진하면 높은 벼슬에 오를 수 있다는 의미가 담겨 있기 때문이다. 또한 잉어 모양의 연적은 부(富)와 출세(出世)를 의미하는 '등용문(登龍門)'과 관련이 있어 선비들이 가장 선호하는 연적이라 해도 과언이 아니다.

  등용문은 입신출세(立身出世)에 연결되는 어려운 관문이나 시험을 비유하여 이르는 말로, 최선의 노력으로 어려운 관문을 통과하여 높이 출세하게 됨을 뜻하는 말이다. 등용문에 관하여 중국《후한서(後漢書)》의 '이응전(李膺傳)'에는 다음과 같은 글귀가 있다.

  士有被其容接者(사유피기용접자)
    선비 중에 그(이응)의 용접을 받은 사람은
  名爲登龍門(명위등용문)
    그것을 일컬어 등용문이라 한다.

고 하였다. 이응(李膺)은 후한(後漢) 때의 사람이다. 그는 환관(宦官: 내시)들의 기세(氣勢)로 문란해진 조정(朝廷)을 바로잡는 데 앞장선 관료의 수장(首長)으로서, 그의 몸가짐은 늘 고결하였고 생활은 한결같이 청백하였다. 이로 인하여 당시의 젊은 관리들은 그와 인연을 맺는 것을 등용문이라 하여 그와의 인연을 매우 자랑스럽게 생각했다고 한다.

용문(龍門)은 중국 황허[黃河(황하)] 상류(上流)에 급류를 이루는 곳으로, 물고기가 이곳을 오르면 용이 된다는 고사(故事)에서 만들어진 말이다. 이곳에는 용문을 오르기 위해 수천 마리의 물고기가 모여드는데, 그중에 잉어가 용문에 올라 용이 되었다고 한다. 이를 증명이라도 하듯이 절에서 경전을 읽을 때 두드리는 목어(木魚)의 형상이 잉어가 용이 되어 승천하는 모습으로, 머리는 용이요 몸은 잉어라고 한다. 이러한 말들이 전하여 이응의 문턱을 '용문'이라 하였고, 이응의 문턱을 넘어서면 "잉어가 용문에 들었다."고 하였다 한다.

청자 모자원숭이 모양 연적

백자 청화채어형 연적

청자 오리 모양 연적

4. 아내를 걸고 둔 내기 장기將棋

옛날에는 장기나 바둑을 두는 놀이를 아울러 박혁(博奕)이라고 하였다. '博(박)'은 '넓다'의 뜻으로 통용되지만, '장기'를 뜻하기도 하고 돈을 걸고 하는 놀이인 '노름·도박'의 뜻도 함께 가지고 있으며, '奕(혁)'도 '크다'의 뜻은 물론 '바둑'과 '노름'의 뜻을 함께 가지고 있다. 따라서 박혁은 장기와 바둑을 의미하면서도 내면에는 '노름·도박'을 뜻하는 '내기'의 의미가 함께 담겨 있음을 알 수 있겠다.

장기와 바둑은 두 사람이 마주 앉아 실력을 겨루는 놀이의 공통점이 있지만, 장기는 겸손하고 점잖은 바둑에 비해 호걸스럽고 활발한 놀이이며, 바둑이 양반층에 좀 더 가까운 놀이라면 장기는 일반 서민층에서 향유하는 놀이로 보는 것이 일반적인 견해다. 옛날에는 장기를 일컬어 상희(象戲)라고 하였다. 이 놀이는 고대 문명과 불교의 발상지인 인도(印度)에서 불교도들이 세속에 물들려는 잡념을 떨쳐 버리기 위해 만든 놀이라고 하는데, 이것은 군대에서 전쟁을 수행하는 부대의 특성을 상징하여 코끼리 부대는 상(象),

기마 부대는 마(馬), 전차 부대는 차(車), 보병 부대는 병졸(兵卒) 등
으로 표현하여 만든 전쟁놀이라고 한다.

이러한 놀이가 유럽으로 건너가서는 서양식 장기라고 하는 체스
(chess)가 되었고, 중국으로 건너와서는 중국식 장기라고 하는 상
기(象棋)가 되었다고 한다. 중국에서는 인도의 방식을 그대로 사
용하지 않고 그들 나름대로 방식을 바꾸었는데, 그들은 춘추 전국
시대(春秋戰國時代) 이후 한(漢)나라의 고조(高祖) 유방(劉邦)과 초
(楚)나라의 패왕(霸王) 항우(項羽)와의 싸움을 모방하여 만들었다
는 것이다. 따라서 인도의 상희는 흰색과 검은색으로 만들어졌지
만, 중국의 장기는 한나라 병사가 입었던 붉은색의 옷과 초나라 병
사가 입었던 푸른색의 옷을 닮아 붉은색과 푸른색으로 변하였다.
그리고 한과 초의 전쟁에서 한나라가 승리함에 따라 장기의 고수
(高手)나 연장자가 붉은색의 장기를 잡는 전통이 생겼으며, 서로의
균형을 맞추기 위해 고수는 차(車)나 포(包)를 미리 떼고 두기도 하
였다.

아내를 걸고 둔 내기 장기의 이야기
는 《고려사악지(高麗史樂志)》에 나오는
고려 가요 '예성강곡(禮成江曲)'의 줄거
리다. 그런데 '예성강곡'의 원문(原文)
에 있는 "昔有唐商賀頭綱善棋(석유당상
하두강선기: 옛날 당나라 상인으로 하두강
이 있었는데 바둑을 잘 두었다.)"에서, '棋
(기)'가 바둑을 뜻한다고 하여 많은 이
들이 '예성강곡'의 내용을 내기 장기

예성강곡

보다는 내기 바둑으로 표기하고 있지만, '棋(기)'가 꼭 바둑만을 뜻한다고 한정하기보다는 장기의 뜻도 포함한다고 보는 것이 타당하다고 생각된다. 왜냐하면 바둑은 '바둑 혁(奕)'자를 써서 '奕棋(혁기)'라 하고, 장기는 '코끼리 상(象)'자를 써서 '象棋(상기)' 또는 '장수 장(將)'자를 써서 '將棋(장기)'라고 쓰는 것을 보면, '棋(기)'가 꼭 바둑에만 쓰이는 한자가 아니고 장기에도 함께 쓰이는 한자라고 볼 수 있겠다. 그러므로 '예성강곡'의 원문에 나오는 '棋(기)'는 바둑일 수도 있고 장기일 수도 있는 것이다(「東亞百年玉篇(동아백년옥편)」에는 '棋(기)'의 뜻을 '1.바둑, 2.장기'라고 설명하고 있다). 따라서 필자는 '예성강곡' 내용의 등장인물과 환경 조건을 정서적으로 판단해 볼 때, 내기 바둑보다는 내기 장기가 더 적합하다고 판단되어 내기 장기로 이야기를 전개하고자 한다.

고려 시대 이전의 일이라고 본다. 황해도 언진산(彦眞山)에서 발원하여 흐르는 예성강의 하류에는 벽란도(碧瀾渡: 주변에 벽란정이라는 정자가 있어 붙여진 이름)라는 매우 큰 나루가 있었는데, 많은 외국의 배들이 드나들어 국제 무역항이 되었고, 따라서 외국의 상인들이 수없이 왕래하였다. 그 상인들 중에 비단 장사를 하는 당(唐)나라 사람으로 하두강(賀頭綱)이라는 자가 있었다. 그는 호걸스러운 성격에 장기를 잘 두었고, 특히 미인을 매우 탐하였다. 하루는 벽란도 주변에서 비단을 팔다가 한 아름다운 여인을 보고는 정신이 혼미할 정도로 반해 버렸다. 하두강은 하던 장사를 집어던지고 몰래 여인의 뒤를 밟다가 여인이 어느 주막으로 들어가는 것을 보고 되돌아왔다.

다음날 하두강은 정오(正午)도 되기 전에 주막을 찾아 술과 안주를 넉넉히 시켜 놓고 긴 시간을 보내며 여인에게 수작을 걸어 볼 기회를 엿보고 있었다. 얼마 후 집 주인으로 보이는 한 남자가 들어왔다. 여인의 남편이었다. 혼자 술잔을 기울이던 하두강은 주인 남자를 불러 함께 술이나 마시자고 청하였다. 주막집 남자치고 술 못하는 사람이 어디 있겠는가? 두 사람은 마주 앉아 주거니 받거니 하며 술잔을 나누던 중, 하두강의 눈에 장기판이 들어왔다. 하두강은 주인에게 장기나 한판 두자고 청하였다. 주인 또한 벽란도에서 장기깨나 둔다고 이름난 자였다. 하두강은 주막 여인의 얼굴을 한 번이라도 더 보고자 연신 술과 안주를 시켜 가며 날이 저물 때까지 주인과 장기를 두었다. 어둠이 내리자, 하두강은 내일 다시 만나기로 언약하고 떨어지지 않는 발걸음으로 주막을 나섰다.

이튿날도 하두강은 주막 여인에게 술과 안주를 시키고는 주인과 장기판을 마주하였다. 술 몇 잔이 오가면서 주인과 친숙하게 되었을 무렵, 하두강은 자신이 가지고 온 중국 비단 한 필을 걸고 내기 장기를 두자고 하였다. 주인은 술기운이 있는 터에 자신의 실력이 누구에게도 뒤지지 않는다는 자부심을 갖고 있어 주저하지 않고 내기 장기에 응하였다. 장기의 고수인 하두강은 일부러 져 주면서 자신이 지면 비단을 갑절로 쳐 주고 하여 주막집 다락방에는 곱고 아름다운 비단이 적잖이 쌓여 갔다. 여러 날의 내기 장기에 하두강이 싣고 온 비단이 동나고, 주막집에는 방이며 마루에 울긋불긋 아름다운 비단으로 가득 찼다. 하두강은 지금이야말로 여인을 취할 때가 되었다 싶어 주인에게 말을 걸었다.

"주인장! 나는 장기에 지는 바람에 쫄딱 망했소. 이제 배 한 척밖에 남은 게 없소이다."

하며, 난처한 척하였다. 반면에 주막집 주인과 부인은 산더미 같이 쌓인 비단을 바라보며 너무나 기쁜 나머지 어찌할 줄을 몰랐다. 하두강은 다시 입을 열었다.

"주인장! 이제 나는 이렇게 망하나 저렇게 망하나 망하기는 매일반이오. 마지막으로 모든 걸 다 걸고 내기 한판 합시다."

하니, 마음이 들떠 안하무인(眼下無人)이 된 주인은 재고(再考)의 여지도 없이 승낙하고 말았다.

"주인장! 내가 지면 중국에서 타고 온 저 큰 배를 당신에게 넘기겠소. 그러나 당신이 지면 쌓여 있는 비단은 물론 이 주막과 부인까지 내놓아야 하오."

하였다. 주인은 부인까지 내놓으란 말에 잠시 머뭇하였지만, 이미 약속한 바요, 자신의 장기 실력이 낮다고 믿었기에 자신만만하였다. 모든 걸 다 걸고 한판 승부를 겨루는 두 사람의 내기 장기는 구경꾼에 둘러 싸여 반나절이 지나도록 끝나지 않았다. 그러나 하두강의 수(手)에 넘어간 주인은 끝내 지고 말았다. 하두강은 낮은 목소리로 힘주어 말하였다.

"주인장! 내가 이겼소이다. 이제 약속을 지키시오."

하였다. 주인은 할 말을 잃고 그저 고개만 끄덕이고는 애처롭게 부인을 바라보다가 정신 나간 사람처럼 밖으로 나가 버렸다. 부인도 남편이 저지른 일이라 어찌할 도리가 없었다. 부인은 체념한 듯 말 없이 하두강을 따라 나서며, 가다가 욕된 일을 당하면 바다에라도 뛰어들 심정으로 치마끈을 몇 번이고 동여매었다.

하두강은 개선장군(凱旋將軍)인양 비단을 가득 싣고 아름다운 주막 여인과 함께 배에 올랐다. 돛이 오르고 노를 젓는 하두강의 배가 벽란도를 벗어날 때, 부둣가에는 많은 사람들이 모여 당나라로 끌려가는 가련한 여인을 바라보며 눈물짓지 않는 이가 없었다. 남편은 멀리서 아내를 태우고 떠나는 하두강의 배를 향하여 소리치며 몸부림을 쳤지만, 이미 때 늦은 후회였다. 아내 역시 다시는 돌아오지 못할 고국산천을 바라보며 하염없이 눈물만 흘릴 뿐이었다.

배는 예성강을 벗어나 망망대해(茫茫大海)에 접어들었다. 아름다운 여인을 품에 안을 일만 생각하던 하두강은 이때다 싶어 선실에 있는 주막 여인에게 다가와 욕보이려 하였지만, 여인은 정절을 지키기 위해 완강히 저항하였다. 바로 이때 잘 가던 배가 멈춰 서고는 조금도 앞으로 나가지 못하고 그 자리에서 소용돌이에 휘말리듯 맴돌 뿐이었다. 한참을 이리 뛰고 저리 뛰던 선원들은 바다

의 용왕님께 고사를 지내야 한다고 입을 모았다. 뱃머리에 고사상
이 차려지고 하두강을 비롯한 선원들이 배가 앞으로 나갈 수 있게
해 달라고 빌었다. 그러나 배는 조금도 앞으로 나가지 못했다.

그때 나이 지긋한 늙은 선원이 실어서는 안 될 것을 이 배에 실
었기 때문에 천지신명(天地神明)께서 노(怒)하셨다는 것이다. 선원
들은 내기 장기에 진 남편 때문에 하두강에게 강제로 끌려온 가련
한 주막집 여인을 떠올렸다. 모두들 그 여인 때문이라고 아우성을
치면서 벽란도로 돌려보내자고 하였다. 하두강은 아름다운 여인을
잃는 것이 너무나 아쉬웠지만, 배가 파선(破船) 직전에 몰렸으니
어쩔 수 없이 여인을 돌려보내기로 하였다. 뱃머리를 벽란도로 향
하자 꼼짝도 않던 배가 움직이기 시작했다. 이리하여 주막집 여인
은 무사히 집으로 돌아왔고, 하두강은 선원들과 함께 당나라로 돌
아갔다. 집에 돌아온 아내는 집 나간 남편을 찾아 방방곡곡을 헤매
었지만, 끝내 찾지 못하고 서로의 그리움만 안고 살았다는 이야기
로, 지나친 욕심은 화(禍)를 부른다는 교훈을 남기고 있다.

'예성강곡'에 나오는 '내기 놀이'가 '바둑'이라기보다는 '장기'이어야
하는 이유를 다음과 같이 생각한다.

- 도박이나 노름 같은 내기 놀이는 승패의 결정이 나는 즉시, 패자가 승
  복(承服)할 수 있어야 한다(장기는 패자가 결과에 즉시 승복하지만, 바둑
  은 집의 수를 계산한 후에 패자가 결정되므로, 혹여 집 수의 계산이 맞느니
  틀리니 하며 따지거나, 내가 잡은 돌 몇 개가 어디로 흘렸느니 하며 딴전을
  부릴 경우에는 승패가 쉽게 가려지지 않는다).
- 당나라 상인 하두강은 뱃사람으로 많은 시간을 배 안에서 지내며 놀

이를 즐긴다고 볼 때, 흔들리는 배에서 촘촘한 바둑판에 굴러 떨어지기 쉬운 작은 바둑돌을 올려놓는 것보다 널찍한 장기판에 바둑돌보다는 큰 나무로 만든 장기로 두는 것이 이치에 맞는다고 본다.

• 내기 놀이에 아내를 걸 정도의 남자(주막집 주인)라면 정서적으로 볼 때, 내기 바둑보다 내기 장기가 더 어울릴 것이다.

• 일반적으로 바둑보다는 장기가 더 서민적인 놀이에 속하는 편이며, 또한 뱃사람 하두강이나 주막집 주인이나 모두 서민에 속하는 인물이다.

또한 많은 문헌에서 '상인(商人) 하두강(賀頭綱)'을 송(宋)나라 사람이라고 하는데, 원문(原文)에, "唐商賀頭綱(당상하두강)"으로 표기된 것으로 보아 당(唐)나라 사람이라고 해야 맞다. 아마도 '예성강곡'이 실려 있는《고려사악지(高麗史樂志)》가 고려 시대의 노래와 이야기라 생각되므로, 연대로 보아 고려 당시의 중국은 송(宋)나라이기 때문에 하두강을 송나라 사람으로 표기한 것이 아닌가 한다. 그러나 고려 사람들의 이야기 속에는 고려 당시의 이야기뿐만 아니라, 그 이전의 고구려 시대나 당나라 시대의 이야기도 있을 수 있는 것이므로, 원문에 따라 '상인 하두강'을 당나라 사람으로 표기함이 옳을 것이다.

5. 바둑 두기를 좋아하여 목숨을 잃은 개로왕蓋鹵王

바둑은 '奕(바둑 혁)'자를 써서 혁기(奕棋) 또는 '圍(둘레 위)'자를 써서 위기(圍棋)라고 하지만, 검은 돌을 뜻하는 '烏(까마귀 오)'자와 흰 돌을 뜻하는 '鷺(해오라기 로)'자를 써서 오로(烏鷺)라고도 한다. 또 근심을 떨쳐 버리는 순수한 즐거움이란 뜻으로 망우 청락(忘憂淸樂)이라고도 하며, 경지에 이른 고수는 바둑을 바둑판과 바둑돌 없이 손만으로도 둘 수 있다 하여 수담(手談)이라고도 한다. 그리고 옛날 중국 진(晋)나라에 사는 왕질(王質)이란 나무꾼이 난가산(爛柯山)에 나무하러 갔다가 신선(神仙)이 두는 바둑을 구경하였는데, 어찌나 재미가 있었던지 도끼 자루가 썩는 줄도 몰랐다 하여 난가(爛柯: 도끼 자루가 썩어 문드러진다는 뜻)라고도 하였다.

바둑의 유래는 고대 농경 사회에서 홍수 조절을 위해 연구하는 천문학의 별자리 표시 기구가 변하여 만들어졌다는 말도 있지만, 중국 고대 전설상의 성군(聖君)인 요(堯)임금의 창제설에 기우는 편이다. 진(晋)나라 장화(張華)가 쓴 중국 고전《박물지(博物誌)》에,

"堯造圍棋 丹朱善之(요조위기 단주선지: 요임금이 바둑을 만들었는데 요임금의 아들인 단주가 그것을 잘 두었다.)"라는 문구가 있기 때문이라는 것이다. 결국 바둑은 요임금이 우둔한 아들 단주(丹朱)를 깨우치기 위해 만들었으며, 순(舜)임금도 어리석은 아들 상균(商均)을 가르칠 때 바둑을 사용하였다고 한다. 이러한 이야기를 뒷받침이라도 하듯,《논어(論語)》'양화편(陽貨篇)'에는 다음과 같은 글이 있다.

> 子曰 飽食終日 無所用心 難矣哉(자왈 포식종일 무소용심 난의재).
> 공자께서 말씀하시기를, 하루 종일 먹기만 하고 하는 일 없이 지내는 것도 어려운 일이다.
> 不有博奕者乎 爲之猶賢乎已(불유박혁자호 위지유현호이).
> 장기와 바둑이란 것이 있지 않느냐? 노는 것보다 오히려 그것이라도 하는 편이 나을 것이다.

고 하여 장기나 바둑이 우둔한 자를 깨우치는 데 쓰이기도 하였다는 것을 비유적으로 알려 주고 있다.

그러나 한편으로는 장기나 바둑에 빠져 부모 봉양을 소홀히 하는 자가 있어서는 안 된다고 하였다. 장기나 바둑에 몰두하는 사람들의 폐단을 지적하여 일깨우는 글이 있는데, 조선 중종(中宗) 때 박세무(朴世茂)가 지은《동몽선습(童蒙先習)》'총론(總論)'에서, '부모에 불효하는 자식'의 항목에, "장기나 바둑, 그리고 술 마시는 것을 좋아하여 부모 봉양을 하지 않는 것"을 넣어 장기나 바둑에 빠져 제 할 일을 못하게 됨을 경계하였고, 조선 선조(宣祖) 때 만들어진 율곡(栗谷) 이이(李珥)의 《격몽요결(擊蒙要訣)》 '혁구습장(革舊習章)'에는, "한가한 사람을 모아 바둑이나 장기를 두면서 하루 종일 먹고는 내키는 대로 다투기만 해서는 안 된다."고 하였다.

이와 같이 바둑은 우둔한 자를 깨우치는 장점도 있지만, 바둑놀이에 심취하여 사람의 도리를 다하지 못하고 나아가 큰 잘못을 저지르는 경우가 있다. 바둑 두기를 너무나 좋아하여 끝내 목숨까지 빼앗긴 임금의 이야기가 《삼국사기(三國史記)》 '백제 본기'에 전하고 있어 이를 소개하고자 한다.

우리나라 삼국 시대의 일이다. 백제(百濟) 제20대 비유왕(毗有王)이 승하(昇遐)하자, 제21대 개로왕[蓋鹵王: 근개루왕(近蓋婁王)이라고도 함]이 뒤를 이었다. 왕위에 오른 개로왕에게 특별히 좋아하는 취미가 있었다. 바둑이었다. 틈만 나면 바둑을 잘 두는 왕가(王家) 사람이나 신하들은 물론, 먼 곳에까지 바둑깨나 둔다는 사람이 있으면 모두 불러 즐기곤 하였다. 하루는 도림(道琳)이라는 중이 대궐로 찾아와 임금을 알현(謁見)하고자 청하였다. 도림은 고구려 장수왕(長壽王: 고구려 제20대 임금, 97세까지 왕위를 이었기 때문에 시호가 장수왕이 되었음)이 백제의 재정을 탕진시키고 백성들의 원성을 들끓게 하기 위해 몰래 보낸 첩자(諜者)로, 고구려에 거짓 죄를 짓고 백제로 도망하여 온 것처럼 꾸민 자였다. 도림은 성문 밖에서 큰소리로 아뢰기를,

"저는 어려서부터 바둑을 좋아하여 여러 가지 묘수(妙手)를 익혔나이다. 듣건대 대왕께서는 바둑의 진수(眞髓: 가장 중요한 본바탕)를 즐기신다기에, 허락하신다면 소승(小僧) 한 수 배우고자 하나이다."

하였다. 이 말을 듣고 개로왕은 그를 불러 바둑을 두어 보니 과연 국수(國手)라 할 정도의 실력이었다. 왕은 그의 실력을 높이 칭송하며 손님으로 대우하였고, 왕과 도림은 왜 이제야 만났나 싶게 친숙해졌다. 도림에 대한 개로왕의 신뢰가 어느 정도 쌓여 갈 무렵, 도림은 개로왕에게 아뢰었다.

"대왕께서는 제가 고구려 사람임에도 멀리하지 않으시고 남다르게 하해(河海)와 같은 큰 은혜를 베풀어 주셨는데, 그동안 이 못난 소승은 그저 바둑이나 두어 드렸을 뿐 작은 도움도 되지 못하였나이다. 허락하신다면 이제 대왕을 위해 한 말씀 올리려 하나이다."

하니, 왕은 기뻐하며 쾌히 승낙하였다. 도림은 다시 아뢰었다.

"대왕의 궁궐은 앞에는 강과 바다요 뒤와 옆에는 산과 둔덕이 있

어 천혜(天惠)의 요해지(要害地: 지형이 적에게는 불리하고 아군에게는 유리한 곳)로, 좌청룡(左靑龍) 우백호(右白虎)가 분명하옵니다. 따라서 근방의 부족들이 감히 대왕을 엿보지 못하고 오직 받들어 섬길 뿐이옵니다. 그리하여 대왕께서는 강건한 권위를 높이 세우시고 고귀한 기품(氣品)으로 좌우를 다스려야 하심에도, 안팎의 성(城)은 부실하고 대궐은 협소하옵니다. 또한 선왕(先王)의 묘가 능이라 하기에는 너무나 빈약하고, 하천이 범람할 때마다 백성들의 가옥이 무너지니, 이러한 일들이 대왕의 권위에 누(累)가 되지 않을까 심히 염려스럽사옵니다."

고 하였다. 이 말에 개로왕은 무릎을 탁 치며,

"과연 도림이로다. 그대가 아니었으면 이 모든 일을 간과(看過)할 뻔하였소. 내 그대의 말대로 실행하리라."

이리하여 나라 안의 남자란 남자는 모두 징발되어 성을 쌓고, 그 안에는 화려한 궁실과 누각이 지어졌으며, 선왕의 능이 웅장하게 만들어졌고, 강을 따라 길고 긴 둑이 조성되었다. 이러한 일들이 몇 년간 이루어지는 바람에, 국고(國庫)는 텅 비게 되었고 백성들은 곤궁에 빠져 나라의 운명이 풍전등화(風前燈火)와 같았다. 뜻을 이룬 도림은 백제를 몰래 빠져나와 고구려로 돌아왔다. 도림이 장수왕에게 이 사실을 아뢰니, 왕은 기뻐하며 도림을 칭송하고 백제를 치기 위한 준비를 서둘렀다. 개로왕은 도림이 고구려로 도망하였다는 말을 듣고 한탄하며 아들 문주(文周: 백제 제22대 왕)에게 이르기를,

"아뿔싸! 도림이란 자에게 속았도다. 내 바둑에 빠져 올곧은 신하의 충언(忠言)과 간교한 자의 교언(巧言)을 구분하지 못하여 나와

내 나라를 망하게 하였구나. 이제 나는 죽음을 각오하고 이곳을 지켜야 하지만, 너는 살아서 백제의 왕통(王統)을 이어야 한다. 떠나거라. 너까지 이곳에서 죽게 된다면 누가 우리 백제를 일으킬 수 있겠느냐? 대백제국의 왕통을 잇기 위해 어서 떠나거라."

하였다. 어명(御命)에 따라 문주는 두 장수를 거느리고 남쪽으로 떠났다. 개로왕은 힘을 잃은 군사들과 함께 한성(漢城: 남한산성 부근에 있었던 백제의 두 번째 도읍지)을 지키려 하였지만, 고구려군의 위세(威勢)에 눌려 7일 만에 북쪽 성이 함락되고 이어 남쪽 성이 위험에 빠지니 견디지 못하고 성을 버리고 도망하였다. 그러나 고구려군이 추격하여 개로왕을 사로잡고 죄목을 물은 다음 끝내 처형하고 말았다. 남으로 내려온 문주는 웅진[熊津: 지금의 공주(公州)]에 자리를 잡고 왕이 된 다음, 백성들에게 바둑 두기를 금하였다는 이야기도 전한다.

장기나 바둑이 두뇌 발달에 도움이 된다고 하지만, 예나 지금이나 모든 것이 지나치면 과유불급(過猶不及: 정도를 지나침은 미치지 못한 것과 같다.)이라고, 치우치거나 모자람이 없는 중용(中庸)을 일깨우는 이야기라 하겠다.

6. 박달재^{朴達-}와 문경 새재^{聞慶-}는 어떻게 다를까?

박달재는 관광지로 이름이 알려졌던 곳이지만, '울고 넘는 박달재'라는 노래가 만들어지면서부터 더욱 유명해진 고개다. 이 재는 충청북도 제천시 봉양읍과 백운면을 갈라놓은 457m 높이의 고개로, 주변에 박달나무가 많이 자생하기 때문에 박달재라는 이름이 붙여졌다고 한다. 이와 같은 박달재에는 '아사달과 아사녀의 전설'과 같은 젊은 남녀의 애절한 사랑 이야기가 전하고 있다.

옛날 경상도에 박달이라는 도령이 살았다. 박달 도령은 청운(靑雲)의 꿈을 안고 한양으로 과거(科擧)를 보러 가는 길에 이 고개를 넘게 되었다. 고개를 거의 넘을 무렵 날이 저물어 민가를 찾아 하룻밤을 묵게 되었는데, 그만 그 집의 외동딸인 금봉이란 처녀와 사랑을 나누는 사이가 되었다. 박달 도령은 과거에 급제한 후, 금봉 처녀와 백년가약을 맺기로 굳게 언약하고 한양으로 떠났다. 한양에 올라온 박달 도령은 과거에 응시하였으나 불행하게도 낙방하고 말았다. 박달 도령은 금봉 처녀를 찾아볼 용기가 나지 않아 이

박달 도령과 금봉 처녀의 동상이 있는 '박달재'

곳저곳을 방황하였지만, 한시라도 금봉 처녀를 잊은 적이 없었다.

얼마간의 세월이 흐른 후, 박달 도령은 금봉 처녀의 집을 찾았는데 금봉 처녀가 보이지 않았다. 금봉 처녀는 박달 도령을 애타게 기다리다가 그만 얼마 전에 세상을 떠났다는 것이다. 이 소식을 들은 박달 도령은 하늘이 무너지는 듯했고, 그리움은 눈물로 변하여 하염없이 흘러내렸다. 그러던 어느 날, 앞산 고갯마루에 박달 도령이 꿈에도 잊지 못했던 금봉 처녀가 신기루처럼 나타나더니, 박달 도령에게 손짓을 하는 것이었다. 박달 도령은 잠시도 지체하지 않고 단걸음에 금봉 처녀의 뒤를 쫓아 고갯마루에 다다랐다가, 그만 낭떠러지에 굴러 떨어져 저 세상 사람이 되고 말았다. 이 일이 있은 후, 사람들은 두 사람이 저 세상에서 오래도록 해로하며 행복하게 살았을 것이라고 입을 모았다 한다.

한편 문경 새재는 조선 태종(太宗) 14년(1414)에 만든 고갯길로,

예전에는 영남 지방에서 한양으로 넘어갈 때 가장 빠른 길이었다고 한다. 문경 새재의 '새재'에 대하여는 '새도 날아서 넘기 힘든 고개', '억새풀이 우거진 고개', '지릅재와 이우리재 사이에 있는 고개', '새[新(신)]로 만든 고개'라는 등 여러 가지의 이야기가 전하고 있다. 그러나 문경 새재는 고려 초부터 초재(草岾: 험한 고개) 또는 새재라고 불리던 것이 조령(鳥嶺: 새 고개)이라는 한자 이름으로 불리다가 '조령'으로 굳어졌으며, 조선 시대에는 경상도와 충청도 사이에 조성된 중요한 통행길이 되었다.

옛날 영남 지방에서 한양으로 가려면 추풍령과 새재, 그리고 죽령 중에 하나를 넘어야 했다. 장원급제의 푸른 꿈을 안고 과거를 보러 가던 선비들이 이 고개들을 넘게 되었을 때, 추풍령을 넘자니 추풍낙엽처럼 떨어질까 겁이 나서 못 넘고, 죽령을 넘자니 주르르 미끄러질까 두려워 넘지 못하고, 하는 수 없이 새재를 넘었다는 것이다. 그렇지만 실제로 추풍령은 열닷새 길, 죽령은 열엿새 길인데 반하여, 새재는 열나흘 길이기 때문에 하루라도 빠른 새재를 넘었던 것이라고 한다. 이러한 새재에도 전해 오는 이야기가 있다.

조선 태종 때, 문경 새재의 고갯길을 조성할 때의 일이라고 한다. 문경 현감이 급히 조정(朝廷)에 전할 중요한 일이 있어 파발꾼을 보냈으나, 여러 날이 지나도 감감 무소식이었다. 기다리다 지친 현감은 돌아오지 않는 파발꾼을 찾기 위해 병사들을 동원하여 이 산 저 산을 샅샅이 뒤졌지만, 파발꾼은 찾지 못하고 그의 행장 일부만이 발견되었다. 행장을 살펴보니 호랑이에게 변을 당한 것이 분명하였다. 이 사실을 태종 임금께 아뢰니 크게 노하시며 무신(武臣)에게 명하여 문경 새재의 호랑이를 잡아 오게 하였다. 새재에 당도한 무신은 산신당(山神堂: 산신을 모신 곳)에 제(祭)를 올리며 사람을 해친 호랑이를 잡게 해 달라고 빌었다. 무신은 움막을 짓고 그 속에서 호랑이가 나타나기를 기다렸다가 마침내 호랑이를 잡게 되었다. 무신은 호랑이의 가죽을 벗겨 태종 임금께 바쳤다. 이후부터 문경 새재에는 호랑이가 나타나지 않았다고 한다.

그러면 박달재는 왜 '재'이고, 문경 새재는 왜 '새재'일까?

'새재'가 새도 날아 넘기 힘든 고개이기 때문에 '새재'라고 하는 것은 너무 과장이 심한 것은 아닐까? 높이 1,500m 이상의 백두대간(白頭大幹)이 남북으로 길이 1,400km나 뻗어 있는 우리나라 지형에서, 새의 능력으로 볼 때 높이라야 650m 정도밖에 안 되는 고개를 넘기 힘들다는 것은 이치에 맞지 않는 것이며, 아마도 새재를 설명하기 위해 끼워 맞춘 말일 것이다.

실제로 박달재나 말티재와 같이 '재'라고 하는 곳은 산 밑에서 산등성이까지 통행길이 만들어진 고개이며, 고개의 높이가 산의 높이와 거의 같다. 반면에 '새재'는 좌측의 산기슭과 우측의 산기슭이 맞닿아 이루어진 고갯길로 산과 산 사이에 자연적으로 만들어졌기 때문에, 재의 높이나 산의 높이가 같은 다른 재에 비해 산의 높이보다 훨씬 낮은 고갯길이 되는 것이다. 따라서 '새재'는 산과 산 '사이'에 만들어진 '재'라 하여 '사이+재'로, '사이[間(간)]'가 축약되어 '새+재'가 된 것이다. 그러므로 새재는 '조령(鳥嶺)'이 아닌 '간령(間嶺)'이 되어야 한다. 아마도 '조령(새 고개)'은 한자를 많이 사용하던 옛날에, 우리말을 한자(漢字)로 표기하다가 일어난 오류로 보인다.

'새재'가 '사이재'라는 것을 지형으로도 직접 확인할 수가 있다.

'태조 왕건' 촬영장이었던 주흘관(主屹關: 제1관문)에서 출발하여 제2관문을 거치고 제3관문까지 두어 시간 오르다 보면, 제3관문이 가까운 지점까지 등산로 바로 옆에 계곡 물이 흐른다. 여기에 흐르는 계곡 물은 주흘관에서 제3관문을 바라볼 때, 오른편의 주흘산(主屹山)과 왼편에 있는 조령산(鳥嶺山)의 양편 산기슭이 서로 맞닿아 형성된 계곡이며, 이 계곡을 따라 만들어진 등산로가 바로 '새재'이고, 이 '새재'가 주변의 지형 중에 산과 산 사이에 만들어진 가장 낮은 고갯길이라는 자연적 증거가 되는 것이다. 그러므로 '새재'는 산과 산 사이에 형성된 고개이기 때문에 새[鳥(조)]와는 관계가 없다고 본다. 따라서 사이[間(간)]의 의미를 갖는 '새재[間嶺(간령)]'라고 보는 것이 타당하므로, 문경 새재는 한자로 문경 조령(聞慶鳥嶺)이 아니라 문경 간령(聞慶間嶺)이라고 해야 옳을 것이다.

문경 새재의 제3관문 '조령관'

문경 새재에 대한 일부 게시물에, '새재'를 '초참(草站)'이라고 표기된 곳이 있어 바로잡았으면 한다. 그동안 많은 관광객이 다녀갔고, 또 앞으로도 더 많은 사람들이 문경 새재를 찾을 것이기 때문이다. '초참(草站)'에서 '草(초)'는 '풀'을 의미하고, '站(참)'은 '역(驛), 홀로서다, 오래서다'의 뜻을 담고 있어 '새재(사이 고개)'와는 관련성이 멀어 보인다. 한편 문헌에는 '새재'를 '草(풀 초)'와 '岾(고개 재)'를 써서 '초재(草岾)'라고 하였는데, 이것은 '풀이 우거진 험한 고개'라는 뜻으로 옳게 표기한 것으로 보인다. ['岾(고개 재)'를 '절 점'이라고도 읽는다.]

아마도 '草站(초참)'의 '站(참)'이 '草岾(초재)'의 '岾(재)'와 한자의 부수만 다를 뿐, 글자 모양이 비슷하여 표기에 오류가 있었던 것이 아닌가 한다.

우리 풍속에는 한 해가 시작되는 음력 정월 초하루부터 열이튿날까지 첫 번째 맞는 십이지(十二支)에 해당하는 열두 동물의 날을 상일(上日)이라 하면서, 그 동물의 특성과 관련된 금기 사항을 정하여 사람들로 하여금 스스로 삼가고 근신하게 하였다.

제 III 장 ◉

십간 십이지 十干 十二支

1. 갑오년甲午年을 왜 '청마靑馬의 해'라고 할까?

한 해가 지나가고 새해를 맞으면 친분(親分) 관계에 있는 사람들은 서로 새해 인사를 나누는데, 다른 나라 사람들은 일반적으로 "행복한 새해를 맞이하세요.(Happy new year.)"정도로 인사를 하지만, 우리나라 사람들은 정(情)이 많은 민족이라 덕담(德談)까지 곁들여 새해 인사를 나눈다. 특히, 그해의 띠 동물에 색깔을 더하여, "청마의 해를 맞아 뜻하신 일 모두 만사형통(萬事亨通)하시고, 댁의 가정에 건강과 행복을 빌겠습니다."라고 하면서 새해 인사를 나누곤 한다. 그러면 이처럼 새해 인사를 할 때, 등장하는 띠 동물과 그 색깔은 어떤 관계로 맺어지는 것일까?

그것은 우주 만물을 이룬다는 근본적 기운인 목(木)·화(火)·토(土)·금(金)·수(水)의 오행(五行)에, 동(東)·서(西)·남(南)·북(北)·중앙(中央)의 오방(五方)과 청(靑)·황(黃)·적(赤)·백(白)·흑(黑)의 오색(五色)이 중국 고래의 철리(哲理: 아주 깊고 오묘한 이치)에 따라 서로 역학적(力學的)인 관계를 이루었다. 그리고 이 역학적인 관계에 따라 맺어진 십간(十干) 십이지(十二支)가 고갑자[古甲子: 육십갑자(六十甲子)가 생겼던 초기에 중국에서 사용되었던 옛날의 십간(十干) 십이지(十二支)의 이름]로 남겨졌으며, 이것이 긴 세월이 흐르는 동안 전래(傳來)되어 지금까지도 많은 사람들의 입에 오르내리고 있는 것이다.

 그 내용을 예를 들어 자세히 설명하면 다음과 같다.

- 2014년은 甲午年(갑오년)이다. 甲(갑)은 십간(十干)의 첫째로, 방위로는 東(동)이고 오행(五行)으로는 木(목)이 된다. 東(동)은 오색(五色)으로 볼 때 靑(청)에 해당되고, 木(목)은 방위가 東(동)이기 때문에 역시 靑(청)이 된다. 그리고 午(오)는 말[馬(마)]을 의미한다. 따라서 靑(청)과 馬(마)를 합하여 갑오년(甲午年)을 '청마(靑馬)의 해'라고 하는 것이다.

- 2015년은 乙未年(을미년)이다. 乙(을)은 십간의 둘째로, 방위로는 南(남)이고 오행으로는 木(목)에 해당된다. 한자(漢子) 사전에 의하면, 乙(을)의 방위를 南(남)이라고 하면서 '정동(正東)에서 남(南)으로 15도의 방위를 중심으로 한 15도의 각도 안'이라고 하였으니, 오히려 靑(청)에 가깝고, 오행의 木(목)은 방위가 東(동)이므로 靑(청)에 해당된다. 未(미)는 양(羊)을 뜻한다. 그러므로 을미년(乙未年)은 '청양(靑羊)의 해'가 된다.

- 2016년은 丙申年(병신년)이다. 丙(병)은 십간의

청마

셋째로, 방위로는 南(남)이고 오행으로는 火(화)가 된다. 南(남)은 오색 중에서 赤(적)에 해당되고, 火(화)는 방위가 南(남)이기 때문에 역시 赤(적)이 된다. 申(신)은 원숭이를 의미한다. 따라서 병신년(丙申年)은 '붉은 원숭이의 해'가 되는 것이다.

- 2017년은 丁酉年(정유년)이다. 丁(정)은 십간의 넷째로, 방위는 南(남)이고 오행으로는 火(화)에 해당된다. 오색으로 볼 때, 南(남)도 赤(적)이 되고 火(화)도 赤(적)이 된다. 酉(유)는 닭을 뜻한다. 그러므로 정유년(丁酉年)은 '붉은 닭의 해'가 된다.

- 2018년은 戊戌年(무술년)이다. 戊(무)는 십간의 다섯째로, 방위로는 中央(중앙)이고 오행으로는 土(토)가 된다. 中央(중앙)은 오색 중에서 黃(황)에 해당되고, 土(토) 역시 방위가 中央(중앙)이기 때문에 黃(황)이 된다. 戌(술)은 개를 의미한다. 따라서 무술년(戊戌年)은 '황금 개의 해'가 되는 것이다.

- 2019년은 己亥年(기해년)이다. 己(기)는 십간의 여섯째로, 방위로는 中央(중앙)이고 오행으로는 土(토)가 된다. 오색으로 보면 中央(중앙)도 黃(황)이고 土(토)도 黃(황)이다. 亥(해)는 돼지를 뜻한다. 그러므로 기해년(己亥年)은 틀림없는 '황금 돼지의 해'가 된다.

- 2020년은 庚子年(경자년)이다. 庚(경)은 십간의 일곱째로, 방위로는 西(서)이고 오행으로는 金(금)이 된다. 西(서)는 오색 중에서 白(백)에 해당되고, 金(금)은 방위가 西(서)이기 때문에 白(백)이 된다. 子(자)는 쥐를 의미한다. 따라서 경자년(庚子年)은 '흰쥐의 해'가 되는 것이다.

- 2021년은 辛丑年(신축년)이다. 辛(신)은 십간의 여덟째로, 庚

(경)과 같이 방위는 西(서)이고 오행은 金(금)이다. 金(금)도 방위가 西(서)이기 때문에 오색으로 볼 때 모두 白(백)이 된다. 丑(축)은 소를 뜻한다. 그러므로 신축년(辛丑年)은 '흰 소의 해'가 된다.

- 2022년은 壬寅年(임인년)이다. 壬(임)은 십간의 아홉째로, 방위로는 北(북)이 되고 오행으로는 水(수)가 된다. 北(북)은 오색 중에서 黑(흑)에 해당되고, 水(수)도 방위가 北(북)이기 때문에 黑(흑)이 된다. 寅(인)은 호랑이를 뜻한다. 따라서 임인년(壬寅年)은 '흑호(黑虎)의 해'가 되는 것이다.

- 2023년은 癸卯年(계묘년)이다. 癸(계)는 십간의 열째로, 방위로는 北(북)이고 오행으로는 水(수)에 해당된다. 北(북)은 오색으로 볼 때 黑(흑)이고 水(수)도 방위가 北(북)이므로 黑(흑)이 된다. 卯(묘)는 토끼를 뜻한다. 그러므로 계묘년(癸卯年)은 '검은 토끼의 해'가 된다는 것이다.

위의 내용을 요약하여 다시 말하면, 말[馬(마)]을 뜻하는 午(오)가 청색인 甲(갑)과 乙(을)을 만나면 '청마(靑馬)'가 되고, 붉은색인 丙(병)과 丁(정)을 만나면 '적토마(赤兔馬)'가 된다. 황금색인 戊(무)와 己(기)를 만나면 '황금 말'이 되고, 흰색인 庚(경)과 辛(신)을 만나면 '백마(白馬)'가 되며, 검은색인 壬(임)과 癸(계)를 만나면 '흑마(黑馬)'가 되는 것이다.

새해를 맞을 때마다 이처럼 덕담(德談)이 곁들인 말[言語(언어)]들은 모두가 해 주어서 좋고 들어서도 좋은 것이다. 그러므로 망설이지 말고 서로서로 보듬고 격려해 주어 우리 모두가 늘 희망찬 새해를 맞이함이 어떠하겠는가?

2. 우리나라의 토정비결과 중국의 파자점破字占

　새해가 되면 사람들의 관심을 모으는 책이 있다. 한 해의 길흉화
복(吉凶禍福)을 미리 점쳐 준다는 이지함(李之菡)의 《토정비결(土
亭秘訣)》이다. 이지함은 조선 선조(宣祖) 때의 학자로, 고려 말기의
문신이었던 목은(牧隱) 이색(李穡)의 후손이면서도 평생을 가난하
게 살고자 노력하였고, 어려운 백성들의 삶을 이해하려고 '토정(土
亭)'이라는 흙집을 짓고 살았는데, 이것이 계기가 되어 '토정'이라
는 호(號)를 갖게 되었다고 한다. 그는 도학(道學)을 비롯하여 수
학(數學)·역학(易學) 등 천지 만물(天地萬物)의 이치를 터득한 화
담(花潭) 서경덕(徐敬德)에게 학문을 배워 의약(醫藥)·복서(卜筮:
점)·천문(天文)·지리(地理)·음양(陰陽) 등에 능통하였다.

　토정 이지함은 가난한 백성들이 새해를 맞아 한 해의 계획을 잘
세우고 열심히 노력하여 보다 나은 삶을 영위하도록 그들의 미래
를 알려 주고자 《토정비결》을 만들게 되었다. 그가 만든 최초의
《토정비결》은 백성들마다 한 해의 운수(運數)가 정확하게 맞아떨

어졌다고 한다. 그 결과 백성들이 더 열심히 일을 할 줄 알았는데, 오히려 모두가 손을 놓고 일을 하지 않더라는 것이다. 토정이 "왜 일을 하지 않느냐?"고 물었더니, "어차피 운수가 좋은 놈은 일을 안 해도 좋을 것이고, 운수가 나쁜 놈은 열심히 일해도 나쁠 것이니, 그래서 일할 필요가 없어 하지 않는 것이오."라고 하였다. 토정은 아차 하였다. 이래서는 안 되겠다고 생각한 그는 정확하게 만들었던《토정비결》에 손을 대어, '운수는 좋으나 노력을 해야 유지할 수 있다.' 또는 '운수는 좋지 않으나 노력을 하면 극복할 수 있다.' 는 식으로 희망을 주면서 누구나 열심히 일을 하도록 내용을 바꾼 것이 지금의《토정비결》이라고 한다. 따라서《토정비결》의 내용을 보면, 희망을 갖도록 좋게 만든 것이 70% 정도이고, 경각심을 주어 조심하고 삼가도록 하는 것이 30% 정도가 된다고 하는데, 이 중에는 좋고 나쁜 것을 두루뭉술하게 섞어 만든 것도 적지 않은 편이다.

《토정비결》을 보는 방법은 우선 모든 것을 음력(陰曆) 기준(基準)으로 하고, 생년월일(生年月日)로 백 단위인 상괘(上卦), 십 단위인 중괘(中卦), 일 단위인 하괘(下卦)를 산출한 다음, 세 수를 합하여 세 자릿수의 괘를 만들고, 만들어진 괘를《토정비결》속에 있는 144개의 점괘 중에서 같은 숫자를 찾아보면, 그것이 그 사람의 1년 운수가 되는 것이다.

상괘는 새해의 나이에 그해의 태세수(太歲數: 60갑자에 1부터 8까지의 숫자를 반복하여 만든 수)를 더하고, 그 수를 8로 나눈 나머지 수가 상괘가 된다(8로 나누어 나머지가 없으면 0이 아니고 8로 한다).

중괘는 그해의 월건수(月建數: 1월부터 12월까지 각 월을 십간 십이지와 관계하여 1부터 6까지의 숫자로 만든 수)에 생월(生月)이 큰달이면 30, 작은달이면 29를 더하고, 그 수를 6으로 나눈 나머지 수가 중괘가 된다(6으로 나누어 나머지가 없을 경우에는 6으로 한다).

하괘는 그해의 일진수(日辰數: 생월과 생일을 십간 십이지와 관련하여 1부터 3까지의 숫자로 만든 수)에 생일 수를 더하고, 그 수를 3으로 나눈 나머지 수가 하괘가 된다(3으로 나누어 나머지가 없으면 3으로 한다). 이렇게 하여 새해에 자신의 운수를 볼 수 있는 세 자리의 숫자가 만들어지는데, 이것이 점괘 144개 중 어느 1개에 해당되는 것이다.

《토정비결》은 세 자리 수의 각 괘마다 괘상(卦象)·괘사(卦辭)라 하여 1년 동안의 전체적인 운수를 언급하고, 다음은 정월(正月)부터 12월까지 각 달에 대한 운수를 한문(漢文) 4언 2구의 형식으로 세 개씩 제시한 후, 그것을 우리말로 풀이하였다. 그 내용은 비유와 상징적으로 표현하였는데, 몇 개만 예를 들면 다음과 같은 것들이다.

- 동풍에 얼음이 녹으니 마른 나무가 봄을 만나도다.
- 동원에 도리(桃李)가 때를 만나 만발하도다.
- 신수(身數) 대길하니 재물이 스스로 오도다.
- 재앙이 사라지고 복이 오니 득남(得男)할 수다.
- 신수가 불리하니 질병을 조심하라.
- 시비(是非)를 가까이 하지 마라. 구설이 두렵다.

이런 식으로 《토정비결》은 한 사람에 대한 점괘가 괘상과 괘사에 12개월의 운수를 모두 합하면 무려 46개의 항목이 되기 때문에, 그 안에는 좋고 나쁜 것이 다 들어 있어 두루뭉술한 내용들이다. 따라서 그저 재미로 보아야지 운수의 내용을 곧이곧대로 믿어서는 안 된다.

우리나라에 《토정비결》이 있다면, 중국에는 뜻글자인 한자(漢字)의 특성을 이용하여 우리 인간의 운명이나 길흉화복을 점치는 파자점(破字占)이란 것이 있다. 옛날부터 한자를 사용했던 우리나라에도 파자점이 전하고 있지만, 한자의 본 고장인 중국에서 만들어지고 그들이 먼저 점쳐 왔다고 보는 것이 이치에 맞을 것이다. 다음은 타이완[臺灣(대만)]에서 몇 년 간 수학(修學)을 하고 돌아온 이로부터 전해 들은 파자점 이야기다.

옛날 중국의 한 임금이 민정시찰(民情視察: 임금이 평복을 입고 두루 돌아다니며 백성들의 생활 형편을 살펴보는 일)을 나갔을 때였다. 백성들이 시장 귀퉁이에 둘러 모여 있었다. 임금도 궁금하여 가 보았더니, 점쟁이가 파자점을 치면서 점괘를 그럴 듯하게 풀어 주고 있었다. 파자점은 점을 치러 온 사람이 한자(漢字)로 한 글자를 써 주면, 점쟁이가 그 글자만 보고 점을 치는 것이다. 얼마 후 점치는 모습을 물끄러미 바라보던 임금과 점쟁이의 눈이 마주쳤다. 점쟁이가 임금에게,

"점치러 오셨소?"

하니, 임금은 무심결에 고개를 끄덕였다.

"그러면 이 종이 위에 마음에 드는 글자 하나를 써 보시오."

하며, 종이와 붓을 내밀었다. 임금은 얼떨결에 '問(물을 문)'자를 써 주었다.

점쟁이가 한참을 들여다보더니, 갑자기 의관을 갖추고는 임금을 향하여 큰절을 올리며,

"임금님께서 이런 곳까지 어인 행차이시옵니까?"

하였다. 임금은 놀라며 어떻게 임금인 것을 알았는지 물었다.

"임금님! 보시옵소서. 間(문)자의 오른쪽을 가리면 임금 君(군) 자가 되고, 왼쪽을 가려도 역시 임금 㒷(군)자가 되오니, 분명 임 금이시옵니다."

하였다. 임금은 반신반의(半信半疑: 반쯤은 믿고 반쯤은 의심함)하며 궁궐로 돌아왔다. 궁궐에 돌아온 임금은 점쟁이가 정말로 잘 맞추 는지 한 번 더 확인하고 싶었다. 그래서 이번에는 풍채가 좋아 보 이는 거지 한 명을 데려다 잘 먹이며 석 달 동안 間(문)자 쓰는 연 습을 시킨 후, 비단옷을 입히고 점쟁이를 찾아가 間(문)자를 쓰라 고 하였다. 거지가 거드름을 피며 점쟁이 앞에 앉자, 점쟁이가 공 손하게 머리를 조아리며 물었다.

"점을 치시겠습니까?"

하자, 거지는 어깨에 힘을 주며 고개를 끄덕였다.

"그럼, 이 종이 위에 평소에 좋아하시는 글자 한 자를 써 주십시오."

하니, 거지는 비단 소매를 걷어붙이고 間(문)자를 써서 점쟁이에게 주었다. 점쟁이는 거지가 써 준 間(문)자를 보더니, 오래 생각하지 도 않고 주머니에서 동전 두 닢을 꺼내 거지에게 던지며,

"에잇 거지야! 이거나 가지고 가거라. 비단옷을 입었어도 거지는 거지다."

라고 하였다. 거지는 너무도 놀라 자신이 거지인 것을 어떻게 알았 는지 점쟁이에게 물었다.

"보거라, 問(물을 문)자에서 口(입 구)를 빼면 門(문 문)자가 남는다. 이 두 글자를 엮어 풀이하면, 대문(門)에서 입(口)을 벌리고 있는 모양이니 너는 거지가 분명하다."

고 하였다. 거지가 임금에게 돌아와 이 사실을 고하니, 임금도 놀라는 기색이었다. 며칠 후, 임금은 점쟁이에 대한 궁금증이 되살아났다. 임금은 '그래, 삼세번이다.' 하며, 이번에는 임금 자신이 거지꼴로 꾸미고 점쟁이를 찾아갔다. 거지꼴을 한 임금은 점쟁이가 먼저 말을 걸어올 때까지 지팡이를 짚고 기다리며 서 있었다. 점치러 온 사람들이 다 가고 임금과 점쟁이만 남게 되었다. 점쟁이가 심심했던지 임금을 향해 점 한 번 쳐 보겠냐고 하였다. 임금은 고개만 끄덕였다. 점쟁이가 글자 하나를 써 보라고 하였다. 임금은 손을 저으며 글씨를 못 쓴다고 하였다. 그랬더니 점쟁이가 임금에게

1900년대 장터에서 점치는 모습

하고 싶은 대로 움직여 보라고 하였다. 임금은 가지고 온 지팡이로 땅바닥에 죽— 금을 그었다. 점쟁이가 일어나 땅 위를 살펴보더니, 급히 의관을 갖추고 임금에게 큰절을 올리며,

"임금님! 어인 일로 이런 모습을 하셨나이까?"

하였다. 임금은 점쟁이의 신묘(神妙)함에 다시 한 번 놀라며, 어찌 임금인 것을 알았는지 물었다. 점쟁이는 머리를 조아리며,

"임금님! 임금께서는 땅[土(흙 토)] 위에 한 일(一)자를 그으셨 사옵니다. 바로 土(흙 토) 위에 임금님께서 쓰신 一(한 일)을 올 려놓으면 王(임금 왕)이 되옵니다. 그래서 임금이신 것을 알았나 이다."

하였다. 임금은 궁궐로 돌아와 그 점쟁이에게 후한 상금을 내렸다 한다.

지금도 우리 일상생활 속에 파자(破字)를 많이 사용하고 있다. 예를 들면, 77세(歲)를 喜(기쁠 희)자를 써서 희수(喜壽)라고 하는 데, 喜(기쁠 희)의 초서(草書: 점과 획을 줄이고 흘려 쓴 글씨)가 七(일 곱 칠)자 세 개를 합하여 만든 글자와 같으므로 77세를 희수라 하 고, [喜(기쁠 희)의 약자(略字)로 七(칠)자 세 개를 합하여 쓰기도 한다.] 88세를 米(쌀 미)자를 써서 미수(米壽)라고 하는데, 米(쌀 미) 자를 파자하면 八十八(팔십팔)이 되므로 88세를 미수라 하며, 99세 를 白(흰 백)자를 써서 백수(白壽)라고 하는데, 百(일백 백)에서 一 (한 일)을 빼면 숫자로는 99가 되고, 한자로는 白(흰 백)이 되므로 99세를 백수라고 하는 것이다.

3. 삼재(三災)와 팔자소관(八字所關)

　삼재를 일러 불교에서는 한 겁(劫)이 끝날 때마다 나타나 세상을 파멸시키는 커다란 재앙이라면서 화재(火災)·수재(水災)·풍재(風災)를 가리킨다. 일반적으로는 전란(戰亂)·질병(疾病)·기근(飢饉)과 같은 흉한 운수(運數)를 말하는데, 이는 우리나라에만 전해 오는 민간 신앙이라고 한다. 삼재는 열두 띠 동물인 십이지(十二支)로 서로 관계를 엮어 만들어진 것인데, 12년 중 3년간 삼재가 들므로 그 주기는 9년마다 한 번씩 돌아온다. 삼재 대상이 되는 세 가지 띠 동물과 삼재가 드는 3년간의 해를 표로 나타내면 다음과 같다.

삼재 대상이 되는 세 가지 띠 동물	삼재가 드는 3년간의 해
뱀띠(巳), 닭띠(酉), 소띠(丑)	돼지해(亥), 쥐해(子), 소해(丑)
원숭이띠(申), 쥐띠(子), 용띠(辰)	호랑이해(寅), 토끼해(卯), 용해(辰),
돼지띠(亥), 토끼띠(卯), 양띠(未)	뱀해(巳), 말해(午), 양해(未)
호랑이띠(寅), 말띠(午), 개띠(戌)	원숭이해(申), 닭해(酉), 개해(戌)

* 십이지: 子(자), 丑(축), 寅(인), 卯(묘), 辰(진), 巳(사), 午(오), 未(미), 申(신), 酉(유), 戌(술), 亥(해)

삼재가 든 3년간 중 첫째 해는 삼재가 들어오는 해라 하여 입삼재(入三災: 들삼재)라 하고, 둘째 해는 삼재가 머무는 해라 하여 침삼재(枕三災: 누울삼재)라 하며, 셋째 해는 삼재가 나가는 해라 하여 출삼재(出三災: 날삼재)라고 한다. 이 중 운수가 가장 불길한 해는 들삼재로 자신은 물론 가족이나 가까운 친척들이 화(禍)를 당하기 시작하고, 누울삼재 때는 주변 사람들이 시비(是非)를 걸어와 구설수(口舌數)에 휘말리며, 날삼재가 되면 명예가 훼손되거나 재물이 빠져나가기도 한단다.

이처럼 재수가 없다는 삼재의 띠와 해의 동물 구성을 살펴보면, 삼합(三合) 중 앞부분에는 천적(天敵) 관계의 상극(相剋)인 뱀과 돼지, 원숭이와 호랑이의 네 동물을 설정하였고, 중간 부분에는 공존(共存) 관계인 닭, 쥐, 토끼, 말의 네 동물을 설정하였으며, 마지막 부분에는 동일하게 소, 용, 양, 개의 네 동물로 설정하였다. 이와 같이 삼재 대상이 되는 동물과 삼재가 드는 해의 동물을 차례대로 비교해 보면, 들삼재 때는 상극 관계, 누울삼재 때는 공존 관계, 날삼재 때는 동일 관계의 의미로 상극·공존·동일의 관련성이 있음을 알 수 있겠다.

사람들은 삼재가 들면 손을 쓰지 않고 지켜만 보고 있는 것은 아니다. 액땜을 하기 위해 붉은 글씨로 부적(符籍)을 써서 몸에 지니고 다니거나 베개 밑에

삼재 부적

넣기도 하고, 점술가가 일러 준 대로 삼재가 든 사람의 옷을 태우거나, 고기나 떡과 같은 음식을 내버리는 행위 등을 한다. 그렇지만 많은 사람들은 삼재 부적(三災符籍)이라 하여 붉은색으로 머리가 셋 달린 매를 그려 안방의 문 위 벽에 붙이곤 하였다.

그러면 사람들은 왜 머리가 셋인 매를 그려 붙였던 것일까?

원래 처음부터 머리가 셋 달린 매를 그려 붙였던 것은 아니었다. 삼재는 3년간의 재앙이기 때문에 1년간의 재앙마다(들삼재·누울삼재·날삼재) 매를 한 마리씩 배정하여 매 세 마리를 그려 붙였었는데, 세월이 흐르면서 그보다는 몸은 하나에 머리만 셋을 그리면 간편하기도 하거니와 몸은 하나에 머리가 셋 달린 매가 그냥 세 마리의 매보다 훨씬 신령스러워 귀신을 쫓는 힘이 강해 보이므로, 머리가 셋 달린 매를 그려 붙이게 된 것이 아닌가 한다. 또 한 가지, 그 많은 동물 중에 삼재 부적의 동물로 왜 매를 선택하였을까? 매는 우리나라에 살고 있는 동물 중에 용맹하면서도 시력이 가장 뛰어난 동물이다. 매는 '모든 새를 정복한다.'하여 정조(征鳥)라 할 정도로 용맹하고, 눈의 밝기로는 사람보다 4~5배나 좋은 9.0의 시력을 가지고 있어, 높은 하늘에서 지상의 작은 동물도 찾아내어 낚아챌 정도라고 한다. 따라서 삼재가 든 사람들은 날카롭고 용맹한 매를 삼재 부적으로 삼아, 밝은 눈으로 삼재 귀신을 가려내고 그 용맹함으로 찾아낸 귀신을 쫓아버리게 하려는 뜻에서 매를 선택했을 것이다.

그러나 우리 조상들은 머리가 셋 달린 매의 부적보다 더 매서운 마음의 부적을 지니고 있었다. 그것은 모질고 독하게 인내하며 자신의 어렵고 힘든 현실에 우선적으로 순응한 후, 다시 극복하려는 마음속에 꼭꼭 숨어 있는 운명(運命)과 같은 팔자(八字: 사람의 한평생의 운수라고 하는 것)였다.

인간은 태어날 때 이미 운명을 실은 수레의 멍에를 짊어지고 태어나기 때문에 인생은 팔자소관(八字所關)이라고 한다. 우리 선조들은 5천 년의 역사 속에서 몇 백 번의 전란에서도, 돌림병으로 인하여 고통에 시달릴 때도, 홍수와 가뭄으로 기근이 들어 굶주릴 때에도, 심지어 가족이나 개인의 불행 속에서도 어느 누구를 원망하지 않고 '그 놈의 팔자' 때문이라며 오직 스스로를 탓할 뿐 현실을 받아들이고, "지나간 바람은 다 따뜻하다(역경을 이겨 낸 추억은 모두가 그리운 법이다)."면서 인내하고 또 인내하였다. 참으로 우리나라 백성들에게 역경을 감내하는 부적보다 강한 이 팔자가 있었기에 오늘의 대한민국이 있다 해도 과언은 아닐 것이다.

필자가 어렸을 때 팔자에 대한 말들을 많이 들어왔다. 특히, 우리의 부모와 같은 어른들은 팔자에 많이 의존했었다. 그들은 어렵고 힘든 일을 당하였을 때, 그것을 원망하지 않고 팔자에 대한 액땜이라 받아들이며 더 큰 일이 일어나지 않은 것에 오히려 감사했다.

사실 나도 넉넉지 못한 가정에서 학창 시절을 보냈다. 어렵고 힘에 겨운 일이 있을 때마다 나이에 어울리지 않게 '이것이 내 팔자려니' 하며 역경을 극복하기에 여념이 없었다. 너무나 바쁘게 살다 보니 다른 환경의 친구들을 둘러볼 여유조차 없기도 하였지만, 내 팔자에는 그런 것이 없을 것 같아 아예 둘러보려 하지도 않았다. 웬만한 것은 모두 팔자에 그냥 묻어 버렸다. 그러니까 어려움이 닥쳤을 때, '하느님의 시련'으로 받아들이기보다 '운명적 팔자'로 넘기는 것이 더 마음이 편했다.

나는 지금까지 살아오면서 팔자의 덕을 많이 보았다고 생각한다. 나는 내 팔자를 '낀 팔자'라고 생각했다. 5남매 중 위로는 형과 누나가 있고 아래로는 여동생과 남동생이 있어 부모의 관심에서 가장 거리가 멀다는 낀 팔자로 태어난 것이다. 그래서 그런지 어린 시절은 물론 학창 시절에 친구들과 줄곧 나돌아 다녀도 크게 걱정하는 기색을 느끼지 못했던 것 같다. 어렸을 때는 몰랐지만, 아마도 나는 부모의 관심을 끌려고 심부름은 물론 집안 청소도 하고 집안의 허드렛일을 열심히 도왔던 것 같다. 게다가 학창 시절에는 집안 살림에 조금이나마 보탬이 되라고 닭도 키우고 토끼도 키우고…….

고등학교 3학년 때는 대학을 포기하고 일반직 공무원 시험을 보려고 하였는데, 그만 응시 자격 기준보다 나이가 7일이 부족한 바람에 응시를 못 하였다. 그러던 중 동네 친구의 어머니가 내 어머니에게, "아들을 대학에 보내지 못하더라도 원(願)이나 없게 대학 입학시험을 한번 치러나 보게 하는 것이 어떻겠냐?"고 한 말이, 내 팔자를 일반직 공무원에서 교육 공무원으로 바꾸어 놓은 계기가 되었던 것이다. 나는 이것을 '7일의 운명'이라고 생각했다.

사람들이 팔자에 대한 이야기를 한다는 것이 미신적인 행위일 수도 있겠지만, 팔자에는 부적과 같은 플라보시(생각한 대로 이룰 수 있다는 믿음)의 효과도 있기 때문에 역경을 참고 이겨 내는 데는 이 팔자만한 것이 없다. 어려울 땐 우선 팔자로 돌리고, 오직 현실을 직시하고 순응하며 마음을 다스린 다음, 이를 극복하기 위해 노력한다면 분명 모든 일이 뜻한 대로 이루어질 수 있는 것이다. 이

것이 우리 조상들의 삶의 지혜였다. 어느 성직자도 "인간은 모두 검은 십자가(희생과 속죄 또는 가난과 역경)를 지고 태어나지만, 그것을 어떤 마음으로 어떻게 짊어지느냐에 따라 가벼워질 수도 있고 더 무거워질 수도 있다."고 하였다.

일반적으로 관상(觀相)은 바뀌지 않아도 인상(印象)은 바꿀 수 있다고 한다. 또한 인상이 바뀌면 탁복(濁福: 액운)이 청복(淸福: 길운)으로 바뀐다고 한다. 그러려면 어려운 현실을 감내하고 극복하려는 마음으로 심상을 바르게 하고, 바른 심상(긍정적 마음)을 통한 좋은 인상으로 행동한다면, 이것이 역경의 팔자를 바꾸어 복을 받아들이는 것이 아닐까 한다.

4. 2월二月은 왜 28일二八日일까?

옛날부터 우리 풍속에, '하선동력(夏扇冬曆)'이라고 여름에는 부채를 선물하고 새해를 맞는 겨울에는 책력(冊曆: 달력)을 선물하였다. 조선 시대에는 천문(天文)·지리(地理) 등을 연구하는 관상감(觀象監)에서 황색·백색·청색 등으로 표지를 한 책력을 만들어 임금에게 올리면, 임금은 그것을 여러 신하에게 하사하고 관청에도 분배하였다. 달력의 종류에는 달이 초승달에서 시작하여 다음 초승달까지의 기간을 기초로 해서 만든 태음력(太陰曆)과 지구가 태양의 둘레를 한 바퀴 도는 데 걸리는 시간을 1년으로 삼는 태양력(太陽曆), 그리고 태음력을 바탕으로 태양력을 절충하여 날짜의 계산은 태음력으로 하고 계절의 변화는 태양력으로 하는 태음태양력(太陰太陽歷)이 있는데, 현재 많은 나라에서 태음태양력을 사용하고 있다.

조금 더 자세히 이야기하면, 태음력은 중국과 바빌로니아에 그 기원을 두고 있다. 이는 백성들에게 농사의 파종(播種)과 경작(耕作)의 시기를 가르쳐 주기 위해 만들어진 것으로, 한 달을 29일 또는 30일로 하고 1년을 열두 달로 하면서 19년에 일곱 번의 윤년을 두는 달력이었다. 태양력은 고대 이집트에서 처음 만들어졌는데, 이집트는 나라의 중심을 가로지르는 나일 강이 초여름인 6월 초가 되면 강물이 범람하는 현상이 일어나곤 하였다. 이것은 나일 강에서 멀리 떨어져 있는 오지(奧地)에서 불어난 물이 한꺼번에 흘러들기 때문에 홍수가 나는 것으로, 이 홍수를 미리 예측하여 백성들에게 알리고자 태양력을 만들게 된 것이다.

고대 이집트 사람들은 천체를 살펴 그 운행 주기를 파악하면 홍수와 같은 계절의 변화를 알 수 있다고 생각했다. 그래서 그들은 천체의 운행을 관찰하여 북두칠성의 모양을 보고 봄이 온 것을 알았고, 이른 새벽에 하늘에서 가장 희게 빛나는 큰개자리의 으뜸별인 시리우스성(sirius星)이 동쪽 지평선에 나타날 때 나일 강에 홍수가 시작된다는 것도 알게 되었으며, 이러한 일들이 365일이 지나면 똑같은 현상으로 반복된다는 사실도 알게 되었다. 그리하여 그들은 한 달을 30일로 하고 일 년을 365일로 하는 태양력을 만들어, 백성들의 농사를 위해 나일 강이 범람하는 시기, 씨앗을 뿌리는 시기, 곡식을 추수하는 시기 등을 알려 주었다. 그러나 이들이 만든 태양력은 4년마다 하루씩 늘리는 윤년을 두지 않는 관계로, 세월이 흐를수록 실제의 달력과 거리가 점점 멀어져 정확한 태양력은 되지 못하였다.

한편 고대 로마에서도 초기에 만들어 사용하던 태양력이 있었다. 이 태양력은 동한기(冬寒期)인 61일을 빼고 1년을 열 달 304일로 하는 기이한 달력이었다. 그러면서 1월부터 4월까지는 신(神)의 이름으로 월의 이름을 붙이고 5월부터 10월까지는 월의 순서에 의해 이름을 붙였는데, 1월은 마르티우스(Martius: 군신 마르스의 달), 2월은 아이프릴스(Aprils: 미와 사랑의 여신 아프로디테의 달), 3월은 마이우스(Maius: 번식·성장의 여신 마이아의 달), 4월은 쥬니우스(Junius: 결혼·출산·가정의 수호신 유노의 달), 5월은 퀸틸리스(Quintilis: 다섯 번째의 달), 6월은 섹틸리스(Sextilis: 여섯 번째의 달), 7월은 셉템버(September: 일곱 번째의 달), 8월은 옥토버(October: 여덟 번째의 달), 9월은 노벰버(November: 아홉 번째의 달), 10월은 데셈버(Desember: 열 번째의 달)라고 하였다(달의 이름이 라틴어이기 때문에 영어 발음과 다름).

그 후, 고대 로마의 장군이며 정치가였던 폼페이우스가 집권하면서 지금까지 사용해 오던 1년 10개월 304일짜리 달력의 잘못된 점을 바로잡고자, 2개월을 추가하여 1년을 12개월 355일로 하는 달력을 만들고 추가한 2개월에 대한 이름도 지었는데, 11월을 자뉴아루스(Januarus: 성문·집문을 지키는 신 야누스의 달), 12월을 훼브루아리우스(Februarius: 역병신에 대한 액막이 의식의 달)라고 명명하였다. 그러나 이 태양력도 매년 10일 정도의 차이가 나기 때문에 여전히 문제점이 남아 있는 달력이었다. 이어서 폼페이우스의 뒤를 이은 율리우스 카이사르(줄리어스 시저)가 이집트를 정벌하면서 이집트의 태양력이 로마의 태양력보다 훨씬 정교한 것을 알아내었다. 율리우스 카이사르는 이집트의 천문학자 소시게네스의 도움을 받아 1년의 길이를 365.25일로 하고, 4년마다 2월의 일수를 하루 더하여 윤년을 두게 하였다. 그리고 폼페이우스가 만든 11월(자뉴아루스)을 1월로, 12월(훼브루아리우스)을 2월로 옮기면서 처음에 1월(마르티우스)이었던 것이 3월로 두 달씩 뒤로 미루어져 지금 사용하는 월의 명칭이 된 것이다[그래서 12월의 이름인 데셈버(December)가 원래는 10월을 뜻하는 것이었음]. 율리우스 카이사르는 이렇게 로마의 태양력을 고친 후, 이 달력에 자신의 이름을 넣어 '율리우스력(Julius曆)'이라 하였다. 여기에 집권자의 권위를 세우기 위해 자신의 생일이 들어 있는 7월의 이름 퀸틸리스(Quintilis)를 버리고 자신의 이름을 딴 줄리(July)로 고쳤으며, 7월이 30일로 일수가 적다고 하면서 2월에서 하루를 빼어 7월을 31일로 만들었다. 이렇게 만들어진 태양력이 기원전 46년 1월 1일부터 시행되었던 것이다.

율리우스 카이사르의 시대가 지나고 그의 양아들인 아우구스투스(옥타비아누스)가 집권하면서 자기 생일이 들어 있는 8월을 자신의 달로 삼고, 양아버지가 한 것처럼 또 2월에서 하루를 빼어 30일이었던 8월을 31일로 만들면서 8월의 이름도 섹틸리스(Sextilis)를 버리고 자신의 이름처럼 아우구스트(August)로 바꾸었다. 결국 2월이 30일에서 28일로 변한 것은, 율리우스 카이사르와 아우구스투스가 자신들의 이름을 알리고 권위를 내세우기 위해 2월에서 각각 하루씩 빼어 자신의 달인 7월과 8월에 넣어 31일로 만들었기 때문에 일어난 현상이다.

이처럼 1,600여 년 동안 사용해 오던 율리우스력도 문제점은 있었다. 1년을 365.25로 하였기 때문에 실제의 태양년(365.2422년)보다 길어 11분 14초의 편차가 생기므로 128년이 지나면 하루가 더 늘어나게 되었다. 이 때문에 로마 가톨릭교에서는 부활절의 날짜를 정하는 데 의견 충돌이 자주 일어났다. 이러한 때에 로마 교황 그레고리우스(Gregorius) 13세는 율리우스력에서 400년 중 100년마다 한 번씩 3회는 윤년을 두지 않고, 400년으로 나누어지는 해는 윤년을 두는 방식으로 율리우스력의 문제점을 해결하였다. 그러니까 1600년과 2000년은 윤년이 있고, 1700년·1800년·1900년은 윤년이 없는 것이다. 이렇게 하면 3,300년이 지나서야 1일 정도 편차가 생길 뿐이다. 이상과 같은 과정을 거쳐 실제의 태양년과 비교하여 편차가 거의 없는 태양력이 만들어지게 되었다. 1582년 로마 교황 그레고리우스 13세는 이 태양력을 자신의 이름을 따 '그레고리력(Gregory曆)'이라 칭하였고, 이 그레고리력은 19세기에 이르러 전 세계적으로 통용하게 되었던 것이다.

한편 우리나라에서도 역학(曆學: 천체 운동을 관측하여 책력에 관한 연구를 하는 학문)이 매우 발달했었다. 이미 신라(新羅) 제27대 선덕여왕(善德女王) 때에 첨성대를 세워 천문을 관측하였고,《삼국사기(三國史記)》에 의하면, "신라 제30대 문무왕(文武王) 14년 정월에 대나마덕복(大奈麻德福)이 당(唐)나라에서 역법(曆法)을 배워 와 우리의 책력을 만들고, 그 이름을 중국의 책력과 같이 인덕력(麟德曆: 중국 당나라의 태음력)이라 하였으며, 고구려(高句麗)는 당나라의 무인력(戊寅曆)을, 백제(百濟)는 송(宋)나라의 원가력(元嘉曆)을 사용하였다."고 하였다. 그 후 고려 태조(太祖) 때는 당나라의 선명력(宣明曆)을 이어받았고, 제26대 충선왕(忠宣王) 때는 원(元)나라의 수시력(授時曆)을 사용하였으며, 제31대 공민왕(恭愍王) 때는 명(明)나라의 대통력(大統曆)을 받아들여 사용하였다.

이렇게 책력을 중국에만 의존하던 중에, 드디어 우리의 기술과 노력으로 우리의 역법(曆法)을 만들게 되었다. 조선 제4대 세종대왕(世宗大王)은 우리나라에 적합한 역법을 만들고자, 통역 관리 김

한(金汗)과 김자안(金自安) 등을 중국에 보내 역법에 대한 계산법을 배워 오게 하였다. 그리고 과학적 재능이 뛰어난 장영실(蔣英實)로 하여금 중추원사(中樞院使) 이천(李蕆)과 함께 천문을 관측할 수 있는 간의대(簡儀臺) 등 여러 천문의(天文儀)를 만들게 하였으며, 학자 정인지(鄭麟趾), 정흠지(鄭欽之), 정초(鄭招) 등에게 명하여 수시력의 계산법을 연구하게 하는 등 역법 연구에 혼신의 힘을 쏟았다.

이처럼 20년 가까이 우리의 역법 연구에 매진한 결과 세종대왕 스스로, "우리의 역법이 연구를 거듭하더니, 일식(日蝕)과 월식(月蝕), 그리고 절기(節氣)의 일정함이 중국의 책력과 견주어 볼 때 조금도 뒤지지 아니하니 내 참으로 기뻤노라."고 할 정도로 훌륭한 역법을 갖게 되었다. 세종은 학자들에게 더욱 정진할 것을 당부하고, 학자 이순지(李純之), 김담(金淡) 등에 명하여 우리의 역법인 칠정산 내편(七政算內篇: 원나라의 수시력과 명나라의 대통력을 바탕으로 만든 역법으로, 여기서 칠정이란 해·달·수성·금성·화성·목성·토성을 뜻함)과 칠정산 외편(七政算外篇: 아라비아 회회력을 연구하여 만든 역

간의

법)을 완성하였다. 이것이 우리 실정에 맞는 우리나라 최초의 역법인 셈이다. 이 당시 자국(自國)의 역법을 가진 나라가 우리나라를 포함하여 중국과 아라비아뿐이었다. 그러나 애석하게도 이렇게 훌륭한 역법이 세종 이후 빛을 보지 못한 것은, 아마도 격물(格物: 사물의 이치를 연구하여 밝힘)의 발전에 두려움을 느낀 사대부들이 '격물에는 경전의 가르침이 없다. 격물이 발전하면 윤리·경전이 망하고 나라도 망한다.'면서, 성리학을 내세워 양반층의 권세를 옹호하고자 필사적(必死的)으로 격물의 발전을 막았기 때문이 아닌가 한다.

그 후 우리의 역법은 효종(孝宗) 때의 시헌력, 숙종(肅宗) 때의 시헌력 오성법, 영조(英祖) 때의 신수시헌 칠정법, 정조(正祖) 때의 천세력으로 이어 오다가, 1895년 을미개혁(乙未改革) 때, 고종(高宗) 임금은 세계적으로 통용되고 있던 그레고리력을 받아들이게 되었다. 지금 우리가 쓰고 있는 달력이 이때 받아들인 로마 교황 그레고리 13세가 만든 그레고리력인 것이다.

소간의

적도의

혼천의

5. 열두 동물의 첫 번째 날에 얽힌 금기적(禁忌的)인 이야기

　우리 풍속에는 한 해가 시작되는 음력 정월 초하루부터 열이튿 날까지 첫 번째 맞는 십이지(十二支)에 해당하는 열두 동물의 날을 상일(上日)이라 하면서, 그 동물의 특성과 관련된 금기 사항을 정하여 사람들로 하여금 스스로 삼가고 근신하게 하였다. 그 내용은 다양하면서도 지역에 따라 약간씩 다른 면도 보이지만, 공통적으로 나타나는 점을 중심으로 정리해 본다.

- 상자일(上子日: 첫 번째 쥐날)은 백 가지 일을 꺼리는 쥐의 날이다. 쥐는 앞니로 물건을 쏘는 습성이 있어 농사에 가장 큰 해를 끼치는 동물이다. 그래서 이 날은 방아를 찧으면 쥐가 곡식을 먹어 치우기 때문에 안 되고, 길쌈을 하거나 의복을 지으면 옷감을 쏠아 안 되고, 칼질을 하거나 말과 소를 먹이는 여물을 썰어도

안 된다고 경계하였다. 그래서 쥐를 쫓기 위해 '쥐불놀이'와 '쥐 주둥이 지지기'를 하였고, 풍년을 기원하기 위해 태운 곡식을 작은 주머니에 넣어 차기도 하며 하루를 보냈다.

- 상축일(上丑日: 첫 번째 소날)은 농사를 짓는 데 가장 중요한 소를 돌보는 날이다. 그래서 평소와는 달리 쇠죽에 콩이나 콩깍지를 듬뿍 넣어 먹이며 금년 농사가 잘되기를 바랐다. 그러면서 소에게 해롭다고 하여 고기를 써는 모습의 도마질을 하지 않았고, 쇠붙이 연장을 다루면 쟁기의 보습이 부러지거나 소가 큰 연장에 다

친다고 여겨 이를 금했으며, 연자방아를 돌려 곡식을 찧으면 소가 기침을 한다고 하여 이도 꺼렸다. 또한 이날 곡식을 밖으로 퍼내면 소에게 재앙이 있다고 금하였는데, 이들 모두가 소와 관련하여 소의 소중함을 한번 일깨우는 말들일 것이다.

- 상인일(上寅日: 첫 번째 호랑이날)은 옛날이야기 속에서나 실제로나 동물 중에 가장 무서운 호랑이의 날이다. 그래서 사람들은 호환(虎患: 호랑이의 해코지)이 두려워 바깥출입을 금하고 집 안에서 근신하며, 심지어 다른 동물에 대한 험담(險談)도 하지 않았다. 특히, 여자들의 외출을 더욱 금하였으며, 남의 집에서 용변(用

便)을 보면 그 집 식구들에게 호랑이가 해코지를 한다고 하여 이것도 금하였다. 아마도 이것은 옛날에는 용변이 농사 거름으로 소중하게 쓰이기 때문에 만들어진 말일 것이다.

- 상묘일(上卯日: 첫 번째 토끼날)은 이리 뛰고 저리 뛰는 토끼의 방정맞은 행동과 관련이 있는 토끼의 날이다. 이날은 여자가 먼저 일어나 대문을 열면 불길하고, 어린 아이라도 남자가 먼저 대문을 열어야 일 년 내내 가운(家運)이 길(吉)하다고 여겼다. 또한 여자가 남의 집에 일찍 방문하여도 재수가 없다고 이를 꺼렸다. 지금까지도 상인들은 첫 손님을 여자보다 남자를 더 선호하는데 이것도 이 때문일 것이다. 그러나 토끼털이 보드랍고 따뜻해서 의복을 짓는 데 사용하기 때문인지, 이날 실을 잣거나 옷감을 짜면 긴 실을 다루기 때문에 장수(長壽)한다고 하여, 여인들은 한 번씩 베틀에 올라 베를 짜기도 하였다 한다.

- 상진일(上辰日: 첫 번째 용날)은 이른 새벽에 용이 하늘에서 내려와 우물에 알을 낳고 사람들이 오기 전에 다시 하늘로 올라간다는 용의 날이다. 이날 부녀자들은 남보다 먼저 일어나 용알을 뜨려고 우물물을 긷는데, 용알을 먼저 떠서 밥을 지으면 그해에 풍년이 든단다. 그런데 제일 먼저 물을 긷는 사람은 꼭 우물에 지푸라기를 띄워야 한다. 그래야 다음에 온 사람은 다른 곳의 우물을 찾아가 용알을 뜰 수 있기 때문이다. 또한 이날 머리를 감으면 용의 머리털을 닮아 머리카락이 길어진다고 하여 여인들은 머리를 감았다. 용알을 뜬다는 것은 남보다 먼저 물을 길어 오는 일이며, 이처럼 제일 먼저 길어 온 물을 정화수(井華水: '정한수'는

틀린 말임)라고 한다.

- 상사일(上巳日: 첫 번째 뱀날)은 섬뜩하고 징그
럽게 생긴 뱀의 모양과 습성에 관련된 뱀의
날이다. 이날 머리를 감거나 빗질을 하면 안
된다. 머리를 감으면 머리가 뱀의 허물처럼 허
옇게 벗겨지고, 빗질을 하면 그해에 뱀이 들어
와 해코지를 한단다. 빨래를 해도 안 되고, 긴
실을 다루는 바느질을 해서도 안 되며, 부엌에
나뭇짐을 들여도 안 된다. 그렇게 하면 뱀이 따라 들어오기 때문
이란다. 그래서 이날 뱀이 들어오는 것을 사전에 막기 위해 모든
일을 하루 전날에 마치고, 이날은 아무 일도 하지 않았다.

- 상오일(上午日: 첫 번째 말날)은 열두 동물 중
에 가장 대우를 받는 말의 날이다. 말날 중에
서 병오일(丙午日)은 '질병 병(病)'자와 발음이
같다 하여 꺼리고, '우거질 무(茂)'자와 발음이
같은 무오일(戊午日)은 길일(吉日)로 여긴다.
이날은 말을 위해 붉은팥으로 켜를 한 시루떡
을 하여 말에게 고사를 지낸 후 이웃과 나누어
먹고, 장(醬)을 담그기도 하는데, 이날 담그는 장은 그 맛이 최고
란다. 말이 좋아하는 콩으로 장을 담그기도 하거니와, 장이 말의
핏빛을 닮아 진한 적갈색으로 만들어지기 때문이란다. 말은 양
기(陽氣)가 강한 동물이므로 여자는 팔자가 세다고 삼가는 편이
었고, 남자에게는 매우 좋은 날이라 하여 남자들의 활동은 크게
제약을 받지 않았다.

- 상미일(上未日: 첫 번째 양날)에는 웬만한 일은 해도 탈이 없는 날이라고 한다. 양의 성격이 순하기 때문이란다. 또한 이날은 약을 먹지 않는다. 약의 성분이 양처럼 순해져서 효과가 없기 때문이다. 해안 지방에서는 배를 띄우지 않는다. 배를 띄우면 양의 방정맞은 걸음걸이 때문에 배가 엎어진단다. 일부에서는 이날을 '염소날'이라고 하는데, '양날'이라고 해야 옳다. 옥편에, "未(미)는 짐승으로는 羊(양)이다."라고 하였다. 대신에 염소는 산양(山羊)이라고 해야 한다.

- 상신일(上申日: 첫 번째 원숭이날)에는 기분이 언짢고 재수가 없는 날이라 하여 아무 일도 하지 않는다. 원숭이는 남의 흉내를 잘 내므로 재수 없는 동물이기 때문이다. 또한 이날은 귀신의 해코지를 막기 위해 남자가 먼저 일어나 대문을 연 다음, 비를 들어 부엌의 네 귀퉁이를 쓸고 마당의 네 귀퉁이도 쓸어야 하는데, 이렇게 해야 귀신이 들어오지 못한단다. 그리고 이날은 나무도 자르지 않는다. 원숭이가 사는 곳이 나무이기 때문이다. 우리 조상들은 원숭이라 하면 재수가 없다고 하여 대신 '잔나비'라고 불렀는데, 잔나비는 '잰나비'에서 온 말로, '잰('재빠르다'의 관형사형)+납(옛말에 원숭이를 '납'이라고 하였음)+이(접미사)'가 합쳐져 잰나비(재빠른 원숭이)가 되었다고 보는 것이 타당하겠다.

- 상유일(上酉日: 첫 번째 닭날)은 부녀자들이 밥만 짓고 그 외의 일

들은 하지 않고 쉬는 날이다. 이날 바느질을 하거나 길쌈을 하면 손 모양이 닭발처럼 흉해진다고 한다. 빨래도 하지 않는다. 한편 남정네들은 되도록 모임을 갖지 않는데, 모였다 하면 수탉처럼 싸움질을 하기 때문이란다. 닭의 습성은 병아리 때부터 싸움질을 한다. 커다란 수탉끼리 싸움이 붙으면 피가 흘러도 싸우고

끝내 한쪽이 줄행랑을 쳐야 싸움이 끝난다. 이날은 닭의 헤집는 버릇과 관련하여 마당에 곡식을 널지 않고, 지붕도 이지 않으며 재물이 흩어질까 봐 돈도 쓰지 않는다.

- 상술일(上戌日: 첫 번째 개날)은 사람과 가장 친근한 개의 날이다. 개는 인간에게 해를 끼치지 않는 동물이기에 흠을 잡기가 어려웠던 모양이다. 이날 일을 하면 개가 텃밭을 헤집고, 집에서 풀을 쑤면 개가 먹은 것을 토하기 때문에 금한다고 하는데, 이것들은 억지로 만든 말이다. 왜냐하면 개는 용변을 보았을 때만 용변

을 덮기 위해 뒷발로 땅을 헤집을 뿐, 닭처럼 아무 때나 땅을 헤집지 않는다. 또한 집에서 쑤는 풀(물건을 붙이기 위한 풀)과 개가 토하는 것과는 아무런 관련이 없다. 실제로 개는 배탈이 나면 이를 낫게 하기 위해 일부러 풀(산과 들에 나는 풀)을 뜯어 먹고 배속의 음식물을 모두 토해 버린다. 이렇게 하여 개는 스스로 배탈난 것을 치유하는 것이므로, 집에서 쑤는 풀과 개가 토하는 것과는 아무 관련이 없는 것이다.

• 상해일(上亥日: 첫 번째 돼지날)은 사람에게
고기를 제공해 주는 돼지의 날이다. 돼지도
크게 미움 받을 짓을 하는 동물은 아니다.
그러나 이날에 머리를 빗으면 풍병(風病)이
생긴다고 하여 머리도 빗지 않았으며, 바느
질을 하면 손가락이 아리게 아프다고 하여
바느질도 금하였다. 그리고 이날 얼굴이 검
고 거친 사람은 콩가루나 팥가루로 세수를 하면 살결이 희고
고와진다고 하였는데, 아마도 돼지의 검고 거친 피부 때문에
반어적(反語的)으로 표현한 것인 듯하다. 실제로 콩가루나 팥
가루로 세수를 하면 팩(Pack: 얼굴에 영양을 주는 미용법)의 효과
가 있을 것이다. 그리고 이날도 상자일처럼 태운 곡식을 작은
주머니에 넣어 차고 다니면 풍년이 든다고 하였다.

한편 십이지 열두 동물의 날을 유모일(有毛日: 털이 있는 짐승의
날)과 무모일(無毛日: 털이 없는 짐승의 날)로 나누고 새해의 풍흉(豊
凶)과 길흉(吉凶)을 점쳤다. 유모일에 속하는 쥐·소·호랑이·토
끼·말·양·원숭이·닭·개·돼지가 설날에 들면 그해는 오곡백과
(五穀百果)가 잘 여물어 풍년이 들며, 무모일에 속하는 용과 뱀이
설날에 들면 그해는 비가 많이 내리든지 아니면 가뭄이 들어 흉년
이 든다고 하였다. 그러면서 유모일 중에서도 소·호랑이·토끼의
날을 최고로 쳤다.

그러면 우리 조상들은 왜 정초부터 열두 동물의 날을 만들고 이
기간을 삼가면서 근신을 하게 하였을까? 그 이유는 두 가지로 나

누어 생각해 볼 수 있겠다.

　그 하나는, 중국에서는 설 명절 기간이 섣달그믐부터 정월 그믐까지 한 달간이다. 그들은 이 기간 중에 친척과 친구는 물론 이웃들을 불러 모아 먹고 마시며 즐겁게 놀기만 하였다. 오죽하면 당(唐)나라 때의 신하 이필(李泌)은 이러한 정월의 풍속이 악습(惡習)이라고 황제에게 아뢰기까지 하지 않았던가? 반면에 우리나라의 설 명절 기간은 정초부터 정월 대보름까지 보름간인데, 우리는 중국인들과는 달리 이때가 일년지계(一年之計)를 세우고, 한 해의 농사를 준비하는 기간이었다. 그러기 위해서는 밖으로 나돌아 다니는 것을 금하고, 집 안에 머물게 하려면 그럴 만한 핑곗거리가 있어야 했다. 바로 그것이 열두 동물의 날이다. 열두 동물의 특성과 관련지어 명절 기간에 삼가고 근신하면서 차근차근 금년 농사를 준비하고, 집 안의 묵은 때도 말끔히 쓸어내어 잡귀도 쫓으며, 집집마다 풍요가 깃들기를 기원하였던 것이다.

　또 하나는, 정초부터 정월 열 나흗날까지가 동신제(洞神祭: 마을의 안녕과 풍년을 기원하는 마을 제사)를 준비하는 기간이다. 마을 사람 전체가 모여 행하는 동신제는 대체로 정월 14일 밤에 이루어지는데, 마을 사람들은 동신제를 지낼 때까지 부정(不淨)이 타지 않도록 서로서로가 삼가고 근신하면서 동신제를 준비해야만 했다.

　이처럼 우리 조상들은 늘 가족과 이웃, 마을과 나라의 안녕을 기원하며 살아왔다. 또한 한 해의 풍요를 위하여 정초의 설 명절 기간을 삼가고 근신하며 살아왔던 것이다.

사 진 자 료 인 용

경기도박물관 / 경기도청 / 고양시청 / 국립경주박물관 / 국립고궁박물관 / 국립민속박물관 / 국립민속어린이박물관 / 국립부여박물관 / 국립전주박물관 / 국립중앙박물관 / 국립환경과학원 / 김창섭 / 노경미 / 명장오명숙민속떡집 / 명진라이스 / 문경시청 / 문화재청 / 문화재청 공공누리 포털서비스 / 문화체육관광부 / 배상면주가 전통술박물관 산사원/ 벨기에관광청 / 부경황태덕장 / 손윤한 / 수원해우재박물관 / 안동문화원 / 윤광미 / 전주역사박물관 / 제주특별자치도 / 제천시청 / 청남 권영한 / 한국문화정보원 / 한국민족문화대백과 / 한국수자원공사 / 한국천문연구원 /한국학중앙연구원 / 호선제례원(이충훈) / e-뮤지엄

참고문헌

○ 강무학 지음, 「한국세시풍속기」, 집문당, 서울, 1990.
○ 구혜영 엮음, 「한중록」, 금성출판사, 서울, 1984.
○ 권오돈 역해, 「禮記」, 홍신문화사, 서울, 1996.
○ 김부식 지음 / 김종성 해설, 「삼국사기」, 도서출판 장락, 서울, 2004.
○ 金星元 編, 「韓國의 歲時風俗」, 明文堂, 서울, 1994.
○ 金赫濟 註解, 「原本土亭秘訣」, 明文堂, 서울, 2015.
○ 나관중 지음 / 황병국 옮김, 「三國志」, 범우사, 서울, 1990.
○ 朴世茂 著 / 李基奭 譯解, 「童蒙先習」, 홍신문화사, 서울, 2001.
○ 율곡 이이 지음 / 김원중 옮김, 「격몽요결」, (주)민음사, 서울, 2015.
○ 이미현 엮음, 「재미있는 구전 설화」, 도서출판 다원, 서울, 2009.
○ 李民樹 校註, 「內訓」, 홍신문화사, 서울, 1999.
○ 李相日 著, 「韓國人의 굿과 놀이」, 文音社, 서울, 1981.
○ 李錫浩 譯, 「東國歲時記(外)」, 乙酉文化社, 서울, 1985.
○ 이선종 엮어 옮김, 「한국의 속담 대백과」, 아이템북스, 서울, 2010.
○ 이은희 著, 「칠정산내편의 연구」, 한국학술정보(주), 경기, 2007.
○ 이준영 해역, 「周禮」, 도서출판 자유문고, 서울, 2014.
○ 일연 지음 / 김원중 옮김, 「삼국유사」, (주)을유문화사, 서울, 2005.
○ 林東錫 譯註, 「孝經」(曾子撰), 동서문화사, 서울, 2009.
○ 종름 원저 / 상기숙 역저, 「荊楚歲時記」, 집문당, 서울, 1996.
○ 陳泰夏 著, 「鷄林類事硏究」, 塔出版社, 서울, 1975.
○ 車柱環 譯, 「高麗史樂志」(乙酉文庫 93), 乙酉文化社, 서울, 1982.
○ 崔長洙 著, 「古時調解說」, 世運文化社, 서울, 1977.
○ 韓相壽 著, 「韓國人의 神話」, 文音社, 서울, 1982
○ 허균 지음, 「십이지의 문화사」, 돌베개, 경기, 2010.
○ 홍석모 지음 / 정승모 풀어씀, 「동국세시기」, 도서출판 풀빛, 서울, 2009.
○ 朴淏淳 著, 「安城郡 地域의 固有地名에 對한 考察」, 1985.
○ 高大民族文化硏究所, 「韓國民俗大觀1~6」, 1995.
○ 국립민속박물관 펴냄, 「조선대세시기」, 민속원, 서울, 2003.
○ 내고장傳統가꾸기編輯委員會, 「安城의脈」, 大原印刷社, 1981.
○ 大提閣 韓國人文科學院 著編, 「國語國文學叢林」(10), 韓國人文科學院, 서울, 2001.
○ 東方學硏究所 纂, 「時用鄕樂譜」, 延大東方學硏究所, 서울, 1954.
○ 四書三經編纂委員會, 「四書三經」, 良友堂, 서울, 1977.
○ 安城郡誌編纂委員會, 「安城郡誌」, 京畿出版社, 1990.
○ 인천광역시 강화교육청, 「갑비고차 탐구」(강화의 유적), 2003.
○ 금성출판사, 「국어대사전」, 1992.
○ 두산동아, 「百年玉篇」, 2003.
○ 一潮閣, 「古語辭典」, 1978.
○ 한국사대사전편찬위원회, 「韓國史大事典」, 1981.